Rudolf Steiner Taschenbücher
aus dem Gesamtwerk

Die Grundlage der Anthroposophie bilden die von Rudolf Steiner geschriebenen Werke. Daneben liegen stenographische Nachschriften seiner öffentlich oder für Mitglieder der Anthroposophischen Gesellschaft gehaltenen Vorträge und Kurse vor. Diese «mündlichen, nicht zum Druck bestimmten Mitteilungen» erschienen, aufgrund der großen Nachfrage, zunächst als interne Manuskriptdrucke, da Rudolf Steiner nur in ganz wenigen Fällen die Aufzeichnungen selbst korrigieren konnte. Kurz vor seinem Tod hat er die Einschränkung «nur für Mitglieder» aufgehoben. Die Texte sind heute nach den vorhandenen Unterlagen geprüft und weitgehend veröffentlicht. Gleichwohl sind Hör- und Übertragungsfehler nicht ganz auszuschließen.

Rudolf Steiner

Geistige Wirkenskräfte im Zusammenleben von alter und junger Generation

Pädagogischer Jugendkurs

Dreizehn Vorträge, gehalten in Stuttgart

vom 3. bis 15. Oktober 1922

RUDOLF STEINER VERLAG
DORNACH/SCHWEIZ

Nach vom Vortragenden nicht durchgesehenen Mitschriften
herausgegeben von der Rudolf Steiner-Nachlaßverwaltung

Ungekürzte Ausgabe nach dem gleichnamigen Band
der Rudolf Steiner Gesamtausgabe
herausgegeben von Ernst Weidmann
(Bibliographie-Nr. 217, ISBN 3-7274-2170-3)
6. Auflage, Dornach 1988

Taschenbuchausgabe

1.–6. Tsd. Dornach 1990

Bestell-Nr. 6750

Zeichen auf dem Umschlag und Titelblatt von Rudolf Steiner

Printed in Germany by Clausen & Bosse, Leck

ISBN 3-7274-6750-9

ZU DIESER AUSGABE

«Der Mensch hat den Menschen verloren» – diese Worte Rudolf Steiners aus dem zweiten der hier vorliegenden Vorträge vom Oktober 1922 erscheinen auf den ersten Blick so, als würden sie sich nahtlos in den Reigen der in den Nachkriegsjahren weit verbreiteten pessimistischen, ja resignativen Weltsicht einfügen. Doch Rudolf Steiner hatte sich in seinem vor etwa 100 jungen Zuhörern gehaltenen Vortragszyklen etwas anderes vorgenommen. Ihm ging es darum, auf neue, zeitgemäße Aufgabenstellungen hinzuweisen, vor allem aber darum, in der jungen Generation Bewußtseinskräfte zu aktivieren, damit letztlich «der Mensch wieder den Menschen finden kann». Worauf es hierbei besonders ankommt, formulierte er im zweiten Vortrag so: «Der Geist muß der Wecker sein, der Auferweckende. Nur dann kommen wir weiter, wenn wir uns diese tragische Gestalt des Weltgeschehens in unserer Zeit klarmachen: daß wir eigentlich gegenüber dem Nichts stehen, an das wir in der Erdenentwickelung notwendigerweise einmal herankommen mußten zur Begründung der menschlichen Freiheit. Und gegenüber dem Nichts brauchen wir das Aufwecken des Geistes.»

Daß Rudolf Steiner unter «Geist» nicht irgend etwas Verschwommenes, nebulos Mystisches oder schlicht Idealisierendes verstanden wissen will, zeigen die in diesen Vorträgen enthaltenen kritischen Betrachtungen u. a. über die zeitgenössische Philosophie, Christusanschauung, Kunst und Wissenschaft, zeigen noch deutlicher, über die Analyse hinausgehend, die von ihm skizzierten Perspektiven. Im Mittelpunkt seiner Ausführungen stehen immer wieder Grundfragen der Ethik, von der er bereits in seiner 1893 erschienenen «Philosophie der Freiheit» sagt, daß sie sich als «Normwissenschaft» längst überlebt hat. Die Tragik der Gegenwart, so Steiner, ist nicht zuletzt eine Folge davon, daß der Mensch immer wieder dazu gezwungen ist, sein Handeln nach dem sittlichen Urteil seiner Umgebung auszurichten, woraus sich zwangsläufig konventionelle, traditionsgebundene sittliche Urteile und Maximen ergeben und erhalten, die auf jede heranwachsende Generation letztlich lähmend wirken müssen. Dieser Grundhaltung setzt Rudolf Steiner entgegen, daß es in Zukunft darauf ankommt, «daß die Menschen sich darauf besinnen, wie sie sittliche Impulse immer mehr und mehr dadurch finden können, daß sie auf das Wesen der menschlichen Seele selber zurückgehen», denn: «alle Zukunft der menschlichen Ethik hängt davon ab, daß die Kraft der moralischen Intuition mit jedem Tage stärker werde.»

W. Kugler

INHALT

Erster Vortrag, Stuttgart, 3. Oktober 1922 15

Die Kluft zwischen der älteren und der jüngeren Generation. Die Verschiedenheit der Seelensprachen. Konservierung des Mittelalters in Westeuropa; westeuropäischer Materialismus in Mitteleuropa. Goethe und Darwin. Feinheit der Gedankenbildung bei den Denkern noch zu Beginn des neunzehnten Jahrhunderts; dann Einbruch der Phrase in das Geistesleben. Folge: Gedankenlosigkeit, Gesinnungslosigkeit, Willenslosigkeit. Die Gedanken haben nicht mehr die Kraft, den Willen, das Herz zu durchpulsen. Für die Wissenschafter besteht eine besondere Schwierigkeit, sich in die wahren Forderungen der Zeit hineinzufinden, weil in der Wissenschaft bewußt «herzlose» Gedanken angestrebt werden. Die Menschheit sehnt sich zutiefst nach herzhaften Gedanken, die aus dem Zentrum echten Menschenwesens strömen. Giordano Bruno und Julius Robert Mayer als Opfer ihrer Zeit. Ende des neunzehnten Jahrhunderts Knotenpunkt in der inneren Entwicklung der Menschheit.

Zweiter Vortrag, 4. Oktober 1922 27

Das Suchen der Hochschuljugend nach führenden Lehrern. Die Universitäten als Forscheranstalten. Unmenschlichkeit der «objektiven Wissenschaft», vor der sich die «Philo-Sophia» davonschleichen muß. Aufgabe der Erziehung: dem Menschen die Möglichkeit zu geben, auf naturgemäße Weise alt zu werden. Bis zum fünfzehnten Jahrhundert war der Mensch von seelischen Erbschaften getragen; seit dem Ende des neunzehnten Jahrhunderts steht er seelisch vor dem Nichts, da er den Zusammenhang mit der geistigen Welt verloren hat. Waldorfschulpädagogik ist kein pädagogisches System, sondern eine Kunst, um das, was im Menschen verborgen ist, aufzuwecken. Im Intellekt träumt man von der Welt. Das Mysterium von Golgatha läßt sich mit dem Intellekt nicht erfassen. Im Innern der Seele ist das Bestreben, das Mysterium von Golgatha zu verstehen. Die geistige Welt muß mit neuen Kräften erlebt werden, da alle alten Erbschaften aufgebraucht sind. Auch dem Gemeinschaftsstreben der Jugend liegt zutiefst dieser Impuls zugrunde. Die Jugend verlangt, im *Bewußtsein* erweckt zu werden. Die Frage lautet daher: Wie finden wir in uns selbst das Geistige?

DRITTER VORTRAG, 5. Oktober 1922 43

Der heutige Mensch berücksichtigt nur das Wachbewußtsein zwischen Aufwachen und Einschlafen, während in früheren Zeiten der Mensch noch etwas aus dem Schlafbewußtsein in den Tag hinübernahm. Wenn von Salz, Merkur, Phosphor usw. die Rede war, so hatte man noch eine ätherische Wahrnehmung der betreffenden Stoffe. Seit dem fünfzehnten Jahrhundert hört das Hereinträufeln des Schlafbewußtseins in das Wachbewußtsein mehr und mehr auf. Die Kulturentwicklung vom «erzieherischen» Standpunkt aus. Früher machte ein Buch produktive Kräfte im Menschen rege; heute wird alles formal, logisch, willenlos aufgenommen. Das heutige Denken ist ein Produkt des Gehirns; insofern hat der Materialismus recht. Es ist aber ein totes Denken, das von einem lebendigen abgelöst werden muß. Die an der äußeren Beobachtung gewonnenen Resultate des toten Denkens können nicht in den Schlaf hinübergenommen werden. Der heutige Mensch wird im Schlaf fast aufgesogen von der Geistigkeit der Natur, während der Mensch früher auch im Schlafe «etwas war». Nicht auf Worte kommt es an: Man kann auch Theosophie materialistisch vertreten. Es soll nicht vom Geist geredet werden, sondern im Reden Geist entwickelt werden. Schematische Anthroposophie geistlos. Pater Mager über Anthroposophie. Erst aus einem inneren Durchdrungensein mit Geistigkeit heraus können wir die Gegenwartskultur wieder lebendig machen.

VIERTER VORTRAG, 6. Oktober 1922 57

Die Philosophen als «Thermometer» des geistigen Zustandes ihres Zeitalters. Spencers «Prinzipien der Ethik», durch welche nachgewiesen wird, daß ethische Unterscheidungen nicht auf moralische Intuitionen, Gefühle etc. gegründet werden können, sondern daß es sich nur um praktische Angemessenheit an den gegebenen Zustand der Gesellschaft handeln kann. Demgegenüber stellt die «Philosophie der Freiheit» dar, daß andere als die unmittelbar in der menschlichen Seele bloßzulegenden moralischen Intuitionen für den Menschen nicht mehr maßgebend sein können, da die Menschenseele in bezug auf das Geistige seit einigen Jahrzehnten gegenüber dem Nichts steht. – Nietzsches Werdegang: Philologie, Schopenhauer, Wagner. Nietzsche als Antisokratiker. Seine Ablehnung der «Ideale» seines Zeitalters, weil er erkannte, daß sie zu Phrasen geworden waren. Nietzsche und Paul Rée, der die naturwissenschaftlichen Erkenntnisse seiner Zeit auf die Sittlichkeit überträgt. Hieraus ergab sich für Nietzsche die Idee des Übermenschen und der Wiederkehr des Gleichen. – Die heutige Jugend sucht den lebendigen Geist, der jedoch im Intellektuellen nicht zu finden ist. Phrasenhaftigkeit der «Jugendbewegung». Notwendigkeit der Entwicklung des

Wahrheitsgefühls. Phrase, Konvention und Routine müssen überwunden werden durch Wahrheit, ein unmittelbares Verhältnis von Mensch zu Mensch, und durch Geistigkeit auch in der alltäglichen Handlung.

FÜNFTER VORTRAG, 7. Oktober 1922 73

Früher waren moralische Intuitionen Menschengruppen gegeben, jetzt müßen sie vom Einzelnen errungen werden. Die Uroffenbarung ist versiegt, die passiven Kräfte können keine wahre Verbindung mit dem Geistigen mehr herstellen. Beobachten, Experimentieren und Denken erfordern keine innere Aktivität. Erst beim *aktiven* Denken geht das Denken in den Willen über; aus ihm entsteht die produktive moralische Phantasie. Das intellektualistische Denken steht im Verhältnis zum lebendigen Denken wie der Leichnam zum lebendigen Menschen. Daher ist das eigentliche Erkenntnisobjekt das Tote. Auf diese Weise kann zwar Wissenschaft getrieben, nicht aber Jugend erzogen werden. Das ihr von der älteren Generation überlieferte Intellektualistische ist der Jugend wie ein Pfahl im Fleisch. Die «moralischen Intuitionen» der «Philosophie der Freiheit» sind der Beginn des lebendigen Denkens, welches das Geistige wieder zu erfassen vermag. Wir müßen selbsttätige lebendige Weisheit, die in uns vor unserer Geburt und in unserer Kindheit wirkte, hineintragen lernen in das abgestorbene Denken. In diesem Sinne ist das Bibelwort «So ihr nicht werdet wie die Kinder . . .» heute aktuell. Jugendbewegung kann nur darin bestehen, daß Kindheit, das heißt Geistigkeit, in das spätere Alter hineingetragen wird. Als letzte Konsequenz entsteht eine Geisteswissenschaft, in der Anthropologie zur Anthroposophie wird.

SECHSTER VORTRAG, 8. Oktober 1922 87

Grundcharakter unserer Zeit pädagogisch aufzufassen. Der jüngeren Generation gegenüber ist eine neue Verhaltensweise nötig, die aus dem Bewußtsein vom vorirdischen Seelendasein entspringt. Die Lösung des Weltenrätsels im Satz «Mensch, erkenne dich selbst». Die Welt ist die Frage und der Mensch die Antwort. Notwendige Verwandlung der alten sittlichen Impulse: nach innen sittliche Liebe, nach außen Vertrauen von Mensch zu Mensch. Kantscher Pflichtenbegriff und ethischer Individualismus. Das Glück des Vertrauens und der Schmerz des Mißtrauens anderen Menschen gegenüber wird sich in der Zukunft unendlich steigern. Menschenkenntnis muß der Grundnerv der Zukunftspädagogik werden. Durch erarbeitete, nicht gottgegebene moralische Intuitionen wird alles Leben wieder von einem religiösen Zug durchdrungen werden. Während wir anderen Menschen mit Menschenvertrauen begegnen, müßen wir dem

Kinde mit Gottvertrauen gegenüberstehen. So wird das Sittliche wieder zum Religiösen. Die Jugendbewegung muß einen Januskopf haben, der einerseits hinschaut auf die eigenen Forderungen der Jugend an die Älteren, andererseits auf die Forderungen, die die kommenden Generationen an die jetzt Jungen stellen werden. Die Jugendbewegung kann nicht nur aus Opposition bestehen, sondern muß schöpferisch nach vorne blicken.

Siebenter Vortrag, 9. Oktober 1922 100

Die «entgegengesetzte Müdigkeit» bei der Jugend, die nicht mehr an den zu erringenden Erkenntnissen in der richtigen Weise ermüden kann. Die heutige Wissenschaft erfordert keine innere Anteilnahme. Das Lesen eines mittelalterlichen Denkers erfordert größte seelische Anstrengung. Spaltung des heutigen «Erkennenden» in «Wissenschafter» und «Mensch», beide streng geschieden. Für Lehrer, die aus dem Buche heraus unterrichten: In jedem Kinde steckt ein verborgener Mensch, der abweist, was der Lehrer selbst erst aus dem Buche ablesen muß. Wohin wandten die Menschen die seelischen Kräfte, die nicht angesprochen wurden? Die Jungen tobten (Jugendbewegung), die Alten suchten ein Schlafmittel in der Theosophie, wie sie damals vielfach getrieben wurde. Die wirkliche Sehnsucht nach etwas Neuem kann nur durch die Geisteswissenschaft erfüllt werden. Die vier Erkenntnismittel der alten Brahmanenschulen. Heutiges Erkenntnismittel: Das Vertrauen, daß einem Mitteilungen eines anderen Menschen Quell eigenen geistig-seelischen Erlebens werden können.

Achter Vortrag, 10. Oktober 1922 114

Geschichtliche Entwicklung der Menschheit von den geoffenbarten zu den selbstverarbeiteten Gedanken. Wir haben nur eine äußerliche Geschichte, keine Gefühls-, Gedanken- und Seelengeschichte. Das Jahr 333. Nominalismus und Realismus. Tragik des Mittelalters: Schwindender Zusammenhang der menschlichen Gedanken mit der geistigen Welt. Anstelle des inneren Konzipierens der Gedanken trat in der neueren Zeit das Aufklauben der Gedanken aus der äußeren Sinneswelt. Kepler als Vertreter zweier Welten. Die letzten Nachklänge der Empfindung von der göttlich-geistigen Natur der Gedanken gingen im neunzehnten Jahrhundert verloren (Henle, Burdach, Hyrtl.). Die «Seelenkunde ohne Seele» kam auf. Der Zusammenhang des Mikroskopischen und der makrokosmischen Entwicklung wurde zum Empfindungsproblem vieler tiefer veranlagter Menschen. Fortlage. Die anthroposophische Literatur verlangt aktives Denken, bei dem auch das Herz beteiligt ist, nicht nur der Kopf. Es handelt sich um ein Willensproblem. Durch diese in das Denken hineingebrachte Aktivität müßen wir uns die Göttlichkeit des Denkens wiedererobern.

Neunter Vortrag, 11. Oktober 1922 128

Fehlende Brücke zwischen Mensch und Mensch. Auch junge Menschen wollen heute über alles urteilen. Dies ist nur aus dem Intellekte heraus möglich. Über Lebenszusammenhänge kann nur aus einem aktiven Denken heraus geurteilt werden und dieses kann vor dem achtzehnten Lebensjahr nicht erworben werden. In der früheren Erziehung kam es nicht auf durch Diplome verbrieftes Wissen an, sondern auf ein Können. Der Lehrer erwarb sich seine Autorität dadurch, daß er sein Können unter Beweis stellte. Grammatik, Rhetorik und Dialektik, künstlerischer Unterricht. Auch heute muß der ganze Unterricht von einem künstlerischen Element durchzogen werden. Die Wahrheit kann nur durch die Schönheit erobert werden. Der Mensch kann nicht intellektualistisch verstanden werden. Die der äußeren Natur angepassten Begriffe genügen nur für den physischen Leib. Bereits das untergeordnetste übersinnliche Glied, der Ätherleib, kann nur aus einem künstlerischen Seelenerlebnis heraus verstanden werden. Eine wahre Jugendbewegung wird nicht eine Opposition sein, sondern eine Bewegung, die sich zu den Lehrern hindrängt wie der Säugling zur Mutterbrust. Dies wird dann geschehen können, wenn der jüngeren Generation von Seiten der älteren die Wahrheit in der Form der Schönheit entgegentritt. Dann wird nicht der passive Intellekt, sondern der aktive Wille angesprochen.

Zehnter Vortrag, 12. Oktober 1922 141

In bezug auf den Intellekt spielt die Reife des Menschen keine Rolle. In Begriffen kann jeder mit jedem diskutieren. Seelische Entwicklungsgeschichte der Menschheit und des einzelnen Menschen. Rhythmischer Verlauf. Beispiele aus Goethes Leben. Vor Jahrtausenden wurden diese Rhythmen und Umschwünge das ganze Leben hindurch ebenso stark empfunden wie jetzt nur noch im Kindesalter (Zahnwechsel, Geschlechtsreife usw.) Die älteren Menschen empfanden das Verdorren des Körpers und das Freiwerden der Seele (Patriarchen). Das Bewußtsein hiervon ist den Menschen immer mehr abhanden gekommen und muß wieder neu errungen werden. Das Geistige, das früher im Alter naturgemäß hervorsproß, muß sich der Mensch nun durch eigene innere Anstrengung erwerben. Der Intellektualismus erfährt keinen Fortschritt mehr im Sinne einer Vertiefung, sondern nur im Sinne der Übung. Geisteswissenschaft erfordert seelische Mitarbeit. «Reines Denken» im Sinne der «Philosophie der Freiheit» zugleich reiner Wille. Durch das reine Denken wird ein neuer innerer Mensch geboren, der aus dem Geiste heraus Willensentfaltung bringen kann. Diese Tätigkeit ist identisch mit der künstlerischen. Die künstlerische Verfassung braucht der heutige Pädagoge, um ein neues Verhältnis zwischen Lehrer und Schüler auszubilden. Durch sie kann der Schüler wieder dazukommen, in natürlicher Weise zum Lehrer aufzuschauen.

ELFTER VORTRAG, 13. Oktober 1922 156

Im Unterbewußten der Menschen lebt das Bedürfnis, die Welt nicht nur mit dem Kopfe, sondern mit dem ganzen Menschen zu erfahren. Diese Fähigkeit hat der moderne Mensch nur noch bis zum Zahnwechsel. Der Säugling ganz Sinnesorgan. Mit abstrakten wissenschaftlichen Inhalten kann man den Menschen nicht erziehen; dies ist nur möglich, wenn man ihnen künstlerisch entgegentritt. Die «Philosophie der Freiheit» Mittel, die menschliche Individualität zu ergreifen. Erzieher kann man nicht dadurch sein, daß man viel weiß, sondern dadurch, daß man dem Schüler menschlich etwas geben kann. Das wesentliche zwischen Zahnwechsel und Geschlechtsreife ist die seelische Konfiguration des Lehrers. Beten und Segnen in ihrem kausalen Verhältnis zueinander. Das Kind muß wachstumsfähige Bilder erhalten, keine abstrakten Definitionen, die es wie in einen Apparat einschnüren. Wir müssen eine Erziehungskunst ausbilden, durch die die Menschen wieder miteinander leben lernen.

ZWÖLFTER VORTRAG, 14. Oktober 1922 170

Erst in unserem Zeitalter treten Ich und Ich einander hüllenlos gegenüber. In der indischen Kulturepoche wurde im Sinnlichen zugleich Geistiges wahrgenommen. Bestreben der Mysterien: Auf dem Umwege über das Geistig-Seelische den Menschen das Sinnliche seelisch begreiflich zu machen. Persische Epoche: Wahrnehmung des Menschen als Lichtgestalt. Ägyptisch-chaldäische Epoche: Man begann, das Äußere sinnlich und das Innere geistig-seelisch zu schauen. Griechische Epoche: Deutliches Auseinanderhalten von körperlich-Leiblichem und geistig-Seelischem. Bis zur griechischen Epoche wurde das Ich noch durch Hüllen hindurch wahrgenommen. Die Wahrnehmung des hüllenlosen Ich bewirkt ein Erschrekken der neueren Menschheit (Beispiele: Baco von Verulam, Shakespeare, Jean Paul). Anthroposophische Pädagogik will keine Anweisungen geben, sondern Menschen charakterisieren. Eigentlich sollte über Erziehung nicht geredet werden. Erziehen können wir nur mit den regsamen menschlichen Kräften, die in der Kindheit in uns wirken. Der richtige Pädagoge kann weder Philister noch Pedant sein.

DREIZEHNTER VORTRAG, 15. Oktober 1922 184
Der Übergang von der geoffenbarten zu den an der äußeren Natur erarbeiteten Begriffen. Die im Innern ersterbenden Begriffe haben sich an der äußeren Natur wieder belebt. Das von der Natur gewonnene Denken genügt nicht, um den Menschen zu begreifen. Mit der Ausbildung der Naturwissenschaft ist die Menschenkunde in Verfall geraten. Der Drache verschlingt das seelische Leben des Menschen. Der Drache kann darum eine starke Wirkung entfalten, weil der Mensch den Menschen nicht mehr erfassen kann. Der Glaube, daß die Materie sich auch durch den menschlichen Organismus hindurch erhalte, ist ein Beweis für die Verkennung der menschlichen Wesenheit. In Wahrheit wird im Menschen fortgesetzt Materie in nichts verwandelt und neu geschaffen. Der Drache muß besiegt werden, indem wir erkennen, daß auch der Michael von außen kommt. Jede Wissenschaft heute eine Metamorphose des Drachens. Einziges Mittel gegen den Drachen: Sich mit dem geistigen Wesen der Welt in wirklicher Erkenntnis zu durchdringen. Durch eine lebendige, künstlerisch geführte Erziehung der Jugend bereiten wir Michael das Fahrzeug, auf dem er in unsere Zivilisation einziehen kann. Das ist der eigentliche Grundimpuls aller Erziehungslehre. Das Geistige ist ein Lebendiges, das nicht den Knochen gleicht, sondern dem Blute. Die Gefäße, in denen dieses Blut rinnt, sind die aufwachsenden Menschen. Nur wenn das Kind unser Erzieher wird, indem es Botschaften aus der geistigen Welt herunterbringt, wird sich das Kind auch bereit finden, die Botschaften, die wir ihm aus dem Erdenleben entgegenbringen, aufzunehmen. *Zu den Herzen* sollte vor allem in diesem Kurse gesprochen werden.

Hinweise 198

Namenregister 202

Literaturhinweis 203

Rudolf Steiner – Leben und Werk 205

ERSTER VORTRAG

Stuttgart, 3. Oktober 1922

Meine lieben Freunde!
Als erstes möchte ich am heutigen Abend einige Worte der Begrüßung zu Ihnen sprechen, um die Empfindungen zum Ausdruck zu bringen, die in mir durch die Tatsache angeregt werden, daß Sie sich hier zusammengefunden haben. Ihr Sprecher hat eben in einer sympathischen Weise zum Ausdruck gebracht, welche Impulse unter Ihnen gewirkt haben, um hier zusammenzukommen. Ich denke, daß vieles von dem, was ich in den nächsten Tagen zu Ihnen werde zu sprechen haben, eine Art Interpretation dessen wird sein müssen, was bei Ihnen in mehr oder weniger starken inneren Seelenerlebnissen vorhanden ist und von dem Sie wünschen, daß es zu einer wirklichen seelischen Klarheit – seelischen im Gegensatze zu einer bloß begrifflichen – unter Ihnen gebracht werde.

Es ist ganz richtig, daß dasjenige, was Sie zusammengeführt hat, in den Tiefen Ihrer Seelen zu suchen ist. Diese Tiefen sind wirklich von Kräften erfaßt worden, die in der ganz besonderen Art, in der sie heute wirken, jungen Datums sind. Man kann sagen, daß diese Kräfte, in der Art, wie sie gerade in Ihnen wirken, kaum älter sind als das Jahrhundert; aber es sind Kräfte, die schon heute für denjenigen, der sie zu sehen vermag, sich sehr deutlich offenbaren, und die immer deutlicher in der allernächsten Zukunft zum Vorschein kommen können. Wir werden diese Kräfte und die ihnen vorangegangenen, entgegengesetzten, das Veraltete vom letzten Drittel des neunzehnten Jahrhunderts, in den nächsten Tagen recht innerlich zu charakterisieren versuchen. Heute möchte ich zunächst einmal eine Kennzeichnung dieser Kräfte von außen geben.

Ich denke, Sie alle verspüren, daß Sie sich mit dem, was eine ältere Generation der Welt heute zu sagen hat, nicht mehr zusammenfinden können. Sehen Sie, man hat schon in den siebziger, achtziger, neunziger Jahren, in einer stärkeren Weise, als das jemals früher der Fall war, künstlerisch oder auch theoretisch auf die tiefe Kluft hingewiesen, welche zwischen der damals älteren und damals jüngeren Generation lag. Aber alles, was dazumal von Dichtern und anderen Leuten über diese Kluft und diesen Abgrund gesagt worden ist, ist etwas Blasses im Vergleich zu dem, was heute in Betracht kommt. Heute ist es doch so, daß im Grunde genommen die jüngere und die ältere Generation ganz verschiedene Seelensprachen führen, viel verschiedener noch, als man sich dessen bewußt ist. Dabei soll nicht gesprochen werden von irgendwelcher Schuld, welche eine ältere Generation der jüngeren gegenüber haben könnte. In dieser Weise von Schuld zu sprechen, würde selbst zu den Begriffsgestalten der älteren Generation, und noch dazu zu ihren philiströsen gehören. Wir wollen also nicht anklagen; aber wir wollen uns bewußt sein, wie gründlich die Seelen seit zwei bis drei Jahrzehnten gerade innerhalb der abendländischen Entwickelung anders geworden sind. In unserer Gegenwart stößt nämlich vieles zusammen.

Vor kurzem hatte ich in England eine Reihe von Vorträgen zu halten, in Oxford. Oxford mit seiner universitätsartigen Bildung ist etwas ganz Besonderes in unserem abendländischen Kulturzusammenhang. Dieses Besondere empfindet man so, daß da in Oxford, also an einer Stätte, die gar sehr zur abendländischen Geistesentwickelung gehört, ein durchaus nicht unsympathisches, sondern sympathisches und in vieler Beziehung bewundernswertes Stück Mittelalter in die Gegenwart hineinragt. Wir wurden herumgeführt von einem Freunde, der «Graduate» der Universität Oxford ist, und es ist dort üblich, daß man als «Graduate» diese Universität nur im Talar und Barett betritt. Nachdem wir mit ihm herumgegangen waren, sah ich ihn auf der Straße wieder, und ich mußte am nächsten Morgen vor der englischen Zuhörerschaft die Impression schildern, die ich hatte, als unser Freund im Talar und Barett kam, weil sie mir wirklich symptomatisch erschien. Alles das, im Zusammenhang mit all dem anderen Erlebten, veranlaßte mich, die Sache als Bild heranzuziehen und zu sagen, warum eine soziale Neugestaltung bis tief in das Geistesleben der Gegenwart hinein notwendig ist. Ich sagte: Als unser Freund mir auf der Straße begegnete, da dachte ich mir, wenn ich jetzt unmittelbar unter dem Eindrucke dieser Begegnung einen Brief schreiben müßte, ich würde nicht wissen, welches Datum ich auf den Brief setzen müßte; ich würde versucht sein, etwa das zwölfte bis dreizehnte Jahrhundert zu schreiben, um in dem Stile zu bleiben, in dem so etwas möglich ist. Da hat man wirklich etwas konserviert, was nicht Gegenwart ist. In Mitteleuropa findet sich so etwas nicht. Aber was im tonangebenden Geistesleben Mitteleuropas herrscht, ist doch wiederum ein Entwickelungsprodukt aus dem, was ich soeben charakterisiert habe.

Hier in Mitteleuropa hat man die Talare so ziemlich abgelegt, abgesehen von ganz feierlichen Gelegenheiten, wo sie Direktoren und andere Funktionäre sogar zu ihrem Ärger tragen müssen. Unser Freund, der zu gleicher Zeit Rechtsanwalt war, sagte mir: Wenn ich Sie in London führte, müßte ich als Rechtsanwalt auftreten und nicht ein Barett, sondern eine Perücke tragen.

Sie sehen, da ragt etwas hinein, was alt geworden ist, was aber in vergangenen Jahrhunderten noch lebte. Also wirklich Mittelalter in der Gegenwart! Hier bei uns ist man aus dem, was alt geworden ist, was aber in der früheren Generation noch lebte, wohl herausgewachsen. Man hat zunächst das Kostüm abgelegt, sodann in raschem Sprunge eine etwas andere Denkweise angenommen, die aber durchaus in das Materialistische hineingesegelt ist. Diese Gegensätze zwischen Mittel- und Westeuropa sind außerordentlich groß. Es liegt da eine wirklich recht bezeichnende Erscheinung vor, die ich lieber durch eine Tatsache als mit abstrakten Worten charakterisieren will.

Wir haben in Mitteleuropa *Goethe* vergessen und *Darwin* angenommen, trotzdem Goethe die Erkenntnisse, auf die Darwin oberflächlich hindeutet, in ihren Tiefen erfaßt hat. Ich könnte viele ähnliche Erscheinungen anführen. Sie könnten einwenden, man hätte Goethe nicht vergessen, denn es gibt ja zum Beispiel eine Goethe-Gesellschaft. Ich glaube, Sie werden das nicht sagen; darum will ich mich auch nicht weiter darüber auslassen. Goethe und der mitteleuropäische Geistesimpuls, der Goethe emporgetragen hat, sind eigentlich schon in der zweiten Hälfte des neunzehnten Jahrhunderts vergessen worden. Aber das sind doch alles nur Symptome. Die Hauptsache ist, daß auf dem Wege, den Mitteleuropa und sein Geistesleben gegangen ist, die führenden Geistesanstalten im dreizehnten, vierzehnten, fünfzehnten Jahrhundert sich von dem Geiste emanzipiert haben, der im Westen noch geblieben ist. Seit dieser Zeit, wo sich diese mitteleuropäischen, geistig führenden Geistesanstalten emanzipiert haben, hat man in Mitteleuropa das Geistige, das innerlich Seelendurchstürmende, Seelendurchpulsende zwar nicht aus dem Menschen, aber aus dem Bewußtsein verloren. Deshalb konnte man auch Goethe vergessen.

Im Westen hat man es in der Tradition bewahrt, in äußeren Gestaltungen; in Mitteleuropa, insbesondere innerhalb des deutschen Sprachgebietes, hat man es in die Tiefen des Seelenlebens hinuntergedrängt und das Bewußtsein damit nicht erfüllt. Dies war schon im letzten Drittel des neunzehnten Jahrhunderts stark ausgeprägt.

Im letzten Drittel des neunzehnten Jahrhunderts können Sie durch eine intime geschichtliche Betrachtung Merkwürdiges finden. Wenn wir betrachten, was in jener Literatur, in jenem Schrifttum erscheint, das von allen denen gelesen wird, die an der Gestaltung des Geisteslebens teilnehmen, so finden wir, daß im letzten Drittel des neunzehnten Jahrhunderts, bis in die Mitte der achtziger, neunziger Jahre hinein, innerhalb des deutschen Sprachgebietes ein ganz anderer Stil in den Journalen, sogar in den Zeitungen geherrscht hat als heute. Damals war ein Stil, der Gedanken ziselierte, Gedanken ausgestaltete, der etwas darauf gab, gewisse Gedankengänge zu verfolgen; der sogar etwas darauf gab, Schönheit in den Gedanken zu haben. Heute ist unser Stil auf den entsprechenden Gebieten, verglichen mit dem letzten Drittel des neunzehnten Jahrhunderts, roh und grob geworden. Man braucht nur irgend etwas, was es auch sei, aus den sechziger, siebziger Jahren von Menschen, die nicht gelehrt, nur allgemein gebildet waren, in die Hand zu nehmen und Sie werden diesen großen Unterschied finden. Die Gedankenformen sind andere geworden. Aber das, was heute roh und grob ist, ist doch gerade aus dem hervorgegangen, was oftmals fein ziseliert und geistreich im letzten Drittel des neunzehnten Jahrhunderts innerhalb der gelehrten Bildung üblich war. Gerade damals sehen wir etwas heraufziehen; und diejenigen, die heute zu den älteren Jahrgängen gehören, ohne im Sinne des heutigen Geisteslebens selber alt geworden zu sein, die haben es auch erlebt: Was dazumal so furchtbar einzog in alles Geistesleben, das ist, was ich, symbolisch charakterisiert, die Phrase nennen möchte.

An dieser Phrase entwickelten sich die Gedankenlosigkeit, die Gesinnungslosigkeit und die Willenslosigkeit, die heute auf dem Wege sind, immer größer und größer zu werden. In erster Linie gingen diese Dinge aus der Phrase hervor. Sie können auch äußerlich verfolgen, wie sich die Phrase hauptsächlich im letzten Drittel des neunzehnten Jahrhunderts herausgebildet hat. Die Dinge brauchen Ihnen nicht sympathisch zu sein, die da und dort in einem Zeitalter auftreten. Aber auch, wenn sie einem nicht sympathisch sind, kann man sie in ihrer Bedeutung für den ganzen Menschenzusammenhang beobachten.

Nehmen Sie die innigen, wunderbaren Töne, die im ersten Drittel des neunzehnten Jahrhunderts etwa in der deutschen Romantik anzutreffen waren, nehmen Sie das manchmal wie aus frischer, gesunder Waldesluft heraus wehende Reden über Geistiges bei einem Menschen wie Jakob Grimm, und Sie werden sagen: Da herrschte in Mitteleuropa noch nichts von Phrase. Die zieht erst im letzten Drittel des neunzehnten Jahrhunderts in Mitteleuropa ein. Wer dafür eine Empfindung hat, der weiß schon, wie allmählich die Zeit der Phrase heraufgekommen ist. Und wo die Phrase zu herrschen beginnt, da erstirbt die innerlich seelisch erlebte Wahrheit. Und mit der Phrase geht einher ein anderes: Der Mensch kann den Menschen nicht mehr finden im sozialen Leben.

Meine lieben Freunde! Wenn der Ton aus dem Munde klingt so, daß er nicht Seele hat – wie es bei der Phrase der Fall ist –, dann gehen wir als Mensch neben dem anderen Menschen einher und können ihn nicht verstehen. Das ist eine Erscheinung, die auch wieder im letzten Drittel des neunzehnten Jahrhunderts ihren Höhepunkt erlangt hat; nicht in den Seelentiefen drunten, aber im Bewußtsein. Die Menschen wurden einander fremd und immer fremder. Wenn damals immer lauter der Ruf nach sozialen Impulsen und Reformen ertönte, so ist das ein Symptom dafür, daß die Menschen unsozial geworden waren. Weil sie das Soziale nicht mehr fühlten, drängte es sie, nach dem Sozialen zu schreien. Das Tier, das hungrig ist, schreit nicht nach der Nahrung, weil es die Nahrung im Magen hat, sondern weil es sie nicht hat. Die Seele, die nach dem Sozialen schreit, schreit nicht, weil sie vom Sozialen durchdrungen ist, sondern weil sie diese Empfindung nicht hat. So wurde der Mensch nach und nach zu dem Wesen, dessen man sich heute nicht bewußt ist; aber im weitesten Umfang ist die Tatsache zwischen Mensch und Mensch herrschend, daß man gar nicht mehr das Bedürfnis hat, anderen Menschen seelisch nahezutreten. Die Menschen gehen alle aneinander vorbei. Das meiste Interesse hat jeder Mensch nur an sich selber.

Was ist denn ganz besonders üblich geworden im letzten Drittel des neunzehnten Jahrhunderts und dann aus diesem heraus in das zwanzigste Jahrhundert herübergekommen als soziales Empfinden von Mensch zu Mensch? Einen Satz hören Sie heute immer wieder die Leute sagen: Das ist mein Standpunkt. – Jeder hat einen Standpunkt. Als ob es darauf ankäme, was man für einen Standpunkt hat! Der Standpunkt im geistigen Leben ist nämlich ebenso vorübergehend wie der Standpunkt im physischen Leben. Gestern stand ich in Dornach, heute stehe ich hier. Das sind zwei verschiedene Standpunkte im physischen Leben. Es kommt darauf an, daß man einen gesunden Willen und ein gesundes Herz hat, um die Welt von jedem Standpunkte aus betrachten zu können. Aber die Menschen wollen heute nicht das, was sie von den verschiedenen Standpunkten aus gewinnen können, sondern wichtiger ist ihnen die egoistische Behauptung ihrer Standpunkte. Damit schließt man sich aber in der rigorosesten Weise von seinem Nebenmenschen ab. Sagt einer etwas, geht man nicht ein auf das, was er sagt, denn man hat ja seinen Standpunkt. Aber dadurch kommt man sich nicht näher. Näher kommt man sich, wenn man seine verschiedenen Standpunkte in eine gemeinsame Welt hineinzustellen weiß. Aber diese gemeinsame Welt fehlt heute ganz. Eine gemeinsame Welt für den Menschen findet sich nur im Geiste. Und der fehlt.

Das ist das zweite, und das dritte ist: Wir sind im Grunde genommen im Laufe des neunzehnten Jahrhunderts als mitteleuropäische Menschheit nach und nach doch recht willensschwach geworden, willensschwach in dem Sinne, daß der Gedanke nicht mehr die Kraft gewinnt, den Willen so zu stählen, daß der Mensch, der doch ein Gedankenwesen ist, die Welt aus seinen Gedanken heraus zu gestalten vermag.

Wenn davon gesprochen wird, daß die Gedanken blaß sind, sollte man daraus aber nicht den Schluß ziehen, daß man keine Gedanken braucht, um als Mensch zu leben. Die Gedanken sollten nur nicht so schwach sein, daß sie im Kopfe oben sitzen bleiben. Sie sollten so stark sein, daß sie durch das Herz und durch den ganzen Menschen bis in die Füße hinunter strömen; denn es ist wahrhaft besser, wenn statt bloßer roter und weißer Blutkügelchen auch Gedanken unser Blut durchpulsen. Es ist gewiß wertvoll, wenn der Mensch auch ein Herz hat und nicht bloß Gedanken. Aber das Wertvollste ist, wenn die Gedanken ein Herz haben. Das haben wir jedoch ganz verloren. Die Gedanken, welche die letzten vier bis fünf Jahrhunderte gebracht haben, können wir nicht mehr ablegen; aber diese Gedanken müssen auch ein Herz bekommen.

Und sehen Sie, jetzt will ich Ihnen ganz äußerlich einmal sagen, was in Ihren Seelen lebt. Sie sind herangewachsen, haben die ältere Generation kennengelernt. Diese ältere Generation hat sich in Worten dargestellt. Sie konnten nur Phrasen hören. In dieser älteren Generation stellte sich Ihnen ein unsoziales Element dar. Der eine ging an dem anderen vorbei. Und in dieser älteren Generation stellte sich Ihnen auch dar die Ohnmacht des Gedankens, den Willen, das Herz zu durchpulsen.

Mit der Phrase, mit dem antisozialen Konventionalismus und mit der bloßen Lebensroutine statt der Herzens-Lebensgemeinschaft konnte man so lange sich halten, als noch die Erbschaft der vorigen Generationen vorhanden war. Diese Erbschaft war ungefähr am Ende des neunzehnten Jahrhunderts dahin. So war für Sie nichts da, was zu der eigenen Seele sprechen konnte. Sie fühlten aber, daß in den Tiefen gerade in Mitteleuropa etwas vorhanden ist, was das tiefste Bedürfnis hat, wiederum zu dem zurückzufinden, was einmal jenseits der Phrase gelebt hat, jenseits der Konvention, jenseits der Routine: das Bedürfnis, wiederum Wahrheit zu erleben, wiederum menschliche Gemeinschaft zu erleben, wiederum Herzhaftigkeit des ganzen Geisteslebens zu empfinden. Wo ist denn das? So sagt eine Stimme in Ihrem Innern.

Und wurde dies auch nicht klar und deutlich ausgesprochen, so hat man doch oftmals in der Zeit der Morgendämmerung des zwanzigsten Jahrhunderts, wenn ein junger und ein alter Mensch nebeneinander standen, den alten sagen hören: Das ist mein Standpunkt. – Ach, die Menschen hatten allmählich, als das neunzehnte Jahrhundert zu Ende ging, alle, alle ihren Standpunkt. Der eine war Materialist, der andere Idealist, der dritte Realist, der vierte Sensualist und so weiter. Aber allmählich unter der Herrschaft von Phrase, Konvention und Routine waren die Standpunkte auf einer Eiskruste angekommen. Die geistige Eiszeit war gekommen. Nur, daß das Eis dünn war, und da die Standpunkte der Menschen die Empfindung für ihr eigenes Gewicht verloren hatten, so durchbrachen sie nicht die Eiskruste. Sie waren außerdem in ihrem Herzen kalt, sie erwärmten auch die Eiskruste nicht. Die Jüngeren standen neben den Alten, die Jüngeren mit dem warmen Herzen, das noch nicht sprach, das aber warm war. Das durchbrach die Eiskruste. Und der Jüngere fühlte nicht: Das ist mein Standpunkt, – sondern der Jüngere fühlte: Ich verliere den Boden unter den Füßen. Meine eigene Herzenswärme bricht dieses Eis auf, das sich zusammengezogen hat aus Phrase, Konvention und Routine. – Wenn auch dieses Gefühl nicht deutlich ausgesprochen wurde – denn heute wird nichts deutlich ausgesprochen –, so war diese Erscheinung doch seit langem vorhanden und ist auch in der Gegenwart vorhanden.

Am schwierigsten hat es in dieser Beziehung derjenige, der heute versucht, aus seiner gelehrten Bildung heraus sich in die Zeit hineinzufinden. Was sich dem darbietet, das sind die ganz bewußt als «herzlose» Gedanken angestrebten Gedanken. Gewissen Dingen gegenüber hat man es allmählich dazu gebracht, bewußt herzlose Gedanken anzustreben. – Wenn man aus dem Geiste heraus redet, muß man manchmal die Worte etwas anders formen, als man dies heute tut, indem man über dieses und jenes etwas vor den Menschen außerordentlich Logisches, Philosophisches, Wissenschaftliches sagt. Das ist aber manchmal etwas, das vom Geistigen aus gesehen etwas höchst Unanständiges ist. Und zu so etwas, was vor dem Geistigen höchst unanständig ist, gehört zum Beispiel das Folgende.

Die Leute sagen heute: Das ist kein richtiger Wissenschafter, der nicht ganz logisch die Beobachtung und das Experiment interpretiert, der nicht von Gedanke zu Gedanke fortschreitet, wie sie nur nach den richtig ausgestalteten Methoden fortschreiten dürfen. Der ist kein richtiger Denker, der das nicht tut. – Wie aber, meine lieben Freunde, wenn die Wirklichkeit eine Künstlerin wäre und unserer ausgestalteten dialektischen und experimentellen Methoden spottete, wenn die Natur selber nach Kunstimpulsen arbeitete? Dann müßte der Natur wegen die menschliche Wissenschaft zur Künstlerin werden, sonst käme man der Natur nicht bei! Das aber ist ja nicht der Standpunkt der heutigen Wissenschafter. Deren Standpunkt ist: Mag die Natur eine Künstlerin sein oder eine Träumerin, das ist uns gleichgültig; wir befehlen, wie Wissenschaft zu treiben ist. Was geht es uns an, ob die Natur eine Künstlerin ist? Das geht uns gar nichts an, denn das ist nicht unser Standpunkt.

Ich kann Ihnen zunächst nur einige Empfindungen schildern, um zu zeigen, was da alles in chaotischer Weise durcheinanderstrebte, als das zwanzigste Jahrhundert herankam, jenes Jahrhundert, das Sie, meine jüngeren Freunde, vor harte innere Seelenprüfungen gestellt hat. Was uns an äußeren Ereignissen entgegengetreten ist, einschließlich des furchtbaren, grausigen Weltkrieges, ist ja nur der äußere Ausdruck dessen, was in der heutigen, zivilisierten Welt im Inneren der Seelen herrscht. Das ist nun einmal so. Dessen müssen wir uns bewußt werden. Wir müssen uns auch dessen bewußt werden, daß wir vor allen Dingen etwas zu suchen haben, wonach das tiefste Seelenwesen – wie Ihr Sprecher ganz richtig gesagt hat – gerade Deutschlands sich sehnt, das aber gerade innerhalb Deutschlands, je mehr die neueste Zeit herankam, aus dem Bewußtsein heraus verleugnet worden ist. Wir haben nicht nur Goethe, wir haben auch vieles aus dem Mittelalter verloren, aus dem Goethe herausgewachsen ist, und wir müssen das wiederfinden. Und auf die Frage: Warum sind sie heute hierher gekommen? – möchte ich die Antwort geben: Um das zu finden. Denn Sie sind eigentlich auf der Suche nach etwas, was da ist. Goethe hat die Frage beantwortet, welches Geheimnis das wichtigste ist: «Das offenbare!» Es kann aber erst offenbar werden dadurch, daß man die Augen dafür öffnet. – Es sind schon vorzugsweise innere Angelegenheiten, innere Sehnsuchten, um die es sich bei Ihnen handelt, wenn Sie sich recht verstehen. Und ob sich der Einzelne pädagogisch oder in einer anderen Weise auszuleben hat, darauf kommt es nicht an. Es kommt darauf an, daß alles, was heute die Menschen suchen, die wiederum ganz Mensch werden wollen, aus dem gemeinsamen Zentrum echten Menschentums heraus gesucht und gefunden werde. Dazu wollen wir uns eben hier zusammenfinden.

Nicht wahr, es ist ja doch etwas anderes, wenn in früheren Jahrhunderten die Menschen – nehmen wir etwas Radikales – einen *Giordano Bruno* verbrannt haben. Denn das war dazumal die übliche Art, Wahrheiten zu widerlegen. Vergleichen Sie das, um jetzt gerade auf wissenschaftlichem Gebiete ein Beispiel zu nehmen, mit dem Fall des schwäbischen Arztes *Julius Robert Mayer*. Dieser kam auf einer Weltreise in Südasien durch die Beobachtung des Blutes auf eine Anschauung, die man heute als die von dem Äquivalent der Wärme, von der Erhaltung der Kraft bezeichnet. Im Jahre 1844 schrieb er diese Sache auf, und seine Abhandlung wurde von der berühmtesten naturwissenschaftlichen Zeitschrift jener Zeit, den «Poggendorf'schen Annalen», als dilettantisch, als ungeeignet zurückgewiesen! Und weil Julius Robert Mayer für seine Wahrheit so begeistert war, daß er immer, wenn ihm jemand auf der Straße begegnete, davon zu sprechen anfing, so meinten die Fachgenossen, er leide an fixen Ideen. Er wurde bekanntlich für irrsinnig erklärt und in ein Sanatorium gebracht. Heute kann man nach Heilbronn gehen und findet dort das Robert-Mayer-Denkmal. Die Leute sagen heute, er habe das größte physikalische Gesetz der neueren Zeit gefunden. Meinetwillen, das alles konnte passieren. Irrtum ist natürlich etwas, dem die Menschheit verfallen kann. Das Wesentliche aber ist, wie phrasenhaft, wie konventionell und wie aus einer bloßen Lebensroutine heraus so etwas heute beurteilt wird.

Nehmen Sie die Darstellungen, in denen der furchtbar tragische Fall dieses so schrecklich Belachten geschildert wird. Lesen Sie, was im neunzehnten Jahrhundert darüber geschrieben wurde und halten Sie eine heutige Darstellung dagegen. Was da geschehen ist, ist mit abstrakten Schilderungen nicht abgetan. Wer ein Herz im Leibe hat und die heutigen Schilderungen liest oder hört, dem ersterben innerlich alle Haltekräfte, und ein furchtbarer Impuls tut sich in der Seele auf.

Die Menschen müssen wiederum dazu kommen, stark fühlen zu können: schön – häßlich, gut – böse, wahrhaftig – verlogen. Sie müssen dazu kommen, das nicht schwächlich zu fühlen, sondern stark zu fühlen, so daß sie mit ihrem ganzen Menschen darin stehen, daß wiederum Herzblut in den Worten ist. Dann zerstiebt die Phrase und man fühlt wieder den anderen Menschen in sich, nicht bloß sich selbst; dann zerstiebt die Konvention, und man kann wiederum das, was man im Kopfe hat, durchpulsen lassen von seinem Herzblut. Dann zerstiebt das bloße Routineleben, und das Leben wird wieder menschlich.

Alles das fühlt die Jugend im zwanzigsten Jahrhundert. Sie suchte, sah sich aber in einem Chaos. Diese Dinge lassen sich nicht durch die äußere Geschichte charakterisieren. Wir haben am Ende des neunzehnten Jahrhunderts einen großen Knotenpunkt in der inneren Entwickelung der Menschheit. Die Seelen, die kurz vor oder kurz nach der Jahrhundertwende geboren wurden, sind innerlich ganz anders konstruiert als die noch im letzten Drittel des neunzehnten Jahrhunderts geborenen. Davon kann man sprechen, in einer gewissen Art Vergleiche anstellen, wenn man eben, trotzdem sich Jahr auf Jahr gehäuft hat im Lebensgange, sich nicht hat alt werden lassen.

So wollen wir morgen zunächst sehen, wie sich die neue Generation nicht an die alte Generation angeschlossen hat, sondern durch einen Abgrund von ihr getrennt ist. Nicht anklagen, sondern nur begreifen wollen wir. Ich will nicht einmal anklagen, wenn ich so etwas ausspreche, wie das große Tragische, das Julius Robert Mayer geschehen ist. Es ist vielen so gegangen. Das soll also keine Anklage sein; aber wir sollen verstehen. Das ist das Wichtigste: daß man versteht, was man tief innerlich erlebt; denn das kann nicht mehr lange so fortgehen, daß nur ein unklares Suchen herrscht. Was kommen muß, ist ein gewisses Licht, das sich ausgießen will über dem unklaren Suchen, aber ohne ins Trockene, ohne ins Kalte hineinzukommen. Mit Bewahrung des Herzblutes muß man Licht finden können.

Ich möchte Ihnen auf keinem Gebiete irgend etwas Mystisches vormachen, sondern überall die Wahrheit zeigen, die Wahrheit im Geiste. Sie wissen ja, unter den vielen Phrasen, die im neunzehnten Jahrhundert sich geltend gemacht haben, ist auch diese: Der große Pionier des neunzehnten Jahrhunderts hätte sein Leben damit beschlossen, daß er der Nachwelt zurief: «Mehr Licht!». Das werde ich Ihnen nicht sagen, denn das hat Goethe nicht gesagt. Goethe lag in seinem Liegestuhl, atmete schwer und sagte: «Macht die Fensterladen auf!». Das ist die Wahrheit. Das andere ist die Phrase, die sich daran gegliedert hat. Vielleicht ist der wahre Ausspruch Goethes besser zu gebrauchen als die Phrase: «Mehr Licht!». Es ist eben durch dasjenige, was am Ende des neunzehnten Jahrhunderts vorgefunden werden konnte, die Empfindung entstanden: die uns vorangegangen sind, haben ja die Fensterläden zugemacht! Und da kam die junge Generation und fühlte sich beengt, hatte das Gefühl, es müssen die Fensterläden aufgemacht werden, die die alte Generation so fest zugeschlossen hat. Ja, meine lieben Freunde, ich möchte Ihnen versprechen, wenn ich auch alt bin, im ferneren davon zu reden, wie wir nun versuchen können, die Fensterläden aufzukriegen.

Davon wollen wir also morgen weiterreden.

ZWEITER VORTRAG

Stuttgart, 4. Oktober 1922

Wenn man heute von der Bewegung unter der Jugend spricht, kann man deutlich unterscheiden die weitere Jugendbewegung und die engere Jugendbewegung, die man die Bewegung der Jugend an den Hochschulen nennen kann, derjenigen Jugend, welche den Schulen, dem Pädagogischen überhaupt im weiteren Sinne zustrebt. Nicht weil ich das eine oder andere besonders betonen möchte, sage ich das, sondern weil wir zu dem, wozu wir kommen müssen, am leichtesten kommen, wenn wir zunächst einmal auf die Hauptschwierigkeiten des inneren Lebens hinsehen, wie sie sich namentlich unter der Universitäts- und Hochschuljugend geltend gemacht haben.

Wir werden bei diesen Betrachtungen manchmal von Einzelheiten des Lebens ausgehen und uns dann rasch zu einem größeren Überblick erheben müssen. Daher gestatten Sie mir, daß ich zunächst ein paar Worte über die Erfahrungen sage, die gerade die Universitätsjugend in ihren Seelen durchgemacht hat. Im Grunde genommen hat sich das schon seit vielen Jahrzehnten vorbereitet; nur ist es in dem allerletzten Jahrzehnt zu einem Höhepunkt gestiegen, so daß man es deutlicher wahrnehmen konnte.

Die Universitätsjugend sucht etwas. Es ist nicht weiter wunderbar, daß sie etwas sucht, denn man kommt ja zur Hochschule, weil man etwas sucht. Sie suchte nach lehrenden Führern – man könnte auch sagen nach führenden Lehrern –, und die Jugend fand keine führenden Lehrer. Und das war das ganz Furchtbare, das man in die verschiedensten Worte kleidete, das der eine konservativ, der andere radikal aussprach, der eine, indem er etwas sehr Weises, der andere, indem er eine große Dummheit sagte. Das wurde so ausgesprochen: Wir finden ja keine Lehrer mehr.

Was fand man denn, wenn man an die Hochschule kam? Man fand die, die da waren, aber in denen man das, was man suchte, nicht fand. Sie waren stolz darauf, nicht mehr eigentliche Lehrer zu sein, sondern Forscher. Die Universitäten und Hochschulen etablierten sich als Forscheranstalten. Sie waren gar nicht mehr für die Menschen da. Sie waren nur für die Wissenschaft da, und die Wissenschaft führte ein Dasein unter den Menschen, das sie als objektiv bezeichnete. Sie bleute den Menschen in allen Tonarten ein, daß sie zu respektieren sei als objektive Wissenschaft. Man muß solche Dinge manchmal etwas bildlich aussprechen. Die objektive Wissenschaft ging also jetzt unter den Menschen herum; aber die objektive Wissenschaft war ganz sicher kein Mensch, sondern es ging etwas Unmenschliches unter den Menschen herum und nannte sich objektive Wissenschaft.

Das konnte man in den Einzelheiten immer wieder erleben. Wie oft heißt es: Das ist schon gefunden, das gehört schon der Wissenschaft an. – Ein anderes wird zur Wissenschaft hinzugefunden, und diese sogenannten Schätze der Wissenschaft sind dann ein Aufgespeichertes, das sich allmählich dieses schreckliche, objektive Dasein in der Menschheit errungen hat. Aber die Menschen passen nicht zu dieser objektiven unter ihnen herumstolzierenden Wesenheit, denn es gibt kein eigentliches Verhältnis des wahren, echten Menschen zu dieser objektiv-kalten Wesenheit, die in der verschiedensten Weise aufgespeichert ist. Wir haben nach und nach zwar die Bibliotheken und wissenschaftlichen Forschungsinstitute bekommen. Aber insbesondere der junge Mensch sucht doch nicht die Bibliotheken, auch nicht die wissenschaftlichen Forschungsinstitute, sondern er sucht in den Bibliotheken – man bringt das Wort fast gar nicht heraus – die Menschen und er findet dort: Bibliothekare! Er sucht in den wissenschaftlichen Forschungsinstituten die für die Weisheit, für die wirkliche Erkenntnis begeisterten Menschen und findet diejenigen, die man halt in den Laboratorien, in den wissenschaftlichen Forschungsinstituten, Kliniken und so weiter findet. Die Alten haben es sich allmählich angewöhnt, so bequem zu sein, daß sie eigentlich gar nicht mehr da sein wollen, sondern ihre Institute, ihre Bibliotheken sollen da sein. Aber der Mensch kann das nicht zustandebringen. Wenn er auf diese Art nicht da sein will, dann ist er erst recht da, dann wirkt er statt durch das Menschliche durch die bleierne Schwere.

Man könnte es noch auf andere Weise aussprechen: Die Menschen streben zu der Natur hin. – Aber, um gleich ein radikales Beispiel zu nehmen: Die Natur ist auch um das ganz kleine Kind herum da. Nur hat das ganz kleine Kind seelisch-geistig nichts von der Natur und kann erst dadurch etwas von ihr erhalten, daß es mit Menschen in Beziehung kommt, mit denen es gemeinsam die Natur erleben kann. Das gilt in gewissem Sinne auch noch bis in sehr alte Jugendjahre hinein. Man muß mit Menschen zusammenkommen, mit denen man gemeinsam die Natur erleben kann. Das konnte man aber in den letzten Jahrzehnten aus dem Grunde nicht, weil es keine Sprache gab, in der man sich von der Jugend bis zum Alter hin über die Natur verständigen konnte. Wenn die Alten über die Natur sprechen, so ist das so, als ob sie dadurch die Natur verdunkelten, als ob die Namen, die sie den Pflanzen geben, nicht mehr zu den Pflanzen paßten. Es stimmte nichts mehr. Man hatte auf der einen Seite das Rätsel «Pflanze» vor sich; dann hörte man den Namen von den Alten, aber das stimmte nicht, weil eben der Mensch ausgeschaltet war, weil die objektive Wesenheit «Wissenschaft» auf der Erde herumwandelte. Das war langsam und allmählich gekommen. Die letzten Jahrzehnte haben aber eine gewisse Kulmination gebracht.

Was im neunzehnten Jahrhundert zu einer gewissen Kulmination gekommen ist, zeigt sich ganz bedeutsam in einer einzelnen Erscheinung. Wenn man ein bißchen Phantasie hatte und sich in dem höheren Bildungswesen der letzten Jahrhunderte herumbewegte, dann machte man alle Augenblicke die Bekanntschaft dieser objektiven Wesenheit «Wissenschaft», die in den verschiedensten Formen auftrat, aber immer die eine, die einzige, die wirkliche objektive Wissenschaft sein wollte. Und wenn man diese Bekanntschaft gemacht hatte, wenn einem immer wieder diese objektive Wissenschaft vorgestellt worden war, dann hatte man die Einsicht, daß sich eine andere Wesenheit verschämt seitwärts hinwegschlich, weil sie sich nicht mehr geduldet fühlte. Die sagte einem dann doch, wenn man aufgestachelt wurde, hinten im Verborgenen mit ihr zu reden: Ich habe einen Namen, der sich vor der objektiven Wissenschaft nicht mehr nennen darf. Ich heiße Philosophie, heiße Sophia, Weisheit. Ich habe halt den schändlichen Vornamen von der Liebe und habe etwas, das schon durch seinen Namen angenagelt ist, daß es etwas zu tun hat mit menschlicher Innerlichkeit, mit der Liebe. Ich kann mich nicht mehr sehen lassen, ich muß verschämt herumgehen. Die «objektive Wissenschaft» prunkt damit, daß sie nichts mehr von «Philo» in sich hat. Sie hat zum Denkzeichen nun auch die eigentliche «Sophia»* verloren. Aber nun gehe ich so herum, denn ich trage noch etwas Hohes von Gefühl und Menschlichkeit in mir. – Das ist ein Bild, das einem öfter vor die Seele treten konnte. In solchen Bildern lebt sich aus, was unbestimmt gefühlt worden ist von unzähligen jungen Menschen der letzten Jahrzehnte.

Immer wurde gesucht, einen Ausdruck zu finden – so wie es einen Ausdruck im Vorstellen, einen Ausdruck im Empfinden, Fühlen gibt – für das, was man eigentlich sucht. Diejenigen, die vielleicht am enthusiastischsten waren in den letzten Jahrzehnten, die am meisten junge Wärme in sich fühlten, die ergingen sich in den unbestimmtesten Ausdrücken, weil sie eigentlich nur wußten: Wir suchen etwas. Aber wenn sie ausdrücken wollten, was sie suchten, so war es eigentlich nichts. Das «Nichts» war zwar wirklich nach den Faustworten «das All», aber es präsentierte sich als ein Nichts. Man mußte über einen Abgrund. Das war die Empfindung und das ist im Grunde genommen auch heute noch die Empfindung. Diese Empfindung kann man nicht anders verstehen als historisch, aber nicht historisch im alten Sinne, sondern historisch im neuen Sinne.

Nun will ich von etwas ganz anderem reden, aber die Dinge werden sich uns allmählich zusammenschließen. Etwa im Beginne unserer Zeitrechnung konnte sich der Mensch noch ganz anders fühlen als heute, weil in diesem Fühlen und Empfinden noch viel Altes steckte. Man hatte in der Seele Erbschaften. Diese Erbschaften hatte man nicht nur im Beginne unserer Zeitrechnung, sondern noch bis tief ins Mittelalter hinein. Jetzt aber werden die Seelen in die Welt hineinversetzt ohne Erbschaften. Besonders stark ist dies im neuen Jahrhundert zu spüren, daß die Seelen ohne Erbschaften in die Welt hineinkommen. Das auf der einen Seite. Auf der anderen Seite: Meine lieben Freunde, fragen Sie einmal bei denjenigen, die im Beginne unserer Zeitrechnung gelebt haben, ob sie viel über das gesprochen haben, was man heute zusammenfaßt in das Wort Erziehung. Von Erziehung wird um so weniger gesprochen, je weiter man in die Vergangenheit zurückkehrt. Man kann

* φιλω = ich liebe, σωφια = Weisheit.

natürlich in verschiedener Weise von Erziehung sprechen. Man kann von der Erziehung auch in der Weise sprechen, daß man sagt, durch die Erziehung soll sich die Jugend allmählich zu dem heranbilden, was man dann im Alter sein möchte. Denn schließlich muß man im Erdenleben alt werden, wenn wir auch noch so jung sind.

In früheren Zeiten sind eben die Menschen auf eine selbstverständlichere Art jung gewesen und alt geworden als heute. Heute leben die Menschen eigentlich in einer Welt, in der sie gar nicht auf naturgemäße Weise jung und alt sein können. Man weiß ja heute nicht mehr, wie man jung und wie man alt ist. Man weiß gar nichts mehr davon und deshalb redet man so unendlich viel von Erziehung, weil man gern wissen möchte, wie man die Jugend jung macht, damit sie auf respektierliche Art einmal alt werden kann. Aber man weiß nicht, wie man die Dinge drehen soll, damit die Menschen jung sein und auf eine anständige Weise in der Jugend das aufnehmen können, was ihnen die Möglichkeit gibt, später in einer menschenwürdigen Weise alt zu sein.

Das alles war vor Jahrhunderten in Selbstverständlichkeit gegossen. Heute redet man viel über Erziehung. Man weiß oft nicht, wie absurd es ist, wenn die Menschen über Erziehung reden. Warum redet heute fast jeder über Erziehung? Meist nicht darum, weil er einsieht, daß er so schlecht erzogen ist, sondern weil er findet, daß er wegen seiner schlechten Erziehung Schwierigkeiten im Leben hat. Und so reden die Menschen über Erziehung, weil sie finden, sie seien unerzogen. Dieses gesteht man sich ein; aber man hat niemals etwas Richtiges auf diesem Gebiete erlebt. Dennoch maßt man sich ein Urteil darüber an. Man schreit nach Erziehungsprogrammen, weil man keine Sicherheit in sich fühlt. Man könnte immer darauf aufmerksam machen, wie eigentlich überall ein starkes Wollen da ist, aber nirgends ein Inhalt dieses Wollens. Gerade das fühlt die Jugend, daß kein Inhalt dieses Wollens da ist. Warum ist kein Inhalt da? Weil es eigentlich in der ganzen Erdenentwickelung erst seit kurzer Zeit etwas wirklich Neues gibt.

Da muß ich allerdings auf etwas verweisen, was ich nur in großen Umrissen andeuten kann. Es wird Ihnen aber immer mehr vor die Seele treten, wenn Sie sich einmal meine «Geheimwissenschaft» anschauen. Da werden Sie finden, daß das Erdenwesen gezeigt wird als eine Erbschaft von anderem Weltendasein. Wie die Namen sind, ist gleichgültig. Ich habe sie Saturn-, Sonnen-, Monddasein genannt; aber das erste Erdendasein war ja nur eine Wiederholung der früheren Weltendaseine. Man kann sagen: Drei Wiederholungsperioden hat es für die Erde gegeben, eine Saturn-, eine Sonnen- und eine Mondenzeit. Dann kam die eigentliche Erdperiode. Aber diese eigentliche Erdperiode, diese atlantische Zeit, war wieder nur eine Wiederholung – auf höherer Stufe – von dem, was früher schon dagewesen war.

Dann kam die nachatlantische Zeit. Man stieg zu einer noch höheren Stufe. Aber wieder war es eine Wiederholung dessen, was schon dagewesen war. Es war die nachatlantische Zeit eine Repetition der Repetition. Die Menschheit hat tatsächlich bis in das fünfzehnte nachchristliche Jahrhundert gelebt von lauter Repetitionen, von lauter Erbschaften. Bis ins fünfzehnte Jahrhundert hinein war man seelisch kein unbeschriebenes Blatt. Es stiegen in den Seelen allerlei Dinge wie von selbst auf. Erst vom fünfzehnten Jahrhundert ab waren die Seelen unbeschriebene Blätter. Seit dem fünfzehnten Jahrhundert ist erst die Erde neu. Vorher hat man von lauter Erbschaften auf der Erde gelebt. Das beachtet man gewöhnlich nicht, daß erst seit dem fünfzehnten Jahrhundert die Erde neu ist. Früher hat man immer vom alten gezehrt. Seit dem fünfzehnten Jahrhundert steht der Mensch vis-à-vis dem Nichts. Seine Seele ist ein unbeschriebenes Blatt. Und wie lebt man seit dem fünfzehnten Jahrhundert? Zunächst hat man vom Vater auf den Sohn durch Tradition fortgeerbt, was man früher auf andere Weise fortgeerbt hat, so daß vom fünfzehnten Jahrhundert bis in das neunzehnte Jahrhundert hinein immer noch Tradition da war. Aber es ist allmählich immer schlimmer geworden mit der Tradition. Sie können das an Einzelheiten sehen.

Nehmen Sie das Recht. So über Recht zu sprechen wie die heutige Menschheit über Recht spricht, wäre zum Beispiel einem *Scotus Erigena* nicht eingefallen, weil man damals noch etwas in der Seele hatte, was einen anleitete, dazu führte, von Mensch zu Mensch zu sprechen. Das gibt es nicht mehr, weil nichts mehr in der Seele da ist, das zum Menschen führt, weil man noch nichts gefunden hat, was aus dem Nichts herausführt. Damals konnte es wenigstens der Vater noch dem Sohne sagen. Am Ende des achtzehnten Jahrhunderts ist es aber so weit gekommen, daß der Vater dem Sohne nichts Ordentliches mehr zu sagen hatte. Dann haben die Menschen zunächst krampfhaft nach dem sogenannten Vernunftrecht gesucht. Aus der Vernunft sollte herausgepreßt werden, wie man zu Vorstellungen und Empfindungen über das Recht kommt. Und dann haben andere, zum Beispiel *Savigny*, gefunden, daß man aus der Vernunft nichts mehr herauspressen könne. So kam man zu dem historischen Recht. Man hat sich hingesetzt und studiert, was früher war, sich vollgepfropft mit den Gefühlen, die die längst Gestorbenen gehabt haben, weil man selber nichts mehr hatte. Das Vernunftrecht war ein krampfhaftes Festhalten an dem, was man schon verloren hatte. Das historische Recht war ein Eingeständnis, daß man aus dem Menschen der Gegenwart überhaupt nichts mehr herausbekommt. So trat man ins zwanzigste Jahrhundert hinein, und da wurde das Gefühl immer ärger: Man steht gegenüber dem Nichts, und man muß aus dem Menschen heraus etwas finden.

In der alten griechischen Zeit hätte es niemand verstanden, wenn man von objektiver Wissenschaft gesprochen hätte. Der Mensch hat sein Verhältnis zur Welt damals anders ausgedrückt. Er hat, auf geistiges Schauen hinweisend, von Melpomene, von Urania, von den freien Künsten gesprochen. Aber diese freien Künste, obwohl sie reale, wirkliche Wesen waren, waren nicht Wesen, die auf der Erde herumgingen. Es war etwas sehr Konkretes, was der Grieche noch in der Zeit, als es schon eine Philosophie gab, als sein Verhältnis zur geistigen Welt fühlte. Es waren die Musen, die man eigentlich liebte, richtige Wesenheiten, zu denen man als zu realen Wesen ein Verhältnis hatte. Nicht aus einer bloßen Phrase heraus, wie die Neueren glauben, beginnt *Homer* seine Ilias: «Singe mir, Muse, vom Zorn des Peleiden Achilleus.» Homer hat sich wie eine Art von Schale gefühlt und die Muse hat aus ihm gesprochen, als eine höhere Menschlichkeit ihn erfüllend.

Als *Klopstock* nicht mehr aus der Phrase, in die er zum großen Teil hineingeboren war, reden wollte, hat er wenigstens noch gesagt: «Sing', unsterbliche Seele, der sündigen Menschheit Erlösung.» Aber diese unsterbliche Seele ist den Menschen nach und nach auch entschwunden. Das geschah langsam und allmählich. In den ersten Jahrhunderten der christlichen Entwickelung findet man, wie die konkreten Musen allmählich furchtbar dürre Damen geworden sind. Grammatik, Dialektik, Rhetorik, Arithmetik, Geometrie, Astrologie und Musik, sie hatten alles Konkrete verloren. Schon bei *Boethius* haben sie fast keine konkrete Physiognomie mehr. Man kann sie eigentlich nicht mehr recht lieben. Dennoch sind sie noch dralle Figuren im Vergleich mit der «objektiven Wissenschaft», die heute unter den Menschen herumwandelt. Langsam und allmählich ist es so gekommen, daß der Mensch das, was in alten Zeiten sein Zusammenhang mit der geistigen Welt war, verloren hat. Und er mußte es verlieren, denn er mußte sich einmal zur völligen Freiheit entwickeln, um alles, was menschlich ist, aus sich selber heraus zu gestalten. Zu dem ist er aufgefordert seit dem fünfzehnten Jahrhundert; aber recht gespürt hat man es erst am Ende des neunzehnten Jahrhunderts und insbesondere im zwanzigsten Jahrhundert. Denn jetzt waren nicht nur die Erbschaften, sondern auch die Traditionen weg. Die Väter hatten sozusagen nichts mehr den Söhnen zu sagen. Jetzt fühlte man: Wir stehen gegenüber dem Nichts. Man fühlte, daß die Erde im Grunde genommen neu geworden ist.

Man kann das, was ich jetzt ausgesprochen habe, noch auf eine andere Weise aussprechen. Man kann nämlich die Frage stellen, was aus der Erde geworden wäre, wenn das Christus-Ereignis nicht eingetreten wäre. Man nehme an, das Christus-Ereignis wäre nicht gekommen. Dann wäre die Erde in dem seelisch-geistigen Leben der Menschheit allmählich vertrocknet. Das Christus-Ereignis konnte nicht bis heute warten; es mußte etwas früher fallen als der Zeitpunkt, in dem alle alten Erbschaften verbraucht waren, damit man mit den alten Erbschaften wenigstens noch das Christus-Ereignis empfinden konnte. Sie brauchen sich nur vorzustellen: Wenn am Ende des neunzehnten oder im zwanzigsten Jahrhundert so etwas gekommen wäre wie ein Christus-Ereignis, wie es im Beginne unserer Zeitrechnung gekommen ist, was hätten da die Menschen unserer Zeit für ein Hohngelächter angestimmt gegenüber der Prätention, daß irgendein Ereignis eine Bedeutung haben sollte wie das Christus-Ereignis! Es ist nicht auszudenken, was die Menschen empfunden hätten gegenüber einer solchen Prätention. Zur Zeit des Christus-Ereignisses mußte eine ganz andere Empfindung da sein. Die Empfindung, gegenüber dem Nichts zu stehen, durfte noch nicht da sein. Das Christus-Ereignis trat ein im ersten Drittel des vierten nachatlantischen Kulturzeitraumes. Und mit demselben vierten Kulturzeitraum, dessen erstes Drittel das Christus-Ereignis trägt, war das Alte fertig.

Ein Neues beginnt im fünfzehnten Jahrhundert mit dem fünften nachatlantischen Kulturzeitraum, in dem wir jetzt darinstehen. In ihm gibt es keine Traditionen; sie sind allmählich verglommen. Jetzt steht man gegenüber dem Christus-Ereignis, gegenüber den tieferen, intimeren religiösen Fragen ganz deutlich vor dem Nichts. Denn allmählich ist es selbst für die Theologen ganz unmöglich geworden, das Christus-Ereignis zu verstehen. Versuchen Sie heute einmal, aus der zeitgenössischen Theologie heraus irgendeine verständliche Vorstellung zu gewinnen über das Christus-Ereignis! Als die größten Theologen gelten heute diejenigen, die den Christus aus dem Jesus wegdisputieren. Es tritt ganz deutlich hervor, daß man vor dem Nichts steht.

Was ich sage, sind alles nur die Symptome, denn diese Dinge gehen in den tieferen Schichten des menschlichen Seelenlebens vor sich. Diese tieferen Schichten zaubern in die Seelen derjenigen Menschheit, die in den letzten Jahrzehnten jung geworden ist, etwas herein, das man etwa so ausdrücken kann: Der Mensch fühlt sich wie abgekoppelt von dem Strome des Weltgeschehens. Es ist schon etwas in der seelischen Entwickelung des Menschen eingetreten, das mit einem furchtbaren Ruck zu vergleichen ist.

Stellen Sie sich vor, meine Hand könnte selbständig fühlen, und sie würde mir abgehackt. Was würde sie fühlen? Sie würde sich abgehackt, verdorrend fühlen, sie würde sich nicht mehr als etwas Lebendiges fühlen. So fühlt sich seit dem letzten Drittel des neunzehnten Jahrhunderts die Seele jenem allgemeinen Strome des Weltgeschehens gegenüber wie abgehauen, wie abgekoppelt, und die bange Frage steht vor dem Menschen: Wie werde ich wieder lebendig in der Seele?

Versucht man dann, aus den Impulsen heraus zu sprechen, die wieder Leben bringen können, dann verstehen die Menschen, die im Sinne des alten Geisteslebens so weiterhudeln wollen, das gar nicht. Wie wenig wird eigentlich verstanden, was aus dem Leben heraus gesprochen wird über so etwas wie die Begründung der Waldorfschule! Da hören die

Leute zumeist etwas ganz anderes über die Waldorfschule, als was sie hören sollten. Sie hören nur, daß man zu ihnen so redet, wie man vor Jahrzehnten auch schon geredet hat. Sie können ja die Worte, die man heute über die Waldorfschule redet, in Büchern nachschlagen. Sie finden alle diese Worte schon in den Büchern von früher. Und wenn einer andere Worte gebrauchen wollte oder nicht einmal andere Worte, sondern nur andere Satzfügungen, so sagen die Leute, es sei eine schlechte Sprache. Sie haben keine Ahnung von dem, was jetzt geschehen muß, wo die Menschheit, die noch Seele im Leibe hat, dem Nichts gegenübersteht.

Was über Waldorfschul-Pädagogik gesprochen wird, muß man mit anderen Ohren anhören, als was man sonst über Erziehung hört, auch über Reform-Erziehung. Denn auf die Fragen, die die Menschen jetzt beantwortet haben wollen und die in den anderen Erziehungssystemen gestellt und scheinbar beantwortet werden, gibt die Waldorfschul-Pädagogik überhaupt keine Antwort! Worauf zielen diese Fragen? Gewöhnlich auf recht viel Vernunft, und Vernunft hat die Gegenwart unermeßlich viel. Vernunft, Intellekt und Gescheitheit sind ganz ungeheuer verbreitete Artikel in der Gegenwart. Fragen wie die: Was man aus dem Kinde machen soll? Wie man das oder jenes ins Kind hineinbringen soll? – werden furchtbar vernünftig beantwortet. Und das läuft alles darauf hinaus: Was gefällt einem am Kinde und wie kriegt man es zurecht, daß es so wird, wie man es haben möchte? Aber das hat für den tieferen Entwickelungsgang der Menschheit keine Bedeutung mehr! Auf solche Fragen gibt die Waldorfschul-Pädagogik überhaupt keine Antwort.

Wenn man zunächst bildlich charakterisieren will, wie die Waldorfschul-Pädagogik spricht, so muß man sagen, daß sie ganz anders spricht, als man sonst in bezug auf Erziehung zu sprechen pflegt. Die Waldorfschul-Pädagogik ist überhaupt kein pädagogisches System, sondern eine Kunst, um dasjenige, was da ist im Menschen, aufzuwecken. Im Grunde genommen will die Waldorfschul-Pädagogik gar nicht erziehen, sondern aufwecken. Denn heute handelt es sich um das Aufwecken. Erst müssen die Lehrer aufgeweckt werden, dann müssen die Lehrer wieder die Kinder und jungen Menschen aufwecken. Es handelt sich tatsächlich um ein Aufwecken, nachdem die Menschheit abgekoppelt, abgeschnürt worden ist von dem fortlaufenden Strome der Weltentwickelung. Wie eine Hand einschläft, wenn sie abgeschnürt wird, so schlief die Menschheit seelisch-geistig ein. Sie werden vielleicht einwenden, daß die Menschen es ja seit dem fünfzehnten Jahrhundert weit gebracht haben, eine riesige Gescheitheit entwickelt haben. Ja, wäre der Weltkrieg nicht gekommen – der zwar nicht in dem Maße den Menschen Erlebnis geworden ist, wie er es hätte sein können, durch den sie aber doch ein bißchen wenigstens eingesehen haben, daß sie gar nicht so gescheit geworden sind –, wer weiß, wie oft man zu hören bekäme: Wie haben wir es doch so herrlich weit gebracht! – Das wäre nicht mehr auszuhalten.

Es ist ja richtig: im Intellekt sind die Menschen seit dem fünfzehnten Jahrhundert furchtbar weit gekommen. Dieser Intellekt hat etwas schauderhaft Verführerisches, denn im Intellekt halten sich alle Menschen für wach. Aber der Intellekt lehrt uns gar nichts über die Welt. Er ist nämlich in Wirklichkeit bloß ein Traum von der Welt. Im Intellekte träumt man am allerstärksten, und indem die objektive Wissenschaft gerade am meisten mit dem Intellekt arbeitet, den sie auf Beobachtung und Experiment anwendet, träumt sie im Grunde genommen über die Welt. Aber es bleibt beim Träumen. Man steht durch den Intellekt in keiner objektiven Verbindung mehr mit der Welt. Der Intellekt ist das automatische Fortdenken, nachdem man von der Welt längst abgeschnürt ist. Deshalb sucht die gegenwärtige Menschheit, wenn sie ihre Seele in sich selber erfühlt, wenn sie ein Gefühl bekommt von sich selbst in der Seele, wieder den Anschluß an die Welt, sucht wieder hinzukommen zur Welt. Hatte man bis ins fünfzehnte Jahrhundert hinein immer noch positive Erbschaften gehabt, so steht man jetzt vor einer umgekehrten Erbschaft, vor einer negativen Erbschaft. Man macht nämlich eine eigentümliche Entdeckung.

Bis ins fünfzehnte Jahrhundert hinein konnten die menschlichen Seelen das, was sie aus der Weltentwickelung heraus erbten, noch immer mit einer gewissen Freude begrüßen. Die Welt war bis dahin noch nicht ganz abgerollt und man war noch nicht losgekoppelt. Man konnte das, was man bekam, mit Freude begrüßen. Auch heute, nach der Abkoppelung, kann man sich besinnen auf dasjenige, was man ohne sein Zutun von der Welt bekommt, aber man macht dabei eine ganz merkwürdige Entdeckung. Es geht einem wie dem, welcher eine Erbschaft macht und vergißt, sich genau zu informieren. Dann wird zusammengerechnet und man entdeckt, daß die Passiven die Aktiven übersteigen. Man hat versäumt, die Erbschaft abzulehnen! Aber damit bekommt man eine soundso große Summe Schulden, die bezahlt werden müssen. Das ist eine negative Erbschaft; es gibt solche Fälle. So hat auch die Menschheit in ihrer Seele eine negative Erbschaft, sogar gegenüber dem größten Ereignis, das sich in der Menschheit zugetragen hat.

Bis zum Mysterium von Golgatha haben die Menschen das Mysterium von Golgatha nicht zu verstehen gebraucht, denn es war nicht da. Dann war es da, und aus den Resten der alten Erbschaften heraus konnte man es in der Folgezeit noch abglimmend verstehen. Dann kam das fünfzehnte Jahrhundert, wo man solche Erbschaftsreste nicht mehr hatte, wo aber der Vater auf den Sohn noch ein Verständnis dafür vererben konnte, wie es sich mit dem Mysterium von Golgatha verhält. Heute hilft alles das nicht mehr. Die Menschen sind furchtbar gescheit; aber so gescheit, um die Widersprüche der vier Evangelien zu sehen, wären ja die Menschen des siebten, achten Jahrhunderts auch gewesen. Die Widersprüche sind doch furchtbar leicht herauszufinden. Man hat aber erst im neunzehnten Jahrhundert angefangen, diese Widersprüche zu untersuchen. So ist es auf allen Gebieten des Lebens. Der Intellekt wurde überschätzt, und ein Bewußtsein, eine Empfindung vom Ereignis von Golgatha ist verlorengegangen. Das religiöse Empfinden ist im Bewußtsein verlorengegangen. Im tiefsten Innern hat aber die Seele dieses Empfinden nicht verloren, und die Jugend will wissen: Wie war es mit dem Mysterium von Golgatha? – Die Alten wußten nichts darüber zu sagen. Ich sage nicht, daß die Jugend etwas weiß und daß man etwas davon wisse auf den Universitäten. Ich sage, sie sollten etwas davon wissen.

Wenn man das, was sich chaotisch in den Tiefen der Seelen abspielt, in klare Worte faßt, so ist es so: Im Innern der Seelen ist ein Streben, das Mysterium von Golgatha wieder zu verstehen. Es wird ein neues Christus-Erlebnis gesucht. Wir stehen notwendigerweise vor dem neuen Erleben des Christus-Ereignisses. In seiner ersten Gestalt ist es noch erlebt worden mit den Resten der alten Seelenerbschaften, und da diese seit dem fünfzehnten Jahrhundert verbraucht sind, pflanzte es sich durch Tradition fort. Erst im letzten Drittel des neunzehnten Jahrhunderts war die Verfinsterung vollständig. Keine alten Erbschaften waren mehr da. Es muß aus der menschlichen Seelenverfinsterung heraus wieder ein Licht gesucht werden. Es muß schon die geistige Welt neu erlebt werden.

Das ist das bedeutsame Erlebnis, das den tieferen Naturen der gegenwärtigen Jugendbewegung in der Seele steckt. Es ist durchaus nicht in einem oberflächlichen, sondern in einem tieferen Sinne klar, daß zum ersten Male in der weltgeschichtlichen Entwickelung der Menschheit jetzt etwas erlebt werden muß, was ganz und gar aus den Menschen selber heraus kommt. So lange man das nicht weiß, kann man auch nicht über Pädagogik reden. Man muß sich klar sein darüber, daß aus der tiefsten Wurzel heraus gefragt werden muß: Wie kommt man zum ursprünglichsten geistigen Erleben in der Menschenseele?

Das ursprüngliche geistige Erleben in der Menschenseele ist nun etwas, was mit dem neuen Jahrhundert als das ganz umfassende und unausgesprochene Menschen- und Weltenrätsel vor dem Aufwachen der Menschen dasteht. Es ist die Frage: Wie bringt der Mensch sein Tiefstes, das er in sich hat, zum Aufwachen, wie kann der Mensch sich erwecken? Man möchte sagen, die enthusiastischsten Geister der heranwachsenden Menschheit sind so – nur in einem Bilde kann ich es wieder ausdrücken –, wie wenn jemand des Morgens halb aufwacht, alle seine Glieder schwer sind und er im vollen Sinne des Wortes nicht herauskann aus dem Schlafzustande. So fühlt sich heute der Mensch: als nicht ganz herauskönnend aus dem Schlafzustande.

Diese Tatsache liegt einem Streben zugrunde, das in den letzten Jahrzehnten in mannigfaltigen Formen zum Ausdruck gekommen ist und das in einer sympathischen Weise auch jetzt in diese Seelen hineinleuchtet. Es drückt sich in dem Gemeinschaftsstreben der jungen Menschheit aus. Man sucht etwas. Ich habe gestern gesagt: Der Mensch hat den Menschen verloren, der Mensch sucht wiederum den Menschen. Bis ins fünfzehnte Jahrhundert hatten die Menschen einander nicht verloren. Wir können natürlich die Weltentwickelung nicht zurückschrauben; das wäre auch etwas Furchtbares, wenn wir das tun wollten. Reaktionäre werden wir ganz sicher nicht werden. Aber wir müssen doch sagen, bis in das fünfzehnte Jahrhundert hinein konnten die Menschen den Menschen noch finden. Seit dem fünfzehnten Jahrhundert konnte man aus der Tradition und dem, was einem die Väter noch sagen konnten, dunkle Gedankenbilder bekommen, die einen aufmerksam machten: der andere ist ein Mensch. Man empfand es dunkel, daß diese Gestalt, die neben einem hergeht, doch auch ein Mensch ist. Mit dem zwanzigsten Jahrhundert ist auch das verschwunden. Es gibt auch keine Tradition mehr, die einem etwas sagt, und man sucht doch den Menschen. Man sucht wirklich den Menschen. Warum? Weil man im Grunde genommen etwas ganz anderes sucht.

Wenn die Dinge so fortgehen, wie sie sich um die Jahrhundertwende herum ergeben haben, dann wacht kein Mensch auf. Denn die anderen sind auch so, daß sie niemanden aufwecken können. Schließlich müssen die Menschen sich doch gegenseitig etwas sein. Auch in der Gemeinschaft müssen sie sich gegenseitig etwas sein. Das ist es auch, was von Anfang an durch alles das, was in der Waldorfschul-Pädagogik lebt, durchgeleuchtet hat. Sie sollte nicht ein System von Grundsätzen, sondern ein Impuls zum Aufwecken sein. Sie sollte Leben sein, nicht Wissen; nicht Geschicklichkeit, sondern Kunst sollte sie sein, lebensvolles Tun, weckende Tat. Darauf kommt es an, wenn geweckt werden soll, da die Menschen nun schon einmal durch die Weltentwickelung in einen Schlaf hineingekommen sind, der erfüllt ist von intellektualistischem Träumen. Schon im gewöhnlichen Traum wird der Mensch oft größenwahnsinnig. Aber dieses gewöhnliche Träumen ist ein Waisenknabe gegenüber dem intellektualistischen Träumen.

Wenn es sich um ein Aufwecken handelt, geht es wirklich nicht, daß man den Intellektualismus weitertreibt. Diese objektive Wissenschaft, die da herumgeht und alle alten Kleider abgelegt hat, weil sie sich fürchtet, daß man durch irgendein altes Kleid noch etwas Menschliches finden könnte, hat sich umgeben mit der dichtesten Nebelhülle: mit der Hülle der Objektivität; und so merkt man eigentlich gar nichts von dem, was in dieser Objektivität der Wissenschaft herumgeht. Man braucht wieder etwas Menschliches, man muß aufgeweckt werden.

Ja, meine lieben Freunde, wenn aufgeweckt werden soll, dann muß eben das Mysterium von Golgatha noch einmal erlebt werden. Aber bei dem Mysterium von Golgatha ist außer dem irdischen Jesus noch eine Geistwesenheit in die Erde hereingekommen. Das hat man früher noch erfaßt, mit alten Kräften. Vom zwanzigsten Jahrhundert wird gefordert, daß man es mit neuen Kräften erfaßt. Die heutige Jugend verlangt, wenn sie sich richtig versteht, im Bewußtsein – nicht in den alten schlummernden Kräften wie damals – erweckt zu werden. Und das kann nur geschehen durch den Geist, kann nur geschehen, wenn in die Gemeinschaften, die gesucht werden, tatsächlich der Geist seinen Funken hereinschlägt. Der Geist muß der Wecker sein, der Auferweckende. Nur dann kommen wir weiter, wenn wir uns diese tragische Gestalt des Weltgeschehens in unserer Zeit klarmachen: daß wir eigentlich gegenüber dem Nichts stehen, an das wir in der Erdenentwickelung notwendigerweise einmal herankommen mußten zur Begründung der menschlichen Freiheit. Und gegenüber dem Nichts brauchen wir das Aufwecken im Geiste.

Nichts anderes als allein der Geist kann die Fensterläden, von denen ich gestern gesprochen habe, aufmachen; ohne ihn werden sie dicht verschlossen bleiben. Die objektive Wissenschaft, die ich nicht tadle, deren große Verdienste ich auch nicht verkenne, wird trotz alledem die Fensterläden dicht verschlossen lassen. Denn sie will ja nur mit dem Irdischen zu tun haben. Im Irdischen aber lebt seit dem fünfzehnten Jahrhundert das Menschenerweckende nicht mehr. Es muß in dem gesucht werden, was im Menschen selber außerirdisch ist. Das ist eigentlich im Grunde doch das tiefste Suchen, in welchen Gestalten es heute auch auftritt. Das sollen diejenigen, die von etwas Neuem sprechen und ernst und wahr in ihrem Innern sind, sich fragen: Wie finden wir in uns selbst das Unirdische, das Übersinnliche, das Geistige? – Man braucht das nicht wieder in intellektualistische Formen zu kleiden. Das kann wahrhaftig in sehr konkreten Formen gesucht werden, muß auch in solchen Formen gesucht werden. Ganz gewiß wird es nicht in intellektualistischen Formen gesucht werden können. Wenn Sie mich fragen, warum Sie heute gekommen sind, so kann ich nur antworten: Weil in Ihnen die Frage lebt: Wie finden wir den Geist? – Stellen Sie dasjenige, was Sie hierher getrieben hat, ins richtige Licht, dann stellen Sie nur die Frage: Wie finden wir den Geist, der aus der Gegenwart heraus in uns arbeitet? Wie finden wir diesen Geist? – Diesen Geist wollen wir in den nächsten Tagen zu finden suchen, meine lieben Freunde.

DRITTER VORTRAG

Stuttgart, 5. Oktober 1922

Heute werde ich, um für manches, was ich Ihnen gern in den nächsten Tagen sagen möchte, die Grundlagen zu gewinnen, im allerkonkretesten Sinne vom Geist sprechen müssen. Ich möchte zunächst von einer gewissen Seite her appellieren daran, daß Sie von dem, was hier als Geist gemeint ist, wenigstens ein gründliches Gefühl entwickeln.

Was wird denn heute eigentlich noch von dem Menschen berücksichtigt? Eigentlich doch nur dasjenige, was er bewußt erleben kann vom Aufwachen am Morgen bis zum Einschlafen am Abend. Nur was im Wachzustande durchlebt wird, wird heute berücksichtigt und zur Welt gerechnet. Nun können Sie vielleicht fragen, wenn Sie auf die Stimme der unmittelbaren Gegenwart hinhorchen und sich gewöhnen, im Sinne dieser Stimme zu empfinden: War das nicht immer so? Haben die Menschen früher etwas anderes einbezogen in das, was sie unter Wirklichkeit verstanden haben, als die Erlebnisse im Wachzustande?

Ich will durchaus nicht sagen, man sollte in alte Kulturepochen der Menschheit zurückkehren. Das liegt mir ganz fern. Es handelt sich um Vorwärtskommen und nicht um Zurückschreiten. Aber wir können doch, um uns wenigstens zu orientieren, uns einmal etwas zurückschrauben, etwas zurückschauen hinter den Zeitpunkt, der im fünfzehnten Jahrhundert liegt und der dem, worauf ich gestern so energisch hingewiesen habe, voranging. Da müssen wir sagen: In allem, was der Mensch damals über die Welt sagte, war etwas enthalten, was heute als Phantastik angesehen und nicht zu den Dingen hinzugerechnet wird. Sie brauchen sich ja nur in ganz oberflächlicher Weise bekannt zu machen mit dem, was in der Literatur – aber das ist das allerwenigste – vorhanden ist über solche älteren Zeiten, und Sie werden sehen: wenn da die Rede ist von Dingen, die wir heute mit den Namen «Salz», «Merkur», «Phosphor» und so weiter bezeichnen, wird eine ganze Menge von dem mitverstanden, was der Mensch heute ganz ängstlich ausschließt, wenn er von Phosphor, Merkur und Salz redet. Heute heißt es: Damals haben die Leute von ihrer Phantasie etwas mitgegeben, wenn sie von Salz, Merkur und Phosphor sprachen.

Wir wollen uns nicht darüber streiten, warum das heute ängstlich ausgeschlossen wird. Aber wir müssen uns klar sein, daß die Menschen früher dasjenige, was sie zum Beispiel in dem Phosphor anschauten, noch dazu empfunden haben zu dem sinnlich gegebenen Phosphor, ebenso wie die heutigen Menschen die Farbe sehen. Er war umglänzt von einem Geistig-Ätherischen, wie überhaupt die ganze Natur damals für die Menschen umsprüht war von Geistig-Ätherischem, wenn es auch seit dem vierten, fünften nachchristlichen Jahrhundert sehr verblaßt war. Aber immerhin war es für die Menschen noch da; es kam nicht aus ihrer Phantasie, so wenig wie die rote Farbe aus unserer Phantasie kommt; sie sahen es.

Warum sahen sie es? Sie sahen es, weil für sie noch etwas ausströmte aus dem, was der Mensch zwischen dem Einschlafen und dem Aufwachen erlebte. Im Wachzustande konnte der Mensch der damaligen Zeit an Salz, Schwefel oder Phosphor auch nicht mehr erleben, als was ein heutiger Mensch daran erlebt. Aber wenn die Menschen damals aufwachten, so war der Schlaf seelisch nicht unfruchtbar gewesen; es schlug der Schlaf noch in den Tag herüber und der Mensch nahm reicher wahr, erlebte in einer intensiveren Weise alles, was da außer ihm war. Ohne daß man dieses zugrunde legt, versteht man die früheren Zeiten gar nicht.

Später wurde das, was die Alten zum Beispiel beim Phosphor, beim Schwefel erlebten, ein Name, ein Abstraktes. Als Abstraktum pflanzte sich der Geist traditionell fort, bis man Ende des neunzehnten Jahrhunderts überhaupt nichts mehr dabei denken, wenigstens nichts mehr dabei empfinden konnte. Nun ist für die äußere Kultur, die es so ungeheuer weit gebracht zu haben vorgibt, selbstverständlich ganz wesentlich, daß der Mensch in sie eingreift mit seinem Wachbewußtsein. Maschinen wird er natürlich aus dem Wachbewußtsein konstruieren. Aber an sich selber kann er damit wenig machen. Wenn wir immer wach sein müßten, so würden wir sehr bald, spätestens aber am Ende der zwanziger Jahre, Greise sein, viel schauerlichere Greise, als die heutigen es sind. Wir können nicht immer wach sein, weil die Kräfte, die wir brauchen, um innerlich an unserem Organismus zu arbeiten, nur erlebt werden zwischen dem Einschlafen und Aufwachen. Es ist schon so: Der Mensch kann in seinem Wachbewußtsein sehr wohl an der äußerlichen Kultur arbeiten; an sich selber kann er nur im Schlafbewußtsein arbeiten. Und aus diesem Schlafbewußtsein strömte früher viel in den Wachzustand hinein.

Das ist der große Umschwung in der Mitte des fünfzehnten Jahrhunderts, daß dieses Hereinträufeln des Schlafbewußtseins in das Wachbewußtsein aufhörte. Wenn ich mich bildlich ausdrücken soll, so könnte ich etwa so sagen: Noch im zehnten, elften Jahrhundert der abendländischen Kultur wacht der Mensch so auf, daß er fühlt, göttlich-geistige Mächte haben zwischen dem Einschlafen und Aufwachen in mir ihre Taten entfaltet. Er hat etwas gefühlt von dem Hereinragen göttlich-geistiger Mächte, wie er im Wachbewußtsein etwas fühlt von dem Hereinströmen des wohltuenden Sonnenlichtes. Und es war vor dem Einschlafen in jedem Menschen etwas von, ich möchte sagen, elementarer, naturkräftiger Gebetsstimmung. Die Leute gingen in den Schlaf hinein – oder wenn sie Erkenntnismenschen waren, suchten sie wenigstens so hineinzugehen –, daß sie sich gewissermaßen mit ihren Seelen den göttlich-geistigen Mächten übergaben.

Die Erziehung derer, die dazumal für ein geistiges Leben gewonnen werden sollten, war so geartet, daß diese Stimmung, die ich eben charakterisiert habe, wirklich kultiviert worden ist. Am Ende des neunzehnten Jahrhunderts war das längst von etwas anderem abgelöst worden. Da pflegten die Menschen, die sich als die geistigsten angesehen haben, sich in anderer Weise auf den Schlaf vorzubereiten. Ich habe es oftmals gesehen und gehört, wie die Leute sich auf das Schlafen vorbereitet haben: Ich muß mein gehöriges Maß Bier haben, damit ich die gehörige Bettschwere habe. – So hieß es. Das klingt grotesk. Aber durchaus historisch ist es, wenn man darauf hinweist, daß das Hineinschauen in die geistige Welt durch den Schlafzustand ein durchaus bewußtes Streben bei den Menschen abgelaufener Kulturepochen war, ganz abgesehen davon, daß in älteren Zeiten die Einzuweihenden, das heißt die damaligen Studenten, in einer wirklich heiligen Weise auf jenen Tempelschlaf vorbereitet wurden, in dem sie aufmerksam gemacht werden sollten auf des Menschen Gemeinschaft mit einer geistigen Welt.

Man betrachtet oftmals gerade heute dasjenige, was sich in der Kulturentwickelung abgespielt hat, nicht so, daß man einfach frägt: Wie ist es erzieherisch geworden in der Menschheit? –, weil man gar nicht den ganzen Menschen, sondern immer nur einen Teil des Menschen ins Auge faßt. Heute macht es einen eigentümlichen Eindruck auf den, der etwas weiter als bis zum nächsten geistigen Horizont sieht, wenn die Leute glauben, wir seien heute so weit, über gewisse Dinge das Wahre zu wissen, während die Menschen früher eigentlich recht kindlich waren. Lesen Sie einmal, wie heute Geschichte der Physik geschrieben wird! Es ist, wie wenn bis vor kurzem kindliche Vorstellungen geherrscht hätten und man heute endlich zu Erkenntnissen gelangt sei, die bleibend sein können. In bezug auf gewisse Dinge stellt man sich das durchaus so vor. Man zieht eine scharfe Grenze zwischen dem, was man heute erreicht hat, und den Vorstellungen über die Natur, die sich die Menschen im kindlichen Zeitalter gebildet haben. Man denkt nicht daran, die Frage zu stellen, wie denn das, was man heute wissenschaftlich aufnimmt, in weltgeschichtlich-erzieherischer Weise auf den Menschen wirkt.

Sehen wir einmal von allem Erzieherischen ab und betrachten wir vom heutigen Gesichtspunkt aus ein älteres naturwissenschaftliches Buch, so erscheint es uns kindlich. Aber lassen wir diesen Gesichtspunkt, diesen Standpunkt beiseite und fragen wir: Wie hat ein damaliges Buch den Menschen erzogen, und wie erzieht ihn ein jetziges? – Das jetzige Buch mag sehr gescheit, das damalige sehr phantastisch sein. Fragen wir aber nach dem Erziehungswert im großen, so müssen wir uns sagen: Wenn die Menschen dazumal Gelegenheit hatten, Bücher zu lesen – es war nicht so leicht, Bücher zu lesen, es war das etwas Feierliches –, dann zog ein Buch aus den Tiefen ihrer Seelen etwas heraus. Wahrhaftig, das Lesen eines Buches war etwas wie das Wachsen: produktive Kräfte wurden losgelöst im menschlichen Organismus. Man fühlte diese produktiven Kräfte. Man fühlte, daß da etwas Reales war. Heute ist alles logisch-formal. Man nimmt alles formal und intellektualistisch, aber willenlos, mit dem Kopfe auf. Aber weil es bloß mit dem Kopfe aufgenommen und lediglich von der physischen Kopforganisation abhängig ist, deshalb bleibt es für das wahre Menschentum unfruchtbar.

Man kämpft heute gegen den Materialismus. Meine lieben Freunde, es wäre fast gescheiter, gar nicht gegen den Materialismus zu kämpfen. Denn was behauptet der Materialismus? Er behauptet, daß das Denken ein Produkt des Gehirns ist. Das heutige Denken ist ein Produkt des Gehirns! Das ist gerade das Geheimnis, daß das heutige Denken ein Produkt des Gehirns ist. In bezug auf das heutige Denken hat der Materialismus ganz recht. Nicht recht hat er für das Denken vor der Mitte des fünfzehnten Jahrhunderts. Da dachte man nicht nur mit dem Gehirn, sondern mit dem, was im Gehirn lebte. Man hatte lebendige Begriffe. Die Begriffe jener Zeit machten eigentlich, weil sie lebten, den Eindruck, als wenn man einen Ameisenhaufen sieht. Die heutigen Begriffe sind tot. Das Denken ist heute gescheit, aber furchtbar bequem. Man spürt ja das Denken nicht und liebt es um so mehr, je weniger man es spürt. Früher kribbelte es, wenn man dachte, weil das eine Realität der Seele war. Heute will man der Menschheit weismachen, daß das Denken immer so war wie heute. Aber das heutige Denken ist ein Gehirnprodukt, das frühere Denken war kein Gehirnprodukt.

Man sollte den Materialisten dankbar sein, daß sie darauf aufmerksam gemacht haben, daß das heutige Denken vom Gehirn abhängig ist. Denn so ist es; die Sache ist viel ernster als man denkt. Man hält den Materialismus für eine falsche Weltanschauung. Das ist gar nicht richtig. Er ist ein Produkt der Weltentwickelung, aber ein totes, ein Produkt, das das Leben in einem Zustande charakterisiert, wo es schon abgestorben ist.

Das Denken, das sich seit dem fünfzehnten Jahrhundert vor allem in den westlichen Kulturen entwickelt hat – während die orientalische, wenn auch dekadente Kultur immerhin noch altes Denken aufbewahrt hat –, dieses Denken hat ganz bestimmte Eigentümlichkeiten. Je weiter man nach Westen kommt, desto mehr nimmt dasjenige Denken überhand, das von den Orientalen als etwas Inferiores angesehen wird. Dem Orientalen imponiert dieses Denken gar nicht, er verachtet es. Er hat aber auch noch nichts Neues, sondern nur das zugrundegehende Alte. Dem Europäer und noch mehr dem Amerikaner wird aber nicht mehr wohl, wenn er sich hineinversetzen soll in das Denken, das den Veden zugrunde liegt. Da kribbelt es in seinem Gehirn – und er liebt das tote Denken, bei dem man gar nicht merkt, daß man denkt. Es ist ja heute besonders beliebt, daß man gar nicht merkt, daß man denkt. Heute sagen die Leute, nicht nur, wenn jemand Unsinn redet, sondern auch, wenn ihnen jemand von etwas Lebendigem redet, daß ihnen ein Mühlrad im Kopf herumgeht. Sie wollen eben das Lebendige nicht, sie wollen immer nur Totes aufschnappen.

Ein Beispiel, ich will es nur aus kulturhistorischem Interesse, nicht als Polemik anführen: Ich habe einstmals geschildert, wie es wieder möglich ist zu schauen, wie das Gesteinsartige, das Pflanzenartige, das Tierische von einer Farbenaura umspielt ist. Die Art und Weise, wie ich das in meinem Buche «Wie erlangt man Erkenntnisse der höheren Welten?» geben mußte, war eine solche, daß sie lebendiges Denken notwendig machte, nicht totes Denken. Über diese Geschichte ist jüngst so ein rechter Universitätsprofessor der Gegenwart gekommen, so einer, der angeblich Philosophie vertritt. Sich in das lebendige Denken hineinzufinden kommt für ihn nicht in Frage. Das kann er nicht und das gibt es daher für ihn nicht. Jetzt soll um den Stein herum eine Farbenaura, um die Pflanze eine Farbenaura, um das Tier eine Farbenaura sein. Nun hat er Farben nur im Sonnenspektrum gesehen, und so findet er, daß auch ich sie nur im Sonnenspektrum gesehen haben könne und aus diesem in das Mineral-, Pflanzen- und Tierreich herübergenommen hätte. Und von meiner Art und Weise, zu beschreiben, kann er kein Wörtchen verstehen. Deshalb nennt er es einen Wortschwall. Für ihn ist es Wortschwall! Er kann nichts davon verstehen. Für eine große Zahl von Universitätslehrern kann es so sein: ein Mühlrad geht ihnen im Kopf herum. Nun den Kopf rasch weg! Dann kann natürlich nichts herauskommen.

Der lebendige Mensch verlangt aber auch ein lebendiges Denken, und dieses Verlangen nach einem lebendigen Denken brodelt in seinem Blute. Darüber müssen Sie sich klar werden. Sie müssen Ihren Kopf wieder so stark kriegen, daß Sie nicht nur das logische, abstrakte Denken, sondern auch das lebendige Denken zu vertragen vermögen. Sie müssen nicht gleich einen Brummschädel bekommen, wenn Sie lebendig denken sollen. Das tote Denken war für die rein materialistische Erziehung des Abendlandes, war für diejenigen, denen das rein Intellektualistische eigentümlich war. Wenn man dem nachgeht, enthüllt sich eine recht bedenkliche Perspektive.

Das frühere Denken hat man in den Schlaf hinein mitnehmen können. Da war man noch etwas im Schlafe. Man war ein Wesen unter anderen Wesen. Man war etwas im Schlafe, weil man das lebendige Denken in den Schlaf hinein mitgenommen hat. Man hat es beim Aufwachen herausgebracht und hat es beim Einschlafen wieder mit hineingenommen. Das heutige Denken ist an das Gehirn gebunden. Das kann uns aber beim Schlafen nichts helfen. So können wir heute nach der gegenwärtigen wissenschaftlichen Mode die allergescheitesten und allergelehrtesten Leute sein, aber wir sind es nur für den Tag. Wir hören auf, es zu sein in der Nacht, gegenüber derjenigen Welt, durch die wir an uns selber arbeiten können. Deshalb gewöhnten es sich die Menschen ab, an sich selber zu arbeiten. Mit den Begriffen, die wir vom Aufwachen bis zum Einschlafen entwickeln, kann man auch nur vom Aufwachen bis zum Einschlafen etwas erreichen. Man kann aber nichts am Menschen erreichen. Der Mensch muß aus den Kräften heraus arbeiten, durch die er sich selber konstituiert. In der Zeit, in der der Mensch noch am meisten an sich selber bauen muß, als kleines Kind, muß er am meisten schlafen. Wenn man nämlich die Methode fände, um dem Säugling die Dinge ebenso beizubringen wie den Siebzehn-, Achtzehnjährigen, dann würden Sie bald sehen, wie die Säuglinge ausschauen würden. Es ist ganz gut, daß für die Säuglinge noch innerhalb der Mutterbrust gesorgt wird und nicht auf dem Katheder. Der Mensch muß eben aus dem Schlafe herausholen dasjenige, wodurch er an sich selbst tätig sein kann.

Aber wir können von all den Begriffen, die wir in der Wissenschaft, in dem äußeren Beobachten, in dem äußeren Experimentieren, mit bloßer Beherrschung des Experimentes ausbilden, nichts hineinbekommen in den Schlaf, und wir können auch nichts von dem, was wir im Schlafe entwickeln, in diese Begriffe vom Stofflichen herüberbringen. Geistiges und Intellektuelles verträgt sich nicht miteinander, wenn sie nicht Ehe schließen in der vollbewußten Welt. Früher tat man es auf eine mehr unbewußte Art. Heute muß das geschehen auf eine vollbewußte Art, doch zu der wollen sich die Menschen nicht bekehren.

Was geschah, wenn ein Mensch der früheren Weltenzeiten mit seiner Seele in den Schlaf hineingekommen ist? Da war er noch immer etwas, denn er hatte das, was die Dinge umschwebt, wovon die Menschen heute sagen, es sei eine Phantasterei gewesen. Das trug er in den Schlaf hinein. Da konnte der Mensch sich noch behaupten, wenn er außerhalb des physischen Leibes im Schlafe in der geistigen Welt war. Er war früher etwas in der geistigen Welt zwischen dem Einschlafen und dem Aufwachen. Heute ist er viel weniger. Er wird fast aufgesogen von der Geistigkeit der Natur, wenn er beim Einschlafen seinen Körper verläßt. Beim richtigen Anschauen der Welt tritt das sofort vor die Seele. Sie sollten es nur sehen, und Sie werden es sehen können, wenn Sie sich wirklich ein Schauen für diese Dinge erringen. Und die Menschheit muß sich ein Schauen für diese Dinge erringen, denn wir leben in einem Zeitalter, wo nicht mehr behauptet werden kann, daß man vom Geist nicht reden kann wie von Steinen und Tieren. Dann werden Sie die Möglichkeit gewinnen, zu sehen, daß wenn der Cäsar auch nicht sehr beleibt war im physischen Leben: wenn seine Seele den Körper im Schlaf verließ, so hatte sie immerhin eine ansehnliche Größe – nicht eine räumliche, sondern eine empfindungsmäßige Größe. Seine Seele war stattlich. Heute kann einer der dickste Bankier sein: wenn seine Seele im Schlafe herausspaziert und sich in der Geistigkeit der Natur aufhält, da sollten Sie nur sehen, ein wie gräßlich dürres Gestell er wird. Er wird etwas ganz Schmächtiges. Seit dem letzten Drittel des neunzehnten Jahrhunderts leidet eben die Menschheit durchaus an geistiger Unterernährung. Der Intellekt nährt den Geist nicht. Er bläst ihn nur auf. Daher nimmt der Mensch nichts von Geistigkeit in den Schlaf hinein mit, und er wird fast aufgesogen, wenn er zwischen dem Einschlafen und dem Aufwachen als ein ganz dünnes Seelengerippe in die geistige Natur hineinragt.

Daher ist die Frage nach dem Materialismus heute wirklich keine theoretische. Nichts ist weniger wichtig als der theoretische Streit zwischen Materialismus, Spiritualismus und Idealismus. Das sind heute ganz wesenlose Dinge, denn mit dem Widerlegen des Materialismus ist gar nichts getan. Wir können heute noch so oft den Materialismus widerlegen, es kommt gar nichts dabei heraus. Denn schließlich sind die Gründe, die man zur Widerlegung des Materialismus anführt, ebenso materialistisch wie die, welche man gegen oder für den Idealismus anführt. Mit theoretischen Widerlegungen ist heute weder nach der einen, noch nach der anderen Richtung etwas getan, sondern darauf kommt es an, daß man in der ganzen Art, wie man die Welt betrachtet, wiederum Geist hat. Dadurch kriegen unsere Begriffe wiederum nährende Kraft für den Menschen. Ich möchte Ihnen, um Ihnen das ganz klarzumachen, noch das Folgende sagen.

Ich finde eigentlich zwischen Leuten, die sich oftmals Materialisten nennen, und solchen Leuten, die sich in gewissen kleinen sektiererischen Kreisen, sagen wir, Theosophen nennen, keinen so hervorragenden Unterschied. Denn die Art und Weise, wie die einen den Materialismus und die anderen die Theosophie beweisen, unterscheidet sich gar nicht so wesentlich. Denn wenn man mit einem Denken, das ganz vom Gehirn abhängt, die Theosophie beweisen will, dann ist eben die Theosophie materialistisch. Es kommt nicht darauf an, was man für Worte ausspricht, sondern ob man Geist ausspricht. Wenn ich mit so manchem theosophischen Gefasel den Haeckelismus vergleiche, so ist der Geist bei *Haeckel,* während die Theosophen von dem Geiste so reden, als sei er Materie, aber nur verdünnt. Es kommt eben nicht darauf an, daß man über den Geist redet, sondern daß man mit Geist redet. Man kann auch geistvoll über das Materielle reden, das heißt, man kann auch mit beweglichen Begriffen über das Materielle reden. Das ist noch immer viel spiritueller, als geistlos über den Geist reden.

Wenn heute noch so viele Menschen auftreten und mit allen möglichen logischen Gründen die spirituelle Weltanschauung verteidigen, so hilft es uns nichts, rein gar nichts. Wir bleiben nämlich in der Nacht ebenso dürr: ob wir bei Tag bloß nachdenken über Wasserstoff, Chlor, Brom, Jod, Sauerstoff, Stickstoff, Kohlenstoff, Silizium, Kalium, Natrium und so weiter und da unsere Theorien bilden, oder ob wir nachdenken darüber, wie die Menschen aus physischem Leib, Ätherleib und Astralleib bestehen. Das ist alles ganz gleichgültig für das Lebendige. Wenn einer lebendig über Kalium und Kalzium redet, das heißt lebendige Chemie treibt, so ist das viel wertvoller, als wenn einer zum Beispiel eine tote, intellektualistische Theosophie treibt. Denn auch die kann man tot und intellektualistisch treiben. Es kommt nicht darauf an, daß wir intellektualistisch, materialistisch reden, sondern daß wir in unserem Reden Geist haben. Er muß uns als Lebendiges durchdringen. Aber weil die Leute das heute schon gar nicht mehr verstehen, ist es ihnen so unangenehm, wenn man einmal ernst damit macht.

In einem meiner letzten Oxforder Vorträge habe ich einmal ernst gemacht und gesagt, um ganz deutlich zu werden: Es ist mir ganz gleichgültig, ob man heute über Spiritualismus, Realismus, Idealismus, Materialismus und so weiter redet. Wenn es sich mir darum handelt, eine Sprache zu handhaben, um eine äußere Erscheinung zu charakterisieren, so gebrauche ich die materialistische Sprache. Man kann das so tun, daß auch darin der Geist lebt. Man redet aus dem Geistgebiete; dann wird das schon spirituell, auch wenn man in materialistischen Formen spricht. Das ist der Unterschied zwischen dem, was hier als Anthroposophie, und dem, was draußen unter ähnlichen Namen getrieben wird. Alle paar Wochen erscheinen heute schon Bücher gegen Anthroposophie. Die geben Schilderungen, mit denen getroffen werden soll, was ich sage. Mir aber ist das immer ganz neu, was sie angreifen; denn gewöhnlich habe ich das gar nicht gesagt. Die machen sich allerlei Zeug zurecht und schreiben dann große Bücher darüber. Was die Leute bekämpfen, hat gewöhnlich gar nichts mit dem zu tun, was ich rede. Mir kommt es gar nicht darauf an, den Materialismus zu bekämpfen, sondern darauf, daß die Begriffe aus der Welt des Geistes selber genommen werden, daß sie erlebt werden, lebensvolle Begriffe sind. So ist das, was hier als Anthroposophie vertreten und aufgenommen wird, wirklich noch etwas ganz anderes, als was die Welt heute darüber sagt.

Die Leute kämpfen heute kontra Anthroposophie – und manchmal auch pro – recht materialistisch, das heißt geistlos, während es sich darum handelt, daß man mit dem Erleben des Geistes ernst macht. Da fangen die Leute an, überhaupt nicht mehr mit dem Kopfe zurechtzukommen, denn wenn einer anfängt, von geistigen Wesenheiten zu reden wie von Pflanzen und Tieren in der Sinneswelt, dann halten sie ihn für einen Narren. Ich kann das auch ganz gut begreifen, denn heute besteht halt eine Kleinigkeit, nur wird diese Kleinigkeit übersehen. Sie besteht darin, daß diese Narretei die wirkliche Realität ist, und zwar diejenige Realität, die für den Menschen die eigentlich lebendige ist. Die andere Realität ist für die Maschine gut, aber nicht für den Menschen.

Also das möchte ich einmal ganz deutlich ausgesprochen haben, meine lieben Freunde: bei dem, was ich hier meine und jemals gemeint habe, handelt es sich nicht darum, vom Geist zu reden, sondern darum, aus dem Geiste heraus zu reden, im Reden selber den Geist zu entwikkeln. Das ist dann der Geist, der erst wirklich erzieherisch wiederum in unser totes Kulturleben hereinschlagen kann. Das muß der Blitz werden, der in unser totes Kulturleben hereinschlagen muß, um es wiederum zum Leben zu entzünden. Glauben Sie daher nicht, daß Sie hier eine Verteidigung finden dieser schematischen Begriffe, wie «physischer Leib», «Ätherleib», «Astralleib», Begriffe, die so hübsch schematisch in den theosophischen Zweigen aufgehängt sind und mit dem Stock gezeigt werden, so wie im Hörsaal Kalium, Natrium und so weiter mit ihren Atomgewichten gezeigt werden. Es ist ganz einerlei, ob einer das Kali mit seinen Atomgewichten an dem heutigen Schema zeigt, oder den Ätherleib zeigt. Das ist ganz einerlei. Darum kann es sich nicht handeln. In diesem Sinne ist es sogar so, daß diese Art von Theosophie oder auch Anthroposophie, wenn Sie sie so nennen wollen, nicht etwas Neues ist, sondern das letzte Produkt von dem Alten.

In dieser Beziehung hat man ja gerade da, wo die Leute plötzlich einmal den Geist vertreten wollen, das unglaublichste Zeug erlebt. Ich führe diese Dinge nicht an, um sie zu kritisieren, sondern als Symptom. Ich will Ihnen zwei Geschichten erzählen. Die eine ist diese: Ich war einmal bei einer Versammlung im Westen Europas, wo man über Theosophie geredet hat. Als die Vorträge zu Ende waren, kam ich mit einer Persönlichkeit über den Wert dieser Vorträge in ein Gespräch. Da faßte diese Persönlichkeit, die ein guter Anhänger dessen war, was da theosophisch-sektiererisch aufgetreten war, den Eindruck, den sie gewonnen hatte, in die Worte zusammen: «Es sind jetzt so wunderbare Vibrationen in diesem Saale.» Das Wohlgefühl wurde in Vibrationen, also materialistisch zum Ausdruck gebracht.

Das andere Mal molestierten mich die Menschen mit einer Entdeckung, die plötzlich auf geistigem Gebiete gemacht worden war. Es wurde behauptet, die wiederholten Erdenleben, die nämlich nur einer wirklich geistigen Anschauung vor die Seele treten können, müßten auch in irdischem Gewande vor das Auge treten, man müßte sie auch in das Gewand des materialistischen Denkens hereinkriegen. Die Leute fingen plötzlich an, vom «permanenten Atom», das durch alle Erdenleben hindurchgeht, zu reden. Sie sagten: Wenn ich jetzt im Erdenleben bin und nach Jahrhunderten wiederkomme, so werden die Atome in alle Winde zerstreut sein. Aber ein einziges Atom geht über in das nächste Erdenleben. Man nannte es das permanente Atom. Nun war glücklich das Allermaterialistischste in die wiederholten Erdenleben hineingetragen, in das, was nur mit dem Geiste erfaßt werden kann. Als ob ein einzelner Mensch etwas davon haben könnte, wenn da ein einziges Atom aus dem vierten, fünften Jahrhundert etwa, in seinem Gehirn sich herumtriebe! Das kann mir doch so egal sein, wie es mir gleichgültig wäre, wenn es etwa einem jenseitigen Chirurgen irgendwie gegeben wäre, mein jetziges Erdenleben dadurch auszustatten, daß er meinen Magen von dazumal konserviert und jetzt wieder eingesetzt hätte. Im Prinzip unterscheidet sich das nicht voneinander.

Ich erzähle Ihnen das nicht, um mich lustig zu machen, sondern als interessante Symptome dafür, daß die Leute, welche vom Geist reden wollen, vom Wohlgefühl der geistigen Vibrationen reden, und daß Menschen, die durch bloße Gedankenimitationen aufgenommen hatten, was andere über wiederholte Erdenleben wußten, dieses dann so einkleiden, daß sie über das permanente Atom reden. Über dieses permanente Atom sind von Theosophen sogar allerlei Bücher geschrieben worden, auch solche mit kuriosen Zeichnungen über die Anordnung der Wasserstoff-, Sauerstoff-, Chlor-Atome und so weiter. Wenn man sich diese Geschichten anschaut, so sind sie nicht weniger greulich als die Zeichnungen, die die Materialisten von den Atomen entworfen haben. Es kommt nicht darauf an, ob man behauptet, irgend etwas ist geistig oder irgend etwas ist materiell, sondern darauf kommt es an, daß man einsieht, man muß in den lebendigen Geist hinein. Wiederum sage ich das nicht in polemischem Sinne, sondern um Ihnen die Sache klarzumachen.

In diesem Sinne ist die folgende Erscheinung außerordentlich charakteristisch: Da gibt es heute einen ganz geistreichen Benediktinerpater namens *Mager*, in diesem Orden einer der besten Köpfe – und der Benediktinerorden hat im Grunde genommen die allerbesten Köpfe. Dieser Mager hat ein überaus interessantes Büchelchen geschrieben über den «Wandel in der Gegenwart Gottes», ein Büchelchen, das allerdings im Zeitalter steht, als Benedikt den Benediktinerorden gestiftet hat, das heißt, wenn es dazumal geschrieben worden wäre, so wäre es ganz zeitgemäß gewesen. Immerhin, wenn einer ein Büchelchen schreibt über den Wandel des Menschen in der Gegenwart Gottes, so kann man das noch bis zu einem gewissen Grade bewundern; und das tue ich auch. Nun hat sich derselbe Pater auch über Anthroposophie ausgelassen. Und nun wird er knüppeldicker Materialist. Das, was er da behauptet hat, das ist wirklich furchtbar schwer zu charakterisieren für jemand, der sich erst in ein so steifes Denken hineinversetzen muß. Was er am meisten tadelt, ist, daß das Wahrnehmen in der imaginativen Erkenntnis, das ich als erstes behaupte, wenn es zu einem Inhalt kommt, so ist, daß es für den Pater Mager eben Bilder sind. Weiter kommt er nicht. Und nun sagt er, er muß – indem er sich ganz seinem wissenschaftlichen Gewissen dabei überläßt – es sagen, daß die Anthroposophie eigentlich die Welt materialisiert. Das tadelt er furchtbar, daß die Anthroposophie die Welt materialisiert, das heißt, daß die Anthroposophie nicht bei wesenlosen abstrakten Begriffen stehenbleibt, wie sie der Pater liebt; denn dort liebt man die allerabstraktesten Begriffe. Lesen Sie nur eine katholische Philosophie einmal durch. Sie finden da: Sein, Werden, Dasein, Schönheit und so weiter, kurz, die alleräußersten Abstraktionen. Ja nicht an die Welt herantippen! Nun merkt der Pater, daß die Anthroposophie lebendige Begriffe erfaßt, die wirklich herunterkommen können bis zu den realen Dingen, bis zur realen Welt. Das ist ihm greulich, furchtbar greulich ist ihm das!

Diesem Pater müßte man sagen: Ja, wenn Erkenntnis irgend etwas Reales sein soll, so muß sie eigentlich nachschaffen den Gang, den Gott mit der Welt durchgemacht hat. Der hat ja vom Spirituellen ausgehend immer materialisiert! Die Welt war erst spirituell und wurde dann immer materieller und materieller, so daß eine richtige Erkenntnis diesen Gang nachmachen muß. Man sucht ihn nicht in der Anthroposophie, aber man kommt dazu. Das Bild schnappt ein in die Wirklichkeit –

und das tadelt der Pater. Das ist ja gerade dasjenige, woran er selber glauben muß, wenn er seinem Glauben einen vernünftigen Inhalt geben will. Aber bei uns nennt er das die Materialisierung der Erkenntnis.

Es ist den Leuten natürlich nicht mehr recht zu machen, die ganz fest darauf beharren: Nur ja keine lebendigen Begriffe! – Denn die schnappen in die Wirklichkeit hinein. Dann muß man aber mit seinen Begriffen recht weit wegbleiben davon und bekommt eben nur Begriffe für das Wachbewußtsein und gar keine Begriffe, die aus der geistigen Welt selber heraus am Menschen arbeiten können. Aber das brauchen wir. Wir brauchen lebendige Menschheitsentwickelung und lebendige Menschheitserziehung. Als trocken und eisig empfindet der vollfühlende Mensch die Gegenwartskultur. Sie muß wieder Leben, innere Regsamkeit bekommen. Sie muß so werden, daß sie den Menschen erfüllt, mit Leben erfüllt. Und das ist allein dasjenige, was uns nun nicht dazu führt, daß wir uns gestehen müssen, wir sollten eigentlich gar nicht mehr vom Geiste reden, sondern dazu, daß der gute Wille in uns einfließt, um in uns die Neigung zu entwickeln nicht für ein abstraktes Reden, sondern für ein innerliches Tun im Geiste, nicht zu einer dunklen, nebelhaften Mystik, sondern zu einem mutigen, energischen Durchdringen des eigenen menschlichen Wesens mit der Geistigkeit. Dann kann man aus diesem Durchdrungensein mit der Geistigkeit heraus von der Materie reden, und es wird uns nicht beirren, wenn wir über die wichtigen materiellen Entdeckungen sprechen, weil wir imstande sind, auf geisthafte Art darüber zu reden. Dann werden wir das, was wir dunkel in uns spüren, als einen Drang nach vorwärts, zu einer realen menschheitserziehenden Kraft in uns selbst gestalten können. Davon wollen wir morgen weiterreden.

VIERTER VORTRAG

Stuttgart, 6. Oktober 1922

Ich möchte heute beginnen mit einer Beurteilung der Ethik, wie sie sich bis zum Ende des neunzehnten Jahrhunderts hin entwickelt hat. Nicht etwa um nachzuweisen, daß philosophische Darstellungen der Ethik irgendwie impulsiv für die Moral der Menschen wirken könnten, sondern um Ihnen anschaulich zu machen, wie dasjenige, was aus ganz anderen Untergründen heraus sittlich bestimmend für die Menschen wirkt, symptomatisch in den philosophischen Darstellungen des Sittlichen zum Ausdruck kommt.

Man muß überhaupt die Ansicht aufgeben, als ob Philosophien, wenn sie vom Intellekt ausgehen, irgendwie unmittelbar richtunggebend sein könnten. Aber in demjenigen, was die Philosophen sagen, drückt sich doch der ganze Zeitimpuls aus. Niemand wird zum Beispiel behaupten, daß unser Wärmegefühl in einem Zimmer vom Stande des Thermometers beeinflußt wird, aber jeder weiß, daß der Stand des Thermometers selbst von dem abhängig ist, was man die Wärmeverhältnisse eines Zimmers nennen kann. Ebenso, möchte ich sagen, sieht man bei den Philosophen, die von Sittlichkeit sprechen, welches der allgemeine sittliche Stand ist.

Sie sehen, daß ich die philosophischen Darstellungen des Ethischen etwas anders behandle, als das gewöhnlich geschieht. Ich behandle sie nur wie eine Art Thermometerstand gegenüber den Temperaturverhältnissen. Aber so, wie man über die Wärmeverhältnisse eines Zimmers Bescheid weiß, wenn man den Thermometerstand kurz angibt, so erfährt man unermeßlich viel von dem, was in den Untergründen des allgemeinen Menschenlebens einer Gegend, eines Zeitalters liegt, wenn man weiß, was die Philosophen dieses Zeitalters in ihren Darstellungen zum Ausdruck bringen.

Nur von diesem Gesichtspunkte aus betrachten Sie es also, wenn ich Ihnen eine kurze Stelle vorlese, die im Jahre 1893 in der «Deutschen Literaturzeitung» erschienen ist und von *Spencers* «Prinzipien der Ethik» handelt. Da lesen wir: «Er enthält den, wie ich glaube, vollständigsten» – so sagt der Rezensent – «und mit erdrückendem Material geführten Nachweis, daß es schlechterdings keinen allgemeinmenschlichen Inhalt des Sittlichen, oder unveränderliche Sittengebote gibt; daß nur eine einzige Norm existiert, welche aller Schätzung menschlicher Eigenschaften und Handlungen zugrunde liegt: die praktische Angemessenheit oder Unangemessenheit eines Charakters oder einer Tat an den gegebenen Zustand der Gesellschaft, in welcher die Beurteilung stattfindet; und daß eben deswegen die nämlichen Dinge in verschiedenen Kulturverhältnissen sehr verschieden bewertet worden sind. Referent ist der Ansicht, daß diese Meisterleistung» – also die Spencerschen Prinzipien der Ethik – «... die letzten Versuche, ethische Unterscheidungen auf Intuitionen, angeborene Gefühle, selbst evidente Axiome usw. zu gründen, in der Wissenschaft wenigstens mundtot machen muß.» Ich lese Ihnen diese Worte aus dem Grunde vor, weil sie die ethische Stimmung fast der ganzen zivilisierten Welt vom Ende des neunzehnten Jahrhunderts charakterisieren, jene ethische Stimmung, die sich so weit entwickelt hatte, daß sie in philosophische Worte gefaßt werden konnte.

Machen wir uns einmal klar, was hier eigentlich gesagt wird. Es wird in dem wirklich außerordentlich bedeutenden Werke, in Spencers «Prinzipien der Ethik», der Versuch unternommen, mit erdrückendem Material – es ist schon so, wie der Rezensent sagt – nachzuweisen, daß aus dem menschlichen Seelenleben sogenannte moralische Intuitionen, moralische Axiome oder dergleichen nicht hervorgeholt werden können, daß man endlich aufhören müsse, über solche moralische Intuitionen zu sprechen. Denn das einzige, was man sagen kann, ist: Die Menschen handeln aus der natürlichen Veranlagung heraus. Dieses Handeln wird beurteilt von der gesellschaftlichen Umgebung. Der Mensch ist gezwungen, sein Handeln nach dem Urteil der gesellschaftlichen Umgebung einzurichten. Daraus ergeben sich die konventionellen, sittlichen Urteile, die sich modifizieren, je nachdem sich die menschliche Gesellschaft von Zeitalter zu Zeitalter ändert. Und es wird hier von einem Rezensenten im Beginne der neunziger Jahre des vorigen Jahrhunderts gesagt, es sei nun endlich möglich, alle Versuche, über Ethik und sittliche Anschauungen so zu sprechen, als ob es unmittelbar aus der Seele hervorgeholte moralische Intuitionen gäbe, wenigstens soweit die Wissenschaft in Betracht komme, mundtot zu machen.

Ich habe diese einzelne Erscheinung herausgegriffen, weil sie tatsächlich dasjenige charakterisiert, dem man in jener Zeit sich gegenübergestellt fand, wenn man über Ethik, über Sittenimpulse nachsann.

In diese Zeitstimmung hinein versuchte ich meine «Philosophie der Freiheit» zu schicken, die in der Anschauung gipfelt, daß jetzt, also am Ende des neunzehnten Jahrhunderts, gerade die Zeit gekommen sei, die im eminentesten Sinne notwendig macht, daß die Menschen sich darauf besinnen, wie sie sittliche Impulse immer mehr und mehr dadurch finden können, daß sie auf das Wesen der menschlichen Seele selber zurückgehen. Selbst für die sittlichen Impulse des Alltags müssen sie immer mehr und mehr zu moralischen Impulsen ihre Zuflucht nehmen, weil andere Impulse als die unmittelbar in der menschlichen Seele bloßzulegenden moralischen Intuitionen immer weniger bestimmend sein können. Diese Situation lag dazumal für mich vor. Ich fand mich genötigt, zu sagen: Alle Zukunft der menschlichen Ethik hängt davon ab, daß die Kraft der moralischen Intuition mit jedem Tage stärker werde. Damit war auch gesagt, daß wir mit Bezug auf die moralische Pädagogik überhaupt nur vorwärtskommen, wenn wir die Kraft der moralischen Intuition in der menschlichen Seele immer mehr stärken, wenn wir das einzelne menschliche Individuum immer mehr und mehr dahin bringen, sich bewußt zu werden, was in seiner Seele an moralischen Intuitionen ersprießen kann.

Demgegenüber stand das Urteil – das schier allgemein war, denn es ist hier nur etwas ganz Allgemeingültiges ausgesprochen –, daß nunmehr die Zeit herangerückt sei, wo mit erdrückendem Material nachgewiesen sei, daß alle moralischen Intuitionen wissenschaftlich mundtot gemacht werden müssen. Es war also notwendig für mich, den Versuch zu machen, ein Buch zu schreiben, welches in energischer Weise gerade den Standpunkt vertritt, der in ebenso energischer Weise von der Wissenschaft dazumal als der bezeichnet wurde, welcher mundtot zu machen sei.

Ich charakterisiere Ihnen dieses aus dem Grunde, weil damit an einem einzelnen Fall dargestellt wird, wovon ich gestern und vorgestern sprach, nämlich der ungeheuer bedeutungsvolle Wendepunkt in der gesamten Geistesentwickelung des Abendlandes am Ende des neunzehnten Jahrhunderts. Alle meine Ausführungen wiesen ja bis jetzt darauf hin, daß die Menschheit, die seit dem Ende des neunzehnten Jahrhunderts heranwuchs, vor einer ganz neuen Seelensituation steht gegenüber derjenigen der vorangegangenen Jahrhunderte. Ich habe schon einmal den Ausdruck gebraucht, daß man am Ende des neunzehnten Jahrhunderts als Menschenseele mit Bezug auf das Geistige gegenüber dem Nichts steht. Es war schon einmal notwendig, gerade gegenüber dem Sittlichen in scharfer Weise zu markieren, wie dasjenige, was man aus geistigen Untergründen heraus als das Notwendigste bezeichnen muß für die Zukunft: moralische Intuition, gegenübergestellt ist demjenigen, was aus der Vergangenheit heraufkam – dem Nichts, das fertig ist mit seiner Entwickelung. Es kam ja dieser Wendepunkt auf eine wirklich tragische Weise am Ende des neunzehnten Jahrhunderts gerade innerhalb der deutschen Kultur zum Ausdruck, und man braucht, um dieses Tragische anzudeuten, nur den Namen *Nietzsche* zu nennen.

Nietzsche ist für Menschen, die bewußt und wach den Übergang von dem neunzehnten ins zwanzigste Jahrhundert miterlebt haben, wirklich das Miterleben einer Tragödie gewesen. Man kann sagen, daß Nietzsche selbst eine Persönlichkeit war, die in den aufeinanderfolgenden Lebensepochen in scharfer Weise mit der eigenen Seele erlebt hat das dem Nichts Gegenübergestelltsein, jenem Nichts, das sie zunächst als ein Etwas genommen hat.

Es wird vielleicht für das, was in diesen Tagen von Ihren Seelen aufgenommen werden sollte, nicht ganz überflüssig sein, diesen Friedrich Nietzsche gerade in diesem Momente mit einigen Worten zu berühren. In gewissem Sinne ist Nietzsche schon derjenige Mensch gewesen, der durch sein tragisches Schicksal scharf hindeutet auf dasjenige, was in der geistigen Entwickelung der Menschheit im neunzehnten Jahrhundert sich einer Abendröte zuneigte und eine Morgenröte mit dem beginnenden neuen Jahrhundert notwendig machte.

Nietzsche ist ja hervorgegangen aus einem reifen wissenschaftlichen Standpunkte. Er hat zunächst diesen wissenschaftlichen Standpunkt in der Mitte des neunzehnten Jahrhunderts in der Philologie kennengelernt. Nietzsche hat wirklich mit einem innerlich außerordentlich beweglichen Geiste den philologischen Standpunkt von der Mitte des neunzehnten Jahrhunderts aufgenommen, und er hat eigentlich mit der Philologie aufgenommen den ganzen Geist des Griechentums. Dabei war Nietzsche keine Persönlichkeit, die sich gegenüber der allgemeinen Kultur abschloß. Er war das Gegenteil eines Stubengelehrten. Nietzsche nahm daher auch auf, was ihm in der Mitte des neunzehnten Jahrhunderts als philosophischer Standpunkt nahekommen mußte: die *Schopenhauersche* Philosophie, den Schopenhauerschen philosophischen Pessimismus. Dieser Schopenhauersche philosophische Pessimismus hat auf ihn einen tiefgehenden Eindruck gemacht, einen Eindruck, der nur dadurch kommen konnte, daß Nietzsche mehr als Schopenhauer selber das Hinuntersinkende des Geisteslebens, inmitten dessen er lebte, empfunden hat. Ein Licht, das nach der Zukunft hinwies, gab es für Nietzsche nur in der Form der Richard Wagnerschen Musik. *Wagner* war ja in bezug auf seine Weltanschauung Schopenhauerianer in der Zeit, in der er Nietzsche kennenlernte.

Und so bildete sich für Nietzsche, gegen den Beginn des letzten Drittels des neunzehnten Jahrhunderts, die Anschauung heraus, die für ihn wirklich nicht Theorie, sondern Lebensinhalt war: daß schon innerhalb des Griechentums jenes Zeitalter heraufgekommen war, welches den vollen menschlichen Inhalt durch den Intellektualismus erdrückte. Nietzsche hat sich gewiß in bezug auf die Entwickelung und völlige Ausbildung des Intellektualismus geirrt. Denn in jener Gestalt, in der Nietzsche den Intellektualismus wie ein alles ertötendes Geistiges erlebte, ist er eigentlich erst seit dem fünfzehnten Jahrhundert heraufgekommen, wie ich das gestern und vorgestern gezeigt habe. Aber schließlich hat ja Nietzsche den Intellektualismus der unmittelbaren Gegenwart erlebt, und er hat ihn zurückdatiert bis in das spätere Griechentum. Es bildete sich ihm die Anschauung: dasjenige, was so auslöschend wirkte für das Lebendig-Geistige, habe eigentlich schon mit *Sokrates* begonnen. So wurde Nietzsche ein Anti-Sokratiker. Er sah schon in dem Hineinstellen des Sokrates in das griechische Geistesleben, wie der Intellektualismus, das Verstandesmäßige, ein altes Geistiges vertrieb.

Wohl nur wenige Menschen haben mit einer solchen elementaren Größe den Gegensatz empfunden zwischen dem Griechischen, wie es dem Menschen in Äschylos, in Sophokles, der älteren griechischen bildenden Kunst und den grandiosen Philosophien des Heraklit, Anaxagoras und so weiter entgegentreten kann, zwischen diesem griechischen Seelenleben, das noch voll von geistigen Impulsen ist, und jenem anderen, das sich allmählich ertötend über das eigentlich Geistige legt. Das hat für Nietzsche mit Sokrates seinen Anfang genommen, mit jenem Sokrates, der gegenüber allen Fragen der Welt die Fragen des Verstandes gestellt hat, der allem gegenüber seine Kunst des Definierens aufgestellt hat, von der Nietzsche zweifellos gefühlt hat: wo sie beginnt, setzt sich der Mensch gegenüber dem unmittelbar lebendigen Geiste eine Brille auf. – Es ist damit, wenn man die Begriffe nicht preßt und so selber wieder in das Intellektualistische hineinkommt, etwas sehr Bedeutendes von Nietzsche empfunden worden.

Sehen Sie, das wirkliche Erleben des Geistigen wird überall, wo man dieses Geistige trifft, Individualismus. Das Definieren wird überall Allgemeines. Wenn man durchs Leben geht, einzelnen Menschen gegenübertritt, muß man ein offenes Herz, einen offenen Sinn haben für diese einzelnen Menschen. Man muß sozusagen jedem einzelnen individuellen Menschen gegenüber in der Lage sein, ein ganz neues Menschengefühl zu entwickeln. Man wird nur dadurch dem Menschen gerecht, daß man in jedem einzelnen einen neuen Menschen sieht. Aus dem Grunde hat jeder Mensch uns gegenüber das Recht, daß wir ihm gegenüber ein neues Menschengefühl entwickeln. Denn wenn wir mit einem allgemeinen Begriffe kommen und sagen, so sollte der Mensch sein in dieser oder jener Hinsicht, dann tun wir ihm unrecht. Mit jeder Definition des Menschen setzen wir uns eigentlich eine Brille auf, um den individuellen Menschen nicht sehen zu können.

Das empfindet Nietzsche gegenüber dem Geistesleben überhaupt, und darin besteht seine Gegnerschaft gegenüber dem Sokratismus. Und so legte sich für die sechziger, ja auch noch für die erste Hälfte der siebziger Jahre des neunzehnten Jahrhunderts die Anschauung auf seine Seele: das wirklich wahre, das lebendige Griechentum habe eigentlich in der Grundlage seiner Weltempfindung eine Art Pessimismus. Die

Griechen wären im Grunde überzeugt gewesen, das unmittelbare Leben, wie es sich der Menschheit elementar darbietet, könne dem Menschen keine Befriedigung, kein Totalgefühl seiner Menschenwürde geben. Darum nahmen sie ihre Zuflucht zu dem, was ihnen Kunst gewesen ist, und den Griechen war die Kunst, die sie in der besten Zeit ihrer Entwickelung gepflegt haben, die große Trösterin, die über die Mangelhaftigkeit des rein materialistischen Daseins hinweghilft. So war für Nietzsche die griechische Kunst nur aus der tragischen Lebensstimmung der Griechen heraus zu begreifen. Und diese Mission der Kunst, glaubte Nietzsche zunächst, würde sich wieder aufrichten lassen durch die Wagnerische Kunst und durch alles das, was sich künstlerisch aus der Wagnerischen Kunst ergeben kann.

Dann kamen die siebziger Jahre, und Nietzsche fühlte, daß das nicht so sein könne, weil er in seiner Zeit den Impuls vermißte, der das wirklich finden konnte, was die Griechen als die große Trösterin hingesetzt hatten über das unmittelbar materielle Leben. Für Nietzsche kam die Zeit, in der er sich die Frage stellte: Was war es eigentlich, was ich in der Wagnerischen Kunst wie einer Wiedererneuerung der griechischen Kunst gesucht habe? Das waren ja Ideale! – Und nun wurde er gewahr, wie diese Ideale, so wie er sie auf seine Seele wirken ließ, eine Ähnlichkeit hatten mit den Idealen seines Zeitalters.

Und da kam einmal in der Mitte der siebziger Jahre des neunzehnten Jahrhunderts ein furchtbar tragischer Augenblick in seinem Leben: jener Augenblick, in dem er seine Ideale ähnlich fühlte denen der eigenen Zeit, der Augenblick, wo er sich sagen mußte: Damit bin ich ähnlich dem, was unser Zeitalter Ideale nennt; ich schöpfe schließlich aus derselben Kraft, aus der mein Zeitalter seine Ideale holt. – Das war für Nietzsche ein ganz besonders schmerzlicher Augenblick, denn er hatte gerade diese idealistischen Zeiterscheinungen um sich herum erlebt. Er hatte zum Beispiel einen *David Friedrich Strauß* erlebt, den das ganze Zeitalter als großen Mann verehrte, und den er entlarvt hat als – Philister. Jetzt sah er, wie stark seine eigenen Ideale, die er nur durch sein Hineingeraten in den Wagnerianismus und in die griechische Kunst aufgepeitscht hatte, seiner Zeit ähnlich waren. Kraftlos jedoch gegenüber dem Erfassen des wirklichen Geistigen kamen ihm die Ideale des Zeitalters vor. Und so sagte er sich: Bin ich wahr, so darf ich eigentlich mit meinem Zeitalter keine Ideale haben. – Wenn er es auch nicht in diesen Worten aussprach, so war dies doch für ihn eine tragische Entdeckung. Wer sich recht vertieft in dasjenige, was Nietzsche in den Jahren, von denen ich jetzt spreche, durchgemacht hat, der weiß, daß für Nietzsche einmal der Augenblick der großen Tragik kam, wo er sich auf seine Weise sagte: Wenn der gegenwärtige Mensch von Idealen redet, und das noch irgendwie zusammenstimmt mit demjenigen, was die anderen Ideale nennen, dann bewegt er sich auf dem Gebiete der Phrase, jener Phrase, die nicht mehr der lebendige Körper, sondern der tote Leichnam des Geistes ist.

Aus einer solchen Stimmung heraus hat Nietzsche die Worte geprägt: Also muß ich mit energischer Kraft die Ideale, die ich mir bisher gebildet habe, aufs Eis legen. – Und dieses Aufs-Eis-Legen aller Ideale in dem Sinne, wie ich es jetzt charakterisiert habe, beginnt für ihn in der Mitte der siebziger Jahre. Es entstehen seine Schriften «Menschliches, Allzumenschliches», «Morgenröte» und «Fröhliche Wissenschaft», in denen er in einer gewissen Weise Voltaire huldigt, die aber auch verbunden sind mit einer gewissen Anschauung von der menschlichen Sitte.

Ein äußerlicher Anlaß für Nietzsche, von seinem früheren Idealismus loszukommen, hinzusteuern in dasjenige, was dann seine Lebensanschauung in der zweiten Periode seines Lebens war, bot sich ihm dadurch, daß er in jener Zeit *Paul Rée* kennenlernte, den ich den rein naturwissenschaftlichen Behandler der menschlichen Sitte, des menschlichen Sittenwesens nennen möchte. Paul Rée behandelte ganz im Sinne der damaligen Naturwissenschaft die Entwickelung des menschlichen Sittenlebens. Er hat das außerordentlich interessante Büchelchen geschrieben «Der Ursprung der moralischen Empfindungen», ferner ein Buch «Die Entstehung des Gewissens». Das Büchelchen über die moralischen Empfindungen, das eigentlich jeder nachlesen sollte, der wissen will, wie es mit dem Denken des letzten Drittels des neunzehnten Jahrhunderts beschaffen ist, hat auf Nietzsche einen tiefgehenden Einfluß gehabt.

Welcher Geist herrscht nun in diesem Büchelchen? Wiederum schildere ich nicht deshalb, weil ich meine, daß von der Philosophie ein direkter Einfluß auf das Leben ausgeht, sondern weil ich auf ein Kulturthermometer weisen will, an dem man ablesen kann, wie der Stand der sittlichen Impulse und Anschauungen und der Gedanken über die sittlichen Impulse damals war. Nach Paul Rées Ansicht hat der Mensch ursprünglich überhaupt nichts anderes gehabt als das, was nach seiner Ansicht das Kind hat: ein Triebleben, Impulse der unbewußten instinktiven Betätigung. Der einzelne Mensch stößt gewissermaßen, indem er sich regt, nach allen Seiten mit anderen Menschen zusammen. Von einzelnen solchen Regungen, die der Mensch nach außen entwickelt, stellt sich heraus, daß sie den anderen Menschen zupaß kommen, daß sie ihnen nützlich sind. Von anderen stellt sich heraus, daß sie ihnen schädlich sind. Daraus bilden sich die Urteile: Was vom Menschen aus seinen instinktiven Regungen als Nützliches ausströmt, nennt man allmählich «gut»; was sich als schädlich erweist für die anderen, dem klebt man die Marke «bös» auf. – Natürlich wird das Leben immer komplizierter. Die Menschen vergessen, wie sie den Dingen diese Marken aufgeklebt haben. Aber sie reden dann von «gut» und «böse» und haben vergessen, daß man anfangs nur das als «gut» bezeichnet hat, was einem wohltat, und als «böse», was man als schädlich empfand. So hat sich schließlich das, was so entstanden ist, zum Instinkte umgebildet. Nehmen wir an, jemand stößt blind mit dem Arm: streichelt er einen dabei, so nennt man es gut, gibt er einem eine Ohrfeige, so nennt man es böse. Daraus summieren sich die Urteile. Es wird das, was sich aus solchen Urteilen zusammengepreßt hat, selber Instinkt. Ebensowenig, wie die Menschen wissen, warum sie die Hand so heben, ebensowenig wissen sie, woher es kommt, daß eine Stimme aus ihrer Seele hervortritt und über dies oder jenes moralische Urteile abgibt, was sie dann die Stimme des Gewissens nennen. Diese «Stimme des Gewissens» ist nichts anderes, als was sich aus solchen instinktiven Urteilen über Nützliches und Schädliches abgesetzt hat und an sich wieder Instinkt geworden ist und, weil man dessen Ursprung vergessen hat, wie aus dem Inneren heraus als Gewissensstimme erklingt.

Nietzsche war durchaus imstande, aus der Regsamkeit seines Geisteslebens heraus zu begreifen, daß gewiß nicht alle das gleiche wie Paul Rée sagten. Aber er war sich auch klar darüber, daß, wenn man über Naturwissenschaftliches nur so denkt, wie in seinem Zeitalter gedacht wurde, man über Ethisches nicht anders denken könne als Paul Rée. Nietzsche war eben ehrlich; er zog die letzten Konsequenzen, wie sie Paul Rée auch gezogen hat. Und Nietzsche empfand nicht etwa einen Groll, weil da ein Philosoph aufgetreten ist, der so etwas geschrieben hat. Dieses unmittelbare Faktum hatte für Nietzsche nicht viel mehr Bedeutung, als sich erschöpfen ließe innerhalb der Ereignisse der Stube, in welcher Paul Rée geschrieben hat, so wie einem das Thermometer auch nichts weiter angibt als die Temperaturverhältnisse der nächsten Umgebung. Aber es zeigt einem etwas, was allgemein ist, und das empfand Nietzsche. Er empfand den ethischen Bodensatz seiner Zeit in diesem Buche, und insofern bejahte er es. Für ihn gab es nichts Wichtigeres, als die alte Phrase aufs Eis zu setzen und zu sagen: Wenn die Menschen von nebelhaften Idealen reden, so ist das eben nur Benebelung. In Wahrheit ist alles Instinkt. – Nietzsche hat oft genug Momente gehabt, in denen er sagte: Wenn einer auftritt und sich für dieses oder jenes Ideal begeistert und andere auch dafür begeistern will, so ist das letzten Endes, weil dieser Mensch so veranlagt ist, daß er beim Denken über diese Ideale just am besten seinen Magensaft verarbeiten kann, weil dann die Speisen für ihn in die beste Verdauungsströmung hineinkommen. – Ich drücke das etwas radikal aus, aber durchaus in dem Sinne, wie Nietzsche in den siebziger, achtziger Jahren empfunden hat. Nietzsche sagte sich: Da reden die Menschen von allerlei Geistigem und nennen es Ideale. In Wahrheit ist das alles zu nichts anderem da, als daß der oder jener, je nach seiner Konstitution, die beste Art der Verdauung und der anderen Körperfunktionen hat, indem er gerade so für das sogenannte Ideale empfindet. Dasjenige, was man «menschlich» nennt, muß man der Phrase entkleiden, denn es ist wahrhaft ein Allzumenschliches.

Es war schon, ich möchte sagen, eine grandiose Hingabe an die Ehrlichkeit, mit der Nietzsche dazumal allem Idealismus den Krieg erklärte. Ich weiß, daß man nicht immer diese Seite bei Nietzsche betont hat. Allein vieles, was über Nietzsche gesprochen worden ist, war Snobismus, war nicht irgend etwas Ernsthaftes. So fand sich Nietzsche am Ende seiner ersten geistigen Periode dem Nichts gegenüber und er fand sich in seiner zweiten Periode, die anfängt mit «Menschliches, Allzumenschliches» und abschließt mit «Fröhliche Wissenschaft» in einem gewissen Sinne in bezug auf allen Geist bewußt dem Nichts gegenüber. Schließlich konnte er eigentlich nur noch eine Stimmung entwickeln; denn man kann im Grunde zu keinem geistigen Inhalt kommen, wenn man in dieser Weise alle Ideale auf menschliche physische Funktionen zurückführt. Man braucht sich nur an einem Beispiel zu veranschaulichen, wie Nietzsches Anschauung allmählich geworden ist. Er sagte sich etwa: Da gibt es Leute, die nach der Askese hinarbeiten, das heißt nach der Enthaltung von physischen Genüssen. Warum tun die das? Sie tun es, weil sie eine außerordentlich schlechte Verdauung haben und weil sie sich am besten befinden, wenn sie sich physischer Genüsse enthalten; daher sehen sie Askese als das Erstrebenswerteste an. Im Unterbewußtsein wollen sie aber das, bei dem sie sich am besten befinden. Sie wollen den höchsten Genuß in der Genußlosigkeit empfinden. Da sieht man, wie sie geartet sind, daß ihnen die Genußlosigkeit der allerhöchste Genuß ist.

Bei Nietzsche, der durchaus ehrlich war, hat sich diese Stimmung verdichtet zu Momenten, in denen er Worte ausgesprochen hat wie diese:

Ich wohne in meinem eignen Haus,
Hab' niemandem nie nichts nachgemacht,
Und – lachte noch jeden Meister aus,
Der nicht sich selber ausgelacht.

Darin war in grandioser Weise, ich möchte sagen poetisch vorausnehmend, jene Stimmung bezeichnet, die eigentlich um die Wende des neunzehnten, zwanzigsten Jahrhunderts kulminierte, damals aber schon so da war, daß sie von einem tieferen Seelenleben durchaus erlebt werden mußte. Nietzsche hat sich dann aus diesem dem-Nichts-Gegenübergestelltsein der zweiten Periode dadurch herausgefunden, daß er den Stimmungsgehalt von zwei Ideen geschaffen hat, die er dichterisch zum Ausdruck brachte: die Idee des Übermenschen, weil er schließlich nicht mehr anders konnte, als an etwas appellieren, was aus dem Menschen herausgeboren werden mußte, aber noch nicht da war, und –

nachdem er in einer so grandiosen Weise das «Gegenüber-dem-Nichts» erlebt hatte – die Idee der ewigen Wiederkunft des Gleichen, die ihm aus der Entwickelungsidee heraus gekommen ist. Er hat sich gerade in seinem naturwissenschaftlichen Zeitalter in die Entwickelungsidee hineingelebt. Er fand, indem er sich in dasjenige vertiefte, was ihm die Entwickelungsgedanken gaben, nichts, was diese Entwickelung vorwärtsbringen würde. Sie ergaben ihm nur die Idee einer fortwährenden Wiederkunft des Gleichen. Das war dann seine letzte Periode, die wir jetzt nicht weiter zu charakterisieren brauchen. Psychologisch charakterisiert, ergäbe sich außerordentlich vieles.

Aber ich will nicht eine Charakteristik Nietzsches geben, sondern nur hinweisen darauf, wie Nietzsche, der durch seine Krankheit gezwungen war, Ende der achtziger Jahre die Feder niederzulegen, vorempfunden hat, was für jede tiefere Seele die Stimmung werden mußte um die Wende des neunzehnten zum zwanzigsten Jahrhundert. Nietzsche hat eben im letzten Drittel des neunzehnten Jahrhunderts versucht, einer Stimmung in Worten Ausdruck zu geben, die er hergenommen hat aus seinen Ideenschätzen, aus der griechischen Philosophie und Kunst, aus dem Künstlerischen bei Wagner, aus dem Philosophischen bei Schopenhauer und so weiter. Nietzsche hat immer wieder selbst dasjenige verlassen, was er so als Charakteristik gegeben hat.

Eine letzte Schrift von ihm ist diese: «Götzendämmerung, oder wie man mit dem Hammer philosophiert.» Er fühlte sich als ein Zertrümmerer der alten Ideen. Es war das schon etwas sehr Merkwürdiges, denn diese alten Ideen vom Geiste der Kulturentwickelung waren ja schon zertrümmert. In Nietzsches Jugend waren die Ideenschätze schon zertrümmert. Seit dem vierzehnten, fünfzehnten Jahrhundert haben sich die Ideen traditionell fortgesetzt. Diese Traditionen haben aber im letzten Drittel des neunzehnten Jahrhunderts aufgehört. Das Zertrümmern des alten Geistes war geschehen; nur in der Phrase lebten die Ideenschätze noch weiter.

Derjenige, der geistgemäß gedacht hätte in der Zeit, in der Nietzsche lebte, würde nicht das Empfinden gehabt haben, als ob er die Ideale mit dem Hammer zerschlagen müßte, sondern er würde empfunden haben, daß diese zerschlagen worden sind einfach durch die notwendige und richtige Entwickelung des Menschengeschlechtes. Die Menschheit wäre nicht zur Freiheit gekommen, wenn das nicht geschehen wäre. Aber Nietzsche, der überall noch in der Phrase die Ideale aufblühen fand, hatte den Wahn, daß er selber tat, was längst getan war. Jedenfalls war das fort, was für das ältere Zeitalter der innere Brennstoff des geistigen Lebens war, wodurch der Geist im Menschen angezündet werden konnte, so daß mit diesem angezündeten Geist der Mensch dann sowohl die Natur, wie das eigene Menschenleben durchleuchten konnte. Auf dem besonderen Gebiete des Sittlichen drückt sich das so aus, daß man sagt: Es kann keine moralischen Intuitionen mehr geben.

Schon gestern mußte ich Ihnen sagen: Theoretische Widerlegungen des Materialismus als Weltanschauung sind für unser Zeitalter eigentlich Unsinn, denn der Materialismus hat für unser Zeitalter recht. Die Gedanken, die unser Zeitalter als die richtigen ansehen muß, sind Gehirnprodukte. Daher ist eine Widerlegung des Materialismus in unserem Zeitalter an sich eine Phrase und wer ehrlich ist, kann eigentlich nicht viel Wertvolles sehen in einer Widerlegung des Materialismus, denn auf die theoretische Widerlegung kommt es dabei gar nicht an. Die Menschheit ist eben an demjenigen Punkte der Entwickelung angelangt, wo sie keinen innerlichen, lebendigen Geist mehr hat, sondern nur jenen Geistesreflex, der restlos vom physischen Gehirn abhängig ist. Für diesen Reflexgeist ist der Materialismus als theoretische Weltanschauung voll berechtigt. Es handelt sich nicht darum, ob man eine falsche Weltanschauung hat, oder sie widerlegt, sondern darum, daß man allmählich zu einer geistlosen inneren Lebens- und Seelenhaltung gekommen ist. Das ist es, was wie ein Schrei, in tragischer Weise vorempfunden, durch Nietzsches Philosophie geht.

In dieser Situation hat die natürlich empfindende Jugendseele im zwanzigsten Jahrhundert die geistige Lage der Welt angetroffen. Sie werden nicht zu einer Klarheit, zu einer faßbaren Empfindung dessen kommen, was in unbestimmter Weise, unterbewußt in Ihren Seelen rumort und was Sie das heutige Jugenderlebnis nennen, wenn Sie nicht also hineinschauen in diesen Umschwung, der sich mit dem ganzen Geistesleben notwendigerweise in der heutigen Periode der Menschheitsentwickelung ergeben hat.

Wollen Sie von anderen Untergründen aus das, was Sie in unbestimmter Weise empfinden, charakterisieren, so werden Sie immer nach einiger Zeit empfinden: Sie können nur immer wieder Abschied nehmen von einer solchen Charakterisierung. Sie kommen nicht auf eine Wahrheit, sondern doch immer nur auf Phrasen. Denn solange der Mensch heute sich nicht ehrlich gesteht: Ich muß zum lebendigen, zum regsamen Geiste, zu demjenigen Geist, der im Intellektualismus nicht mehr seine Wirklichkeit, sondern nur seinen Leichnam hat, solange ist keine Rettung aus der Wirrnis des Zeitalters möglich. Solange einer noch glaubt, daß er im Intellektualismus Geist finden kann, wo der Intellektualismus gerade nur noch so die Form des Geistes ist, wie der menschliche Leichnam die Form des Menschen, solange ist kein Sichfinden des Menschen möglich.

Ein Sichfinden des Menschen kann erst dadurch eintreten, daß man sich ehrlich gesteht: So wie sich der menschliche Leichnam zum Menschen verhält, der gestorben ist, so verhält sich der Intellektualismus zum Wesen des Geistes. Er trägt noch die Form, aber das Leben des Geistes ist aus dem Intellektualismus gewichen. Und so wie der menschliche Leichnam durchdrungen werden kann von Ingredienzien, die seine Form konservieren, was die ägyptischen Mumien zeigen, so kann man, indem man den Leichnam des Geistes mit Beobachtungsresultaten, mit Experimentierresultaten ausstaffiert, auch ihn konservieren. Man bekommt aber dadurch kein lebendiges Geistiges, nichts, was man mit den lebendigen Impulsen der menschlichen Seele in naturgemäßer Weise verbinden kann; man bekommt nichts anderes als ein Totes. Dieses Tote kann in wunderbarer Weise das Tote in der Welt wiedergeben, so wie man in der Mumie noch die menschliche Gestalt bewundern kann. Aber man bekommt im Intellektualismus kein wirklich Geistiges, ebensowenig wie aus der Mumie ein wirklicher Mensch gemacht werden kann.

Solange es sich darum handelt, gerade dasjenige zu konservieren, was durch die Ehe zwischen Beobachtung und Intellekt konserviert werden soll, solange kann man nur sagen: Die Leistungen der neueren Zeit sind großartig. In dem Augenblick, wo der Mensch sich selber die Aufgabe setzen muß, sich im Tiefsten seiner Seele nur mit dem, was sein Geist sich innerlich selber vorhält, zu verbinden, in dem Augenblicke gibt es keine Verbindung zwischen dem Intellektualismus und der Menschenseele. Dann gibt es nur das eine, daß der Mensch sich sagt: Ich dürste nach etwas, und alles, was mir aus intellektualistischen Untergründen aus der Welt entgegentritt, gibt mir nicht Wasser für diesen Durst.

Das ist es, was natürlich in Worte gefaßt nicht so gut herauskommt, was aber in den Empfindungen der heutigen Jugend lebt. Die heutige Jugend sagt das oder jenes meistens so, daß, wenn man auf die Untergründe der Dinge geht, man eigentlich recht ärgerlich wird über das, was gesagt wird. Aber man tröstet sich gleich über den Ärger. Der Ärger kommt nur daher, daß scheußlich bombastische Worte gebraucht werden, die auf alles eher passen als auf das, was der Betreffende empfindet. Die Phrase überschlägt sich und das, was als Charakter in der Jugendbewegung auftritt, ist für den, der im Geiste zu leben versteht, von solcher Art, daß es ihm vorkommt, als wenn es Blasen wären, die fortwährend zerplatzen; es ist eigentlich der sich überschlagende Intellektualismus. Ich will Ihnen mit diesen Dingen nicht etwa selber wehe tun, und wenn ich dem einen oder anderen doch wehe tat, so konnte ich nichts dafür. Dann würde es mir zwar leid tun, aber ich würde es doch außerordentlich gerecht finden. Ich kann nicht nur sagen, was gefällt, ich muß schon einmal auch dasjenige sagen, was dem einen oder anderen nicht gefällt. Ich muß ja dasjenige sagen, was ich als wahr erkenne. Deshalb muß ich Ihnen sagen: Um dasjenige zu charakterisieren, was berechtigterweise in den Seelen der jungen Menschen liegt, ist noch etwas ganz anderes nötig als ein Aufpressen der alten Begriffe, die sich als Phrasen überschlagen. Das, was dazu nötig ist, ist ein intensiv entwickeltes Wahrheitsgefühl.

Wahrheit brauchen wir auf dem Grunde der Seele, meine lieben Freunde. Wahrheit ist das erste und letzte, was wir heute brauchen, und wenn gestern Ihr Vorsitzender hier gesagt hat, wir seien soweit gekommen, daß wir eigentlich das Wort «Geist» nicht mehr aussprechen wollen, so ist das schon wie ein Geständnis von der Wahrheit. Es wäre eigentlich viel gescheiter, wenn unser Zeitalter, das den Geist verloren hat, das durchführen würde, nicht mehr vom Geist zu reden; denn dann würden die Menschen in ehrlicher Weise wieder den Durst nach dem wirklichen Geiste bekommen. Statt dessen nennt man heute alles mögliche «Geist» und «geistig». Was wir brauchen, ist Wahrheit, und wenn der heutige junge Mensch über seinen eigenen Seelenzustand sich die Wahrheit gestehen will, dann darf er nichts anderes sagen als: Das Zeitalter hat mir allen Geist aus der Seele genommen. Meine Seele dürstet aber nach Geist, sie dürstet nach etwas Neuem, nach einer neuen Eroberung des Geistes.

Solange dieses nicht in aller Ehrlichkeit und Wahrheit empfunden wird, solange kommt die Jugendbewegung nicht zu sich selbst. Zu alledem, was ich als Charakteristikum gegeben habe für das, was wir noch suchen müssen, füge ich heute das hinzu: Wir müssen im Tiefsten, im Innersten der Seele suchen nach Licht, vor allen Dingen müssen wir zu dem tiefinnersten Ehrlichkeits- und tiefinnerlichsten Wahrheitsgefühl zu kommen suchen. Wenn wir auf Ehrlichkeit und Wahrhaftigkeit bauen, dann werden wir weiterkommen, und weiterkommen muß die Menschheit. Dann werden wir dahin kommen, daß man wieder von Geist reden darf, der der menschlichen Natur doch am ähnlichsten ist. Die Seele ist am ähnlichsten dem Geiste, daher kann sie ihn finden, wenn sie will. In unserer Zeit aber muß sie hinausstreben über Phrase, Konvention und Routine; hinaus über die Phrase – zu der Erfassung der Wahrheit, hinaus über die Konvention – zu dem unmittelbaren, elementaren herzlichen Verhältnis von Mensch zu Mensch, und hinaus über die Routine – zu dem, wodurch in jeder einzelnen Handlung des Lebens wieder Geist liegt, so daß wir nicht aus einem Automatischen heraus handeln, wie das heute so vielfach geschieht, sondern daß in der alltäglichsten Handlung wieder Geist lebt. Wir müssen zu der Geistigkeit des Handelns, wir müssen zu dem unmittelbaren Erlebnis der Menschen untereinander und zum ehrlichen Erlebnis der Wahrheit kommen.

FÜNFTER VORTRAG

Stuttgart, 7. Oktober 1922

Gestern habe ich versucht, Ihnen die geistige Situation vom Ende des neunzehnten und Anfange des zwanzigsten Jahrhunderts zu charakterisieren und ich habe versucht, sie so zu charakterisieren, wie ich sie selbst unmittelbar erlebt habe, so erlebt habe, daß es mich dazu geführt hat, meine «Philosophie der Freiheit» zu schreiben.

Diese «Philosophie der Freiheit» war auf dem Impulse aufgebaut, im Menschen moralische Intuitionen als dasjenige anzusprechen, was in der Weltentwickelung weiterführen muß zu einer Grundlegung des sittlichen Lebens der Zukunft. Ich wollte durch meine «Philosophie der Freiheit» zeigen, daß in der Menschheitsentwickelung die Zeit gekommen ist, in welcher die Sittlichkeit auf keine andere Weise fortgeführt werden kann, als daß in bezug auf sittliche Impulse an dasjenige appelliert wird, was der Mensch aus dem Innersten seines Wesens, ganz individuell, als moralische Impulse heraufholen kann. Ich habe Sie darauf hingewiesen, daß die Veröffentlichung dieser «Philosophie der Freiheit» in eine Zeit fiel, in welcher in weitesten Kreisen gesagt wurde, daß man endlich erkannt habe, daß moralische Intuitionen eine Unmöglichkeit seien und daß alles Reden darüber mundtot gemacht werden müsse. Ich mußte es also für notwendig halten, eine Begründung der moralischen Intuition zu geben, von der gerade in den Kreisen, die glaubten, mit dem philosophischen Denken auf dem festen Boden neuerer Wissenschaft zu stehen, gesagt wurde, daß sie mundtot gemacht werden müsse. Es war daher eine scharfe Differenz zwischen dem, was die Zeit in vielen ihrer anerkanntesten Geister für das Richtige hielt und dem, was ich aus den Grundlagen der menschheitlichen Entwickelung heraus für das Richtige halten mußte.

Worauf beruht aber eigentlich diese Differenz? Um dies zu entdecken, wollen wir uns jetzt einmal in die Tiefen des menschlichen Seelenlebens hineinbegeben, wie es sich in unserer Zeit im Abendlande gestaltet hat. Man hat ja auch früher von moralischen Intuitionen gesprochen, indem man gesagt hat, die Menschen können als Wesensindividualität die Antriebe zum Handeln aus den Tiefen ihres Wesens heraufholen, unabhängig vom äußeren Leben. Aber schon seit dem ersten Drittel des fünfzehnten Jahrhunderts und immer stärker in den folgenden Jahrhunderten wurde alles das, was man in dieser Weise über die moralischen Intuitionen gesagt hatte, vom rein menschlichen Standpunkte aus immer weniger wahr. Denn die Menschen sagten zwar, Sittlichkeit könne nicht begründet werden durch Beobachtung äußerer Tatsachen; aber sie vernahmen nicht mehr etwas wirklich Lichtvolles, wenn sie in ihr eigenes Innere schauten. So behaupteten sie wohl, moralische Intuitionen seien da, aber sie wußten eigentlich nichts mehr davon. Alle solche Behauptungen waren schon seit Jahrhunderten von der Art, daß in ihnen das Denken, das vor dem fünfzehnten Jahrhundert der Menschheit eigen war, automatisch fortrollte und man noch Tatsachen behauptete, die früher ihre Berechtigung gehabt hatten, jetzt aber aufhörten, berechtigt zu sein.

Die Traditionen, von denen ich Ihnen in den vorangehenden Tagen gesprochen habe, und die durch Jahrhunderte noch fortdauerten, trugen das ihrige dazu bei, daß solche Behauptungen aufgestellt werden konnten. Vor dem fünfzehnten Jahrhundert sprach der Mensch nicht bloß in unbestimmter Weise von diesen Dingen – dieses unbestimmte Sprechen war schon das Unwahrhaftige –, sondern wenn er von Intuitionen, auch von moralischen Intuitionen sprach, so sprach er wie von etwas, das im Innern des Menschen aufstieg und von dem er ebenso eine Vorstellung hatte, als von einem Realen, Wirklichen, wie er eine Vorstellung von einem Wirklichen hatte, wenn er des Morgens nach dem Schlafe die Augen aufmachte und die Natur ansah. Draußen sah er die Natur, sah die Pflanzen, die Wolken. Wenn er in sein Inneres sah, so hatte er aufsteigend das Geistige, welches das Moralische, so wie er es dazumal als ein Gegebenes hatte, umfaßte. Je weiter wir zurückgehen in der Menschheitsentwickelung, desto mehr finden wir, daß das reale Heraufsteigen eines inneren Daseins im menschlichen Erleben etwas Selbstverständliches ist. Wir können diese Tatsachen, die sich so, wie ich sie Ihnen eben erzählt habe, aus der Geisteswissenschaft ergeben, an gewissen äußeren Symptomen auch geschichtlich studieren. So tritt zum Beispiel in der Zeit, in der das Sprechen von einer inneren

Realität immer mehr in Unwahrheiten gerät, der Gottesbeweis auf.

Hätte man in den ersten Jahrhunderten der christlichen Geistesentwickelung von Gottesbeweisen gesprochen, wie *Anselm von Canterbury* es tat, so hätten die Menschen nicht gewußt, was damit gemeint ist. In noch früheren Zeiten hätten sie es noch weniger gewußt. Im zweiten, dritten Jahrhundert vor Christi Geburt von Gottesbeweisen zu sprechen, wäre so gewesen, wie wenn eine der hier in der ersten Reihe sitzenden Persönlichkeiten aufstünde und ich würde sagen: «Der Herr N.N. steht da!», und irgend jemand hier würde verlangen: «Nein, das muß erst bewiesen werden!» Das, was der Mensch als Göttliches empfand, war für ihn ein unmittelbares, vor seiner Seele stehendes Wesen. Er war behaftet mit der Wahrnehmungsfähigkeit für dasjenige, was er sein Göttliches nannte. Dieses Göttliche war in jenem geschichtlichen Zeitalter mehr oder weniger primitiv, unvollkommen für die Empfindung des heutigen Menschen. Die Menschen sind in diesem primitiven Zeitalter nicht weiter gekommen, als bis zu dem Punkte, den man da kannte. Aber von Beweisen hätten sie nichts hören wollen, denn das wäre ihnen absurd vorgekommen. Das Göttliche zu beweisen fing man erst in der Zeit an, als man es innerlich verloren hatte, als es nicht mehr da war für die innere geistige Anschauung. Das Aufkommen der Gottesbeweise muß, wenn man unbefangen die tatsächliche Welt in Betracht zieht, als ein Symptom dafür angesehen werden, daß das unmittelbare Anschauen des Göttlichen verlorengegangen war. Aber mit diesem Göttlichen waren zugleich die damaligen sittlichen Impulse verbunden. Man kann das, was damals sittliche Impulse waren, heute nicht mehr als solche ansehen. Aber für die damaligen Zeiten war es so. Als daher mit dem ersten Drittel des fünfzehnten Jahrhunderts die Anschauungsfähigkeit für das Göttlich-Geistige im alten Sinne versiegt war, da versiegte auch die unmittelbare Anschauung für das Sittliche und es blieb nur das traditionell Dogmatische vom Sittlichen übrig, das die Menschen dann so deuteten, daß sie es «Gewissen» nannten. Aber sie meinten damit immer etwas höchst Unbestimmtes.

Und als es dann am Ende des neunzehnten Jahrhunderts hieß, alles Reden über moralische Intuitionen müsse mundtot gemacht werden, so war das nur die letzte Konsequenz der historischen Entwickelung.

Bis dahin hatten die Menschen noch so eine dunkle Ahnung: es gab einmal solche Intuitionen. Aber jetzt fingen sie an, sich etwas zu prüfen. Schließlich hat ihnen die Intelligenz wenigstens das gebracht, daß sie sich prüfen konnten, und sie fanden nun, daß sie nach der Methode, nach der sie gewohnt waren, naturwissenschaftlich zu denken, gar nicht zu moralischen Intuitionen kamen.

Nun müssen wir uns einmal die alten moralischen Intuitionen anschauen. In dieser Beziehung ist unsere Geschichte sehr fadenscheinig geworden. Wir haben eine äußere Geschichte. Im neunzehnten Jahrhundert haben wir uns auch bemüht, eine Kulturgeschichte zu begründen. Eine Geschichte jedoch, die auch das Seelenleben der Menschen berücksichtigt, hat die neuere Zeit nicht hervorbringen können, und so weiß man nicht, wie das Seelische sich von den ältesten Zeiten bis zum ersten Drittel des fünfzehnten Jahrhunderts entwickelt hat. Geht man aber in der Zeit zurück und schaut sich an, was als moralische Intuition damals angesprochen worden ist, so findet man, das war nicht etwas, das innerlich von der Menschenseele erarbeitet worden war. Deshalb hat zum Beispiel das Alte Testament das, was als moralische Intuition da figuriert, mit vollem Recht nicht als etwas von der menschlichen Seele Erarbeitetes empfunden, sondern als göttliche Gebote, die von außen in sie eingeflossen waren. Und je mehr man zurückgeht, desto mehr findet man, daß der Mensch das, was er beim Anschauen des Sittlichen schaute, als ein inneres Geschenk eines außer ihm lebenden Göttlichen fühlte. Also als göttliches Gebot, und zwar nicht in übertragenem, nicht in symbolischem Sinn, sondern in ganz eigentlichem Sinne wurden damals die moralischen Intuitionen angesehen.

Es ist daher schon ein großes Stück Wahrheit daran, wenn heute gewisse religiöse Philosophien auf eine Uroffenbarung hinweisen, die den historischen Erdenzeiten vorangegangen ist. Die äußere Wissenschaft kann da nicht viel weiter kommen, als zu einer Art, ich möchte sagen, seelischer Paläontologie. Gerade so, wie man aus dem Erdreiche die petrifizierten Formen findet, die auf das frühere Leben hinweisen, so kann man in den gleichsam petrifizierten Moralideen die Formen finden, welche auf die einstmals lebendigen, gottgegebenen Moralideen zurückweisen. Man kann daher auf den Begriff einer Uroffenbarung kommen und sagen: Diese Uroffenbarung versiegte. Die Menschen verloren die Fähigkeit, sich dieser Uroffenbarung bewußt zu sein. Und der Kulminationspunkt in diesem Verlieren ist im ersten Drittel des fünfzehnten Jahrhunderts gelegen. Die Menschen nahmen nichts mehr wahr, wenn sie nach innen schauten. Sie bewahrten nur noch die Tradition dessen, was sie früher geschaut hatten. Dieser Tradition bemächtigten sich allmählich die äußeren Bekenntnisgesellschaften und formten den äußerlich gewordenen, bloß traditionellen Inhalt zu Dogmen, an die man nur glauben sollte, während man sie früher in lebendiger Weise, aber als außermenschlich erlebt hatte.

Das war die ganz signifikante Situation am Ende des neunzehnten Jahrhunderts, daß man in einzelnen Kreisen zum Bewußtsein gekommen war, daß die alten, gottgegebenen Intuitionen nicht mehr da sind, und daß, wenn man mit seinem Kopfe die Gedanken der Alten beweisen will, man nur sagen kann: Es gibt keine moralischen Intuitionen! Die Wissenschaft hat die moralischen Intuitionen mundtot gemacht, und die Menschen, wenn sie sich nur empfangend verhalten, sind nicht mehr fähig, moralische Intuitionen zu empfangen. Wäre man konsequent gewesen, so hätte man schon damals eine Art *Spengler* werden und sagen müssen: Moralische Intuitionen gibt es nicht, folglich kann die Menschheit eigentlich nichts tun, als in Zukunft langsam vertrocknen. – Man hätte höchstens seinen Großvater fragen können: Habt Ihr gehört, daß es einmal moralische Intuitionen und Einflüsse gegeben hat? – und dieser hätte einem dann geantwortet: Man müßte die Schränke und Bibliotheken durchsuchen, dann könnte man sich aus zweiter und dritter Hand die Kenntnis von moralischen Intuitionen noch erwerben; aber nicht mehr aus dem Erleben heraus. – Dann hätte man sich sagen müssen: Es bleibt also nichts anderes übrig, als in bezug auf moralische Intuitionen zu vertrocknen, greisenhaft zu werden, keine Jugend mehr zu haben. – Da wäre man konsequent gewesen! Das getraute man sich aber nicht, denn Konsequenz war nicht gerade eine hervorragende Eigenschaft des aufgehenden intellektualistischen Zeitalters.

Man getraute sich überhaupt alles mögliche nicht. Wenn man irgendein Urteil abgab, so gab man es halb ab, etwa wie *Du Bois-Reymond* in seiner Rede über die Grenzen des Naturerkennens, wo er sagt, der Naturwissenschaft könne man nicht mit Supernaturalismus kommen, denn Supernaturalismus sei Glaube und nicht Wissen; beim Supernaturalismus höre die Wissenschaft auf. Weiter wurde auf dieses Gebiet nicht eingegangen. Wenn einer etwas Weitergehendes darüber sagte, fing man an zu schimpfen und behauptete, daß das nicht mehr Wissenschaft sei. Konsequenz war nicht mehr eine Eigenschaft des ausgehenden Jahrhunderts.

So hatte man auf der einen Seite die Alternative des Austrocknens. Das Geistige geht allmählich ins Seelische, das Seelische ins Physische und nach Jahrzehnten würde die Seele nur noch antiquarische Impulse über Moralität aufstöbern können, was schließlich dazu führen würde, daß nicht erst die Dreißigjährigen, sondern schon die Zwanzigjährigen mit Glatzköpfen und die Fünfzehnjährigen mit grauen Haaren herumlaufen. Das ist ein bißchen bildlich gesprochen; aber das wäre in der Tat der Spenglerismus als ein praktischer Lebensimpuls. Das war die eine Alternative.

Die andere war die, daß man sich unmittelbar bewußt wurde: Wir stehen mit dem Verluste der alten Intuitionen dem Nichts gegenüber. – Also was tun? In diesem Nichts das All suchen! Aus diesem Nichts heraus etwas suchen, was einem nicht gegeben wird, was man erarbeiten muß. Und erarbeiten konnte man nicht mehr mit den passiven Kräften, die da waren, sondern nur noch mit den stärksten Erkenntniskräften, die in diesem Zeitalter dem Menschen zur Verfügung standen: mit den Erkenntniskräften des reinen Denkens. Denn beim reinen Denken geht das Denken unmittelbar in den Willen über. Beobachten und denken können Sie, ohne Ihren Willen sehr anzustrengen. Experimentieren und Denken geht nicht in den Willen über; aber reines Denken, also elementare, ursprüngliche Aktivität entfalten, dazu gehört Energie. Da muß der Blitz des Willens unmittelbar in das Denken selber einschlagen. Da muß der Blitz des Willens aber auch aus der ganz singulären menschlichen Individualität herauskommen. Und da mußte man schon einmal den Mut haben, an dieses reine Denken zu appellieren, das auch zum reinen Willen wird. Dieser wird aber zu einer neuen Fähigkeit: der Fähigkeit, aus der unmittelbaren menschlichen Individualität heraus moralische Impulse zu gewinnen, die nun erarbeitet werden müssen, die nicht mehr wie die alten gegeben sind. An Intuitionen mußte appelliert werden, die erarbeitet werden! Und das Zeitalter kennt ja dasjenige, was der Mensch im Innern erarbeitet, unter keinem anderen Namen als unter dem der Phantasie. Also mußten in diesem Zeitalter, das ohnedies diese innere Arbeit mundtot gemacht hat, aus der moralischen Phantasie die künftigen moralischen Impulse geboren werden; das heißt, der Mensch mußte verwiesen werden von der bloß poetischen, künstlerischen Phantasie auf eine produktive moralische Phantasie.

Alle alten Intuitionen waren immer nur Gruppen gegeben. Es besteht ein geheimnisvoller Zusammenhang zwischen der Uroffenbarung und den Menschengruppen. Die alten Intuitionen waren immer Menschengruppen in ihrem Zusammenhange gegeben. Die neuen Intuitionen, die jetzt erarbeitet werden müssen, müssen auf dem Schauplatz jeder einzelnen, individuellen Menschenseele erarbeitet werden; das heißt, jeder einzelne Mensch muß selbst zum Quell des Sittlichen gemacht werden. Das muß aus dem Nichts, dem man sich gegenübergestellt sieht, durch die Intuitionen selber herausgeholt werden.

Das allein blieb einem übrig, wenn man nicht damals schon als ehrlicher Mensch in eine Art Spenglerismus übergehen wollte, und diese «Spengler»-Arbeiten sind ja nicht gerade lebendige Arbeiten! Es handelte sich aber darum, aus dem Nichts heraus, dem die Menschen gegenübergestellt zu sein schienen, wieder ein lebensvolles Wirkliches zu finden; daher konnte selbstverständlich zunächst nur an einen Anfang appelliert werden. Denn das, woran appelliert werden mußte, ist ein Schaffendes im Menschen, gewissermaßen das Schaffen eines inneren Menschen innerhalb des äußeren Menschen. Der äußere Mensch hat früher die moralischen Impulse von außen bekommen. Jetzt mußte der Mensch selber einen inneren Menschen schaffen. Mit diesem inneren Menschen bekam er zugleich die neue moralische Intuition, oder besser gesagt, er bekommt sie. So mußte aus der Zeit herausgeboren werden, aber als etwas, das sich zugleich der Zeit im strengsten Sinne entgegenstellen mußte, so etwas wie eine «Philosophie der Freiheit».

Schließen wir daran eine Betrachtung der Seelenlage des modernen

Menschen noch von einer anderen Seite. Sehen Sie, wie – ich möchte sagen – zur Vorbereitung des Intellektualismus in der abendländischen Zivilisation hinweggeschafft wurde schon vor längerer Zeit das Bewußtsein des vorirdischen Menschenwesens, des vorirdischen Daseins des Menschen. Das wurde der abendländischen Zivilisation schon in sehr frühen Zeiten genommen, so daß die abendländischen Menschen sich nicht bewußt waren: indem ich mich aus dem embryonalen Zustande der irdischen Entwickelung heraushebe, vereinigt sich mit mir ein anderes, das aus geistig-seelischen Höhen heruntersteigt und dieses physische Erdenwesen durchdringt.

Nun ist es bei diesem Durchdringen so, daß sich für die Anschauung ganz konkret das Folgende ergibt. Ich habe Sie schon auf ein Bild hingewiesen, damit durch dasselbe verdeutlicht werde, was ich hier zu sagen habe. Wenn wir einen Leichnam ansehen, sagte ich, so wissen wir, daß er seine Form nicht durch die gewöhnlichen Naturkräfte haben kann, sondern er muß Rest sein des lebendigen Menschen. Es wäre eine Torheit, die Form des menschlichen Leibes als etwas an sich Lebendiges aufzufassen. Man muß auf das zurückgehen, was der lebendige Mensch war. So stellt sich aber auch das intellektualistische Denken, unbefangen betrachtet, als etwas Totes vor uns hin. Natürlich werden die Menschen sagen: Beweise uns das! Es beweist sich eben in der Anschauung, und solche Beweise, die eigentlich nur für die Nebendinge da sind, lassen sich schon auffinden. Aber um das zu zeigen, müßte ich einige Kapitel Philosophie vortragen, was außerhalb der gegenwärtigen Aufgabe liegt. Aber für den, der unbefangen zusieht, stellt sich das intellektualistische Denken, aus dem unsere ganze heutige Zivilisation fließt, im Verhältnis zum lebendigen Denken so dar, wie sich der Leichnam zum lebendigen Menschen verhält. Wie der Leichnam vom lebendigen Menschen stammt, so stammt das, was ich heute an Denken habe, von einem lebendigen Denken, das ich in einer früheren Zeit hatte. Und bei gesundem Denken muß ich mir sagen: Dieses tote Denken muß abstammen von einem lebendigen, das vor der Geburt da war. Der physische Organismus ist das Grab des lebendigen Denkens, der Behälter des toten Denkens.

Aber das Eigentümliche ist, daß man in den zwei ersten menschlichen Lebensepochen bis zum sechsten, siebenten, achten Jahre, bis zum Ende des Zahnwechsels, und weiter bis zum dreizehnten, vierzehnten, fünfzehnten Jahre, also bis zur Geschlechtsreife, sozusagen ein noch nicht ganz totes Denken hat. Da ist das Denken im Sterben. Gelebt hat es überhaupt nur im vorirdischen Dasein. In den ersten zwei Lebensepochen kommt es zum Sterben. Ganz tot wird es für den Menschen seit dem ersten Drittel des fünfzehnten Jahrhunderts eben mit der Geschlechtsreife. Es ist dann der Leichnam dessen, was eigentlich lebendiges Denken ist. Das war nicht immer so in der Menschheitsentwickelung. Wenn man hinter das fünfzehnte Jahrhundert zurückgeht, so zeigt sich, daß das Denken noch etwas Lebendiges gehabt hat, daß da noch jenes Denken vorhanden war, das die heutigen Menschen nicht leiden können, weil sie es so empfinden, wie wenn ihnen ein Ameisenhaufen im Gehirn herumkribbelte. Sie können es nicht leiden, wenn in ihnen etwas lebt. Sie wollen recht still und bequem in der Haltung ihres Kopfes sein können, und auch das Denken darinnen soll ruhig verlaufen, so daß man nur mit logischen Gesetzen etwas nachzuhelfen braucht. Aber reines Denken, das ist so, wie wenn ein Ameisenhaufen im Kopfe wäre, und das, sagen sie, ist nicht gesund. Im Anfange des fünfzehnten Jahrhunderts hat man das lebendige Denken noch vertragen. – Ich sage das nicht, um eine Kritik auszuüben. Es wäre auch unangemessen, ebenso unangemessen, wie wenn man an einer Kuh bemängelte, daß sie kein Kalb mehr ist. Es wäre zum größten Unheil für die Menschheit geworden, wenn es nicht so gekommen wäre. Es mußte Menschen geben, die diesen Ameisenhaufen im Kopfe nicht vertragen können. Denn das Tote mußte auf andere Weise wieder zum Leben gebracht werden.

Die Sache ist nun so, daß seit der Mitte des fünfzehnten Jahrhunderts die Menschen nach der Geschlechtsreife ein im wesentlichen totes Denken innerlich erlebten. Sie waren von dem Leichnam des Denkens ausgefüllt. Wenn Sie ganz ernsthaft diesen Gedanken fassen, dann wird es Ihnen begreiflich sein, daß erst seit jener Zeit eine richtige anorganische Naturwissenschaft entstehen konnte, weil da erst der Mensch anfing, rein anorganische Gesetze begreifen zu können. Erst jetzt konnte man das Tote so begreifen, wie es seit *Galilei* und *Kopernikus* angestrebt wird. Das Lebendige mußte erst innerlich sterben. Als man noch innerlich lebendig war im Denken, da konnte man das Tote nicht äußerlich begreifen, denn es teilte sich die lebendige Erkenntnisart dem Äußeren mit. Immer reiner wurde die Naturwissenschaft, und das ging so fort, bis sie am Ende des neunzehnten Jahrhunderts fast nur noch Mathematik war. Das war das Ideal, dem sie zustrebte: Phoronomie sollte sie werden, eine Art reiner Mechanik.

So wurde in neuerer Zeit immer mehr und mehr das Tote zum eigentlichen Erkenntnisobjekt. Das war jetzt das ganze Streben. Das dauerte natürlich einige Jahrhunderte; aber die Entwickelung verläuft in dieser Linie. Geniale Menschen wie *de Lamettrie* zum Beispiel, sagten schon wie prophetisch, der Mensch sei eigentlich eine Maschine. Der Mensch, der nur das Tote begreifen will, bedient sich allerdings nur des Maschinenmäßigen, des Toten in sich selber. Das macht dem neueren Menschen die naturwissenschaftliche Entwickelung leicht. Das Denken erstirbt mit der Geschlechtsreife. In früherer Zeit hatte man die gottgegebenen Intuitionen, weil das Denken auch noch weit über die Geschlechtsreife hinaus Wachstumskräfte in sich behielt. Nach der Geschlechtsreife verliert der Mensch heute dieses lebendige Denken, und so lernen die Menschen im späteren Alter nichts mehr, sondern sie beten nur nach, was sie in früher Jugend sich schon angeeignet haben.

Nun war das den Alten, die die Kultur in der Hand hatten, eigentlich ganz angemessen: mit einem toten Denken eine tote Welt zu umfassen. Man kann damit vorzüglich Wissenschaft begründen. Man kann aber damit niemals die Jugend unterrichten und erziehen. Und warum? Weil die Jugend bis zur Geschlechtsreife die Lebendigkeit des Denkens, wenn auch auf unbewußte Art, behält. Und so stellt sich, trotz allen Nachdenkens über die Erziehungsgrundsätze, wie sie in neuerer Zeit gefaßt worden sind, immer mehr heraus, daß wenn die steif gewordene objektive Wissenschaft, die das Tote umfaßt, zur Erzieherin wird und an das Lebendige, Jugendliche herankommt, diese Jugend das wie ein Hereinstoßen eines Pfahles ins Fleisch fühlt. Man stieß ihr einen Pfahl ins Herz, den Tod, und sie soll sich aus dem Herzen das Lebendige herausreißen. Es mußte aus dem Inneren der menschlichen Entwickelung heraus zu dem kommen, was heute noch sehr viele Leute übersehen, was aber wirklich in einschneidender Weise vorhanden ist: zu einer Kluft zwischen dem Alter und der Jugend. Und diese Kluft beruht einfach darauf, daß die Jugend sich ins lebendige Herz nicht den toten Pfahl stoßen lassen kann, den der Kopf aus dem bloßen Intellektualismus herausarbeitet. Die Jugend verlangt nach Lebendigkeit, die nur aus dem Geiste heraus von menschlicher Individualität erarbeitet werden kann. Und wir machen den Anfang, diese an moralischen Intuitionen zu erarbeiten.

Hat man da einmal angefangen, wie ich es versucht habe in meiner «Philosophie der Freiheit» darzustellen bezüglich dieses reinen Geistigen – denn ein rein Geistiges sind diese moralischen Intuitionen, herausgearbeitet aus der menschlichen Individualität – und hat man sich getraut, während die anderen sagten, es sei mundtot gemacht, den Mund aufzumachen: siehe da, die Mächte, welche sagten, man würde mundtot, wenn man von moralischen Intuitionen redet, werden selber mundtot! So appellierte ich an das lebendige rein Geistige. Die Wissenschaft ist tot. Sie kann den Mund nicht lebendig machen. Aber man kann ohnedies nicht auf sie bauen. Man muß an eine innerliche Lebendigkeit appellieren, und so muß man erst richtig anfangen zu suchen. Das Göttliche liegt gerade im Appell an die ursprünglichen moralischen geistigen Intuitionen. Hat man aber das Geistige erfaßt, dann kann man auch die Kräfte entfalten, um von da ausgehend das Geistige in den weiteren Gebieten des Weltendaseins zu erfassen. Und das ist der gerade Weg von den moralischen Intuitionen zu den anderen geistigen Inhalten.

In meiner Schrift «Wie erlangt man Erkenntnisse der höheren Welten?» habe ich darzustellen versucht, daß sich aufbaut die Erkenntnis der übersinnlichen Welten aus imaginativem, inspiriertem, intuitivem Erleben, allmählich aufbaut. Schaut man auf die äußere Natur, so kommt man zur Imagination, später zur Inspiration und zuletzt zur Intuition. In der moralischen Welt ist es anders. Kommt man da zur Bildlichkeit, zu Imaginationen überhaupt, so hat man an den Imaginationen zugleich die Fähigkeit entwickelt, moralische Intuitionen zu haben. Schon auf der ersten Stufe erringt man sich das, was dort erst auf der dritten Stufe erlangt wird. In der moralischen Welt folgt auf äußere Wahrnehmung gleich die Intuition. Bei der Natur aber folgen dazwischen noch zwei andere Stufen. So daß man also gar nicht anders kann, wenn man nicht phrasenhaft, sondern in ehrlicher Wahrheit auf moralischem Gebiet von Intuitionen gesprochen hat, als sie als etwas rein Geistiges anzuerkennen. Dann aber muß man fortarbeiten, um auch das andere Geistige zu finden. Denn qualitativ hat man in der moralischen Intuition dasselbe ergriffen, was man dann für die natürliche Entwickelung mit einem Inhalt erfüllt, meinetwillen mit der Geheimwissenschaft.

Aber in einem solchen Gang besteht eben das, was wir nötig haben, meine lieben Freunde. Wir brauchen auf der einen Seite ein volles Eingeständnis dessen, daß die äußere Wissenschaft notwendigerweise nur das Materielle umfassen kann, daher bei der Anschauung des Materiellen nicht nur Materialismus, sondern auch Phänomenalismus bleiben muß. Aber gearbeitet muß daran werden, daß das, was die Naturwissenschaft zum toten Denken macht, wiederum lebendig wird. Und so wird, ich möchte sagen, auf einer etwas höheren Stufe ein Bibelwort lebendig. Ich will nicht in sentimentaler Weise meine Auseinandersetzungen mit Bibelworten durchspicken, sondern ein solches nur gebrauchen, um manche Dinge zu verdeutlichen. Warum haben wir heute keine wirklichen Philosophien mehr? Weil das Denken, wie ich es charakterisiert habe, eigentlich gestorben ist. Daher sind die Philosophien, wenn sie sich bloß auf das gestorbene Denken stützen, von vornherein tot. Sie leben nicht. Und wenn einer wirklich einmal etwas Lebendiges in der Philosophie sucht, wie *Bergson,* so wird doch nichts daraus, weil er zwar nach dem Lebendigen zappelt, es aber nicht fassen kann. Das Lebendige erfassen heißt: zuerst zum Schauen zu kommen. Was wir notwendig haben, um zu einem Lebendigen zu kommen, ist das, was wir nach unserem fünfzehnten Jahre hinzutragen können zu dem, was in uns gearbeitet hat vor dem fünfzehnten Jahre. Das wird nicht durch unseren Intellekt gestört. Wir müssen das, was da als selbsttätige, lebendige Weisheit in uns wirkt, hineintragen lernen in das abgestorbene Denken. Es muß mit Wachstumskräften und Realität durchdrungen werden. Deshalb möchte ich an dieses Bibelwort – und nicht aus Sentimentalität – anknüpfen: «So ihr nicht werdet wie die Kindlein, könnt ihr nicht in das Reich Gottes kommen.»

Es ist schließlich doch immer das Reich Gottes, das man sucht. Aber wenn man nicht wird wie das Kind vor der Geschlechtsreife, kann man nicht in das Reich Gottes kommen. Man muß Kindhaftigkeit, Jugendhaftigkeit hineinbringen in sein totes Denken. Dadurch wird es lebendig, dadurch kommt es auch wieder zu Intuitionen. Man möchte sagen, wir lernen aus der Urweisheit des Kindlichen heraus sprechen. Aus einer solchen Sprachwissenschaft, wie sie zum Beispiel *Fritz Mauthner* geschrieben hat, werden eigentlich nicht nur die moralischen Intuitionen mundtot gemacht, da wird eigentlich schon das ganze Reden über die Welt mundtot gemacht. Man sollte aufhören, über die Welt zu reden, weil Mauthner nachweist, daß alles Reden über die Welt nur aus Worten besteht und Worte keine Wirklichkeit ausdrücken können.

Ein solches Denken ist erst heraufgekommen seit dem ersten Drittel des neunzehnten Jahrhunderts. Nur überlegen sich die Leute nicht, was das wäre, wenn unsere Worte und Begriffe nicht bloß etwas bedeuteten, sondern selbst etwas sein würden. Dann wären sie nämlich nicht durchsichtig, dann würden sie wie getrübte Linsen vor unseren Augen das Sinnliche verdecken, sie würden uns alle Aussicht in die Welt zudecken. Da wäre etwas Schönes aus dem Menschen geworden, wenn er Begriffe und Worte hätte, die für sich selber etwas bedeuten! Dann würde er in ihnen steckenbleiben. Begriffe und Worte müssen durchsichtig sein, damit er durch sie zu den Dingen kommt. Notwendig ist eben, wenn man schon will, daß alles Reden über die Realitäten mundtot gemacht sei, daß wir eine neue Sprache lernen.

In dieser Form müssen wir wiederum in die Kindheit zurückgehen, indem wir eine neue Sprache lernen. Die Sprache, die wir lernen in den ersten Kinderjahren, sie wird allmählich, weil die toten intellektualistischen Begriffe hineindringen, ganz tot. Wir müssen sie wieder beleben. Wir müssen einen Einschlag finden in dasjenige, was wir denken, wie wir einen Einschlag gehabt haben, aus dem Unbewußten heraus, als wir sprechen lernten. Eine lebendige Wissenschaft müssen wir suchen. Wir müssen es natürlich finden, daß das Denken, das den Höhepunkt erreicht hat im letzten Drittel des neunzehnten Jahrhunderts, uns mundtot macht für die moralischen Intuitionen. Wir müssen lernen, den Mund aufzumachen, indem wir die Lippen bewegen lassen vom

Geiste. Dann werden wir wieder zu Kindern werden, das heißt, wir werden Kindheit hineintragen in das spätere Alter. Und das müssen wir. Wenn irgendeine Jugendbewegung eine Wahrheit haben und nicht nur Phrase sein will, so ist sie notwendigerweise Sehnsucht nach Öffnen des menschlichen Mundes durch den Geist, Sehnsucht nach Belebung der menschlichen Sprache durch den Geist, der aus der menschlichen Individualität entspringt. Man sieht, wie zuerst aus der menschlichen Individualität herausgeholt werden müssen die individuellen moralischen Intuitionen, und man wird sehen, wie als letzte Konsequenz daraus dasjenige hervorgeht, was eine wirkliche Geisteswissenschaft ist, was alle Anthropologie zu einer Anthroposophie macht.

SECHSTER VORTRAG

Stuttgart, 8. Oktober 1922

Sehr viele von Ihnen denken bei ihrem hiesigen Aufenthalt und bei aller Betätigung, die sie innerhalb dieses hiesigen Aufenthaltes jetzt entfalten wollen, vor allen Dingen an das Pädagogische; wohl nicht so sehr an das Schulpädagogische, wie man es gewöhnlich auffaßt, sondern an die Pädagogik, die sich ergibt, wenn man bedenkt, daß in unserer Zeit mancher neue Einschlag in die Entwickelung der Menschheit hineinkommen muß, daß alles Verhalten der älteren Generation gegenüber der jüngeren einen anderen Charakter annehmen muß, worüber man sich Vorstellungen bilden, Empfindungen entwickeln will. Man faßt gewissermaßen den Grundcharakter des Zeitalters als etwas Pädagogisches auf.

Ich will damit nur einen Eindruck schildern, der, wie ich glaube, sich bei vielen von Ihnen bemerken läßt. Man darf ja, wenn man überhaupt in einer solchen Art auf sein Zeitalter hinsieht, nicht nur die Beziehung ins Auge fassen zwischen der Generation, die in voller Jugendlichkeit in das Jahrhundert hereingetreten ist, und der älteren Generation, die noch etwas herübergetragen hat von dem letzten Drittel des neunzehnten Jahrhunderts, wie ich das in diesen Tagen charakterisiert habe, sondern man muß sich namentlich die Frage stellen: Wie wird man sich selber verhalten zu der Generation, die nachkommt und die ebenso wie die erste nach dem letzten Drittel des neunzehnten Jahrhunderts nicht mehr so stehen kann zu dem Nichts, das sich da ergeben hat, wie die früheren Generationen es noch konnten? Die kommende Generation wird nicht einmal dasjenige in sich haben, was die Gegenwart der jüngsten Generation, aus einer gewissen Oppositionsstellung gegen das Ältere, gegeben hat: die Begeisterung, allerdings nach einem mehr oder weniger Unbestimmten, aber doch wenigstens eine Begeisterung. Was sich weiter in der Menschheit entwickelt, wird viel mehr den Charakter eines Verlangens, einer Sehnsucht von unbestimmter Art haben, als das der Fall war bei jenen, die sich aus einer gewissen Oppositionsstellung gegenüber dem Herkömmlichen heraus Begeisterung holen konnten.

Und da wird es notwendig, noch tiefer als ich das schon getan habe, in die Menschenseele hineinzuschauen. Ich habe es ja schon etwas angedeutet, daß in der neuzeitlichen Entwickelung der Menschheit im Abendlande das Bewußtsein vom vorirdischen Seelendasein verlorengegangen ist. Wenn wir gerade diejenigen Vorstellungen nehmen, welche als religiöse der menschlichen Herzensentwickelung am nächsten stehen und die abgelaufenen Jahrhunderte der abendländischen Entwickelung ins Auge fassen, so müssen wir sagen: seit langem ist der Menschheit der Hinblick auf das Leben vor dem Herunterstieg in einen physischen Erdenleib verlorengegangen. Sie müssen sich für einen Augenblick eine Empfindung davon bilden, wie ungeheuer anders es ist, wenn man von dem Bewußtsein durchdrungen ist: mit dem Menschen ist etwas heruntergestiegen aus göttlich-geistigen Welten in den physischen Menschenleib hinein, hat sich mit dem physischen Menschenleib verbunden. Wenn man ein solches Bewußtsein ganz und gar nicht hat, so gibt das, vor allem dem heranwachsenden Kinde gegenüber, eine ganz verschiedene Empfindung.

Hat man ein Bewußtsein davon, so enthüllt uns das heranwachsende Kind vom ersten Lebensatemzuge an oder sogar noch früher etwas, was sich aus der geistigen Welt heraus offenbart. Da enthüllt sich etwas von Tag zu Tag, von Woche zu Woche, von Jahr zu Jahr. Das Kind, so angeschaut, wird zu einem Rätsel, dem sich der Mensch in einer ganz anderen Weise erschließt, als wenn er vermeint, nur der Entwickelung eines Wesens gegenüberzustehen, das mit der Geburt oder mit der Konzeption seinen Anfang genommen hat und das sich, wie man heute sagt, von diesem Ausgangspunkte, von diesem Keimausgangspunkte aus entwickelt.

Vielleicht verstehen wir uns noch besser, wenn ich Sie darauf aufmerksam mache, daß mit alledem die Grundempfindung zusammenhängt, die man dem Weltenrätsel gegenüber überhaupt hat. Sie wissen ja, daß in einer älteren Zeit diese Grundempfindung gegenüber dem Weltenrätsel mit dem paradigmatischen Wort ausgedrückt worden ist: «Mensch, erkenne dich selbst.» Es ist dieses Wort «Mensch, erkenne dich selbst» so ziemlich das einzige, welches auf das eigentliche Welträtsel in einer Art hindeutet, die gegenüber Einwänden standhält, die sich ergeben, wenn von einer Lösung des Weltenrätsels gesprochen wird. Ich will mich einmal in dieser Beziehung etwas paradox ausdrücken. Nehmen wir an, irgend jemand hätte etwas gefunden, was er eine Lösung des Weltenrätsels nennen kann. Was soll dann eigentlich die Menschheit von dem Zeitpunkte der Entwickelung an machen, wo dieses Welträtsel gelöst wäre? Sie würde alle Frische des Strebens verlieren, alle Lebendigkeit des Strebens würde ja aufhören! Es wäre eigentlich etwas außerordentlich Trostloses, sich sagen zu müssen, das Welträtsel sei erkenntnisgemäß gelöst, man brauche nur in dem einen oder anderen Buche nachzuschauen, da sei die Lösung gegeben.

Man kann eigentlich gar nicht einmal sagen, daß es nicht viele Menschen gäbe, die so über die Lösung des Weltenrätsels denken. Sie meinen, das Welträtsel sei eine Frage oder ein System von Fragen, das man mit Erklärungen oder Charakteristiken oder dergleichen beantworten müsse. Fühlen Sie aber das Ertötende einer solchen Anschauung! Man fühlt sich ja wirklich wie erstarrt bei dem Gedanken, da oder dort könnte es in diesem Sinne eine Lösung des Welträtsels geben, man könnte die Lösung des Welträtsels studieren. Das ist ein ganz furchtbarer, ein entsetzlicher Gedanke, demgegenüber alles Leben erfriert.

Aber was in dem Worte «Mensch, erkenne dich selbst» steckt, besagt etwas ganz anderes. Es besagt: Man sehe hin auf die Welt! Die Welt ist voller Rätsel, voller Geheimnisse, und jede geringste Regung im Menschen ist ein Hinweis auf die Geheimnisse des Kosmos im weitesten Sinne. – Man kann nun in aller Bestimmtheit darauf hinweisen, wo alle diese Rätsel gelöst sind, und für diesen Hinweis gibt es allerdings eine ganz kurze Formel. Man kann nämlich sagen: Alle Rätsel der Welt sind im Menschen gelöst – wieder im weitesten Umfange. Der Mensch selber, so wie er lebendig in der Welt herumläuft, ist die Lösung des Weltenrätsels! Man schaue in die Sonne und empfinde eines der Weltgeheimnisse. Man schaue in sich und wisse: die Lösung dieses Weltgeheimnisses liegt in dir selber. «Mensch, erkenne dich selber, und du erkennst die Welt.»

Indem man aber die Formel so ausspricht, deutet man sogleich darauf hin, daß die Antwort nirgends abgeschlossen ist. Der Mensch ist zwar die Lösung des Weltenrätsels; aber um den Menschen selber kennenzulernen, hat man wieder ein Unendliches in voller Lebendigkeit vor sich, und da wird man nie fertig. Wir wissen, wir tragen die Lösung des Weltenrätsels in uns. Aber wir wissen auch, daß wir mit dem, was wir in uns suchen können, niemals fertig werden. Wir wissen aus einer solchen Formulierung nur, daß uns nicht irgendwelche abstrakte Fragen aus dem Weltall gegeben werden, die dann ebenso abstrakt beantwortet werden, sondern wir wissen, daß das ganze Weltall eine Frage und der Mensch eine Antwort ist, daß ertönt hat das Fragewesen des Weltalls von Urzeiten bis zur Gegenwart, daß ertönt hat aus Menschenherzen die Antwort dieser Weltenfragen, daß aber das Fragen weitertönen wird bis in unendlich ferne Zeiten hinein und daß die Menschen wieder lernen müssen, Antworten zu leben bis in eine unendlich ferne Zukunft hinein. Wir werden nicht in pedantisch breiter Weise auf etwas gewiesen, was in einem Buche stehen könnte, sondern wir werden auf den Menschen selber gewiesen. In dem Satz aber: «Mensch, erkenne dich selbst» tönt uns aus den alten Zeiten, in denen Schule, Kirche und Kunststätte in den Mysterien vereinigt waren, etwas herüber, das uns hinweist auf etwas, wo man nicht aus Formulierungen gelernt hat, sondern aus jenem zwar zu entziffernden, aber nur in unendlicher Tätigkeit zu entziffernden Buch über die Welt. Und dieses Buch über die Welt heißt «Mensch»!

Erfaßt man den Reichtum dessen, was ich gestern auseinanderzusetzen versuchte, dann findet man eben, daß durch eine solche Wendung der Erkenntnisempfindung, durch die Art, wie man sich zur Erkenntnis verhält, der Funke des Lebens selber in alles erkennende Wesen des Menschen hineinschlägt. Und das ist es, was man braucht.

Wenn man sich die sittliche Entwickelung der Menschheit bis zu dem Zeitpunkte, wo sie problematisch geworden war, also bis zum ersten Drittel des fünfzehnten Jahrhunderts, vor die Seele stellt, so findet man, daß die mannigfaltigsten Antriebe in dem Menschen notwendig waren, um dasjenige zu befolgen, was ich gestern als gottgegebene Gebote charakterisiert habe. Wenn wir diese Antriebe, die bei den verschiedensten Völkerschaften in den verschiedensten Zeitaltern herrschend waren, vor unsere Seele stellen, finden wir eine große Reihe von inneren Impulsen, die sich alle dadurch ausdrücken, daß sie aus gewissen Lebensvoraussetzungen heraus wie Instinkte orientiert waren. Wir können die interessantesten Studien darüber machen, wie aus der Familie, aus dem Stamm, aus der Geschlechtsneigung, aus der Notwendigkeit, in äußeren Verbänden zusammenzuleben, aus der Verfolgung des Eigennutzes und so weiter die Impulse entstehen, die alten sittlichen Intuitionen zu befolgen.

Aber ebenso, wie die alten sittlichen Intuitionen sich in der geschichtlichen Entwickelung abgelebt haben, worauf wir gestern aufmerksam machen mußten, so haben alle diese Impulse auch für den einzelnen Menschen nicht mehr die impulsive Kraft, die sie einstmals hatten. Sie werden namentlich keine Kraft mehr haben, wenn diese selbsterarbeiteten sittlichen Intuitionen, von denen ich gestern gesprochen habe, nun wirklich im Menschen auftreten, wenn in der Weltentwickelung wirklich die einzelnen Individuen gewissermaßen aufgerufen werden, auf der einen Seite die moralischen Intuitionen in eigener Seelenarbeit selber zu finden, und auf der anderen Seite die innere Kraft, die Impulse zu erwecken, um diesen moralischen Intuitionen nachzuleben. Und da kommt man darauf, daß sich die alten sittlichen Impulse immer mehr und mehr verwandeln werden nach einer gewissen Richtung hin.

Wir sehen heute, nur verkannt und mißverstanden von dem größten Teil der zivilisierten Menschheit, zwei der allerwichtigsten sittlichen Impulse heraufziehen. Sie ziehen herauf in den Untergründen des Seelischen. Will man sie interpretieren, so kommt man gewöhnlich auf die verkehrtesten Ideen. Will man sie praktisch machen, so weiß man gewöhnlich nicht viel mit ihnen anzufangen; aber sie ziehen herauf. Es sind, in bezug auf das Innere des Menschen: der Impuls der sittlichen Liebe, und in bezug auf den Verkehr unter den Menschen: der sittliche Impuls des Vertrauens von Mensch zu Mensch.

So, wie sittliche Liebe schon in der allernächsten Zukunft für alles sittliche Leben notwendig sein wird, war sie weder in der Stärke noch in der Art in der Vergangenheit notwendig. Gewiß, auch für die älteren Zeiten galt der Spruch: «Lust und Liebe sind die Fittiche zu großen Taten.» Aber wenn man wahr sein will und nicht phrasenhaft, so muß man sagen: Jene Lust und Liebe, die die Menschen befeuert haben, um dieses oder jenes zu tun, waren nur eine Metamorphose jener anderen

Impulse, auf die ich vorhin hingewiesen habe. In Zukunft wird die reine große Liebe von innen heraus den Menschen beflügeln müssen zu dem, was Ausführung seiner sittlichen Intuitionen wird sein müssen; und diejenigen Menschen werden sich schwach und willenlos fühlen gegenüber den sittlichen Intuitionen, die nicht aus den Tiefen ihrer Seele heraus das Feuer der Liebe für das Sittliche entzünden, wenn ihnen durch ihre moralische Intuition die Tat, die geschehen soll, vor Augen steht.

Sehen Sie, wie sich da die Zeiten spalten. Das sieht man am besten aus einer Gegenüberstellung dessen, was, ich möchte sagen, als das Atavistische der alten Zeit so vielfach in die Gegenwart herüberspielt, und was auf der anderen Seite wie ein erstes Morgenrot erst in uns lebt. Sie haben ja oftmals gehört von jenem schönen Wort, das *Kant* über die Pflicht niedergeschrieben hat: «Pflicht! Du erhabener großer Name, der du nichts Beliebtes, was Einschmeichelung bei sich führt, in dir fassest, sondern Unterwerfung verlangst», und so weiter. Es war das Stärkste, was man an Charakteristik der Pflicht geben kann, an Charakteristik derjenigen Impulse, die eben hervorgehen aus dem, was ich vorhergehend geschildert habe. Da steht der Inhalt der Pflicht als eine von außen gegebene moralische Intuition da, und da steht auf der anderen Seite der Mensch dieser moralischen Intuition so gegenüber, daß er sich ihr zu unterwerfen hat. Sittlich wird es empfunden, wenn der Mensch so sich unterwirft, daß von einem inneren Wohlgefallen an der Befolgung der Pflicht nichts zu merken ist, sondern lediglich das Eisige da ist: Ich muß der Pflicht folgen.

Sie wissen ja, daß *Schiller* schon diesem Kantschen Worte von der Pflicht entgegengesetzt hat: «Gerne dien' ich den Freunden, doch tu' ich es leider mit Neigung, und so wurmt es mir oft, daß ich nicht tugendhaft bin.» So hat Schiller in ironischer Weise auf diesen kategorischen Imperativ geantwortet.

Sehen Sie, diesem sogenannten kategorischen Imperativ, wie er aus alten Zeiten, aus alten sittlichen Impulsen herüberkommt, steht gegenüber die Forderung an die Menschheit, aus den Tiefen der Seele heraus gerade die Liebe zu dem, was Handlung, was Tat werden soll, mehr und mehr zu entfalten. Denn in der Zukunft würde der Menschheit noch so oft entgegentönen können: Unterwirf dich der Pflicht, demjenigen, was gar keine Einschmeichelung bei sich führt – es würde nicht helfen! Geradesowenig, wie man im Alter von sechzig Jahren Säuglingsallüren entwickeln kann, ebensowenig kann man in einem späteren Momente der Menschheitsentwickelung so leben, wie es einem früheren Zeitalter der Menschheit angemessen war. Es mag ja sein, daß einem das besser gefällt. Aber darauf kommt es nicht an, sondern es kommt auf dasjenige an, was innerhalb der Entwickelung der Menschheit nötig und möglich ist. Man hat einfach nicht die Möglichkeit, darüber zu diskutieren, ob man das, was Kant als Epigone ältester Zeiten mit diesem Satz gesagt hat, in die Zukunft herübertragen soll. Man kann es nicht herübertragen, weil die Menschheit sich darüber hinwegentwickelt hat und sich so entwickelt, daß das Handeln aus Liebe den Impuls abgeben muß für die Menschheit der Zukunft.

So also gewinnen wir auf der einen Seite die Anschauung eines ethischen Individualismus, auf der andern Seite aber die Notwendigkeit, diesen ethischen Individualismus getragen zu wissen von der Liebe, die sich ergibt aus der Anschauung der zu realisierenden Tat. Das ist nach dem Subjektiven des Menschen hin gesehen.

Nach dem äußeren Verkehr, dem sozialen Leben hin gesehen stellt sich die Sache so dar: Da kommen heute Leute, in denen rumort etwas – jetzt allerdings nicht mehr durch eine fortlaufende Entwickelung der Menschheit, sondern durch allerlei äußerlich aufgenommene Meinungen – und die sagen: Ja, wenn man die Sittlichkeit auf die Individualität des Menschen begründen will, zerstört man das soziale Leben. – Eine solche Behauptung hat aber gar keinen Inhalt; sie ist etwa ebenso gescheit, als wenn einer sagen wollte: Wenn es in Stuttgart im Laufe von drei Monaten so und so oft regnet, so zerstört die Natur diese oder jene Dinge auf dem Felde. – Man kann nichts Inhaltloseres sagen, wenn man sich einer gewissen Erkenntnisverantwortlichkeit bewußt ist. In Anbetracht der Tatsache, daß die Menschheit sich nach der Richtung des Individualismus hin entwickelt, hat es gar keinen Sinn zu sagen, mit dem ethischen Individualismus zerstöre man die Gesellschaft. Es handelt sich vielmehr darum, jene Kräfte aufzusuchen, mit denen die weitere Entwickelung der Menschheit vor sich gehen kann, weil dies notwendig ist für die Entwickelung des Menschen im Sinne des ethischen Individualismus, unter dem die Gesellschaft zusammengehalten und erst recht belebt werden kann.

Eine solche Kraft ist das Vertrauen, das Vertrauen von Mensch zu Mensch. Gerade so, wie wir appellieren müssen für die ethische Zukunft, wenn wir in unser eigenes Innere hineinsehen, an die Liebe, so müssen wir appellieren, wenn wir auf den Verkehr der Menschen untereinander sehen, an das Vertrauen. Wir müssen dem Menschen so begegnen, daß wir ihn als das Weltenrätsel selber empfinden, als das wandelnde Weltenrätsel. Dann werden wir schon vor jedem Menschen die Gefühle entwickeln lernen, die aus den allertiefsten Untergründen unserer Seele heraus das Vertrauen holen. Vertrauen in ganz konkretem Sinn, individuell, einzelgestaltet, ist das Schwerste, was aus der Menschenseele sich herausringt. Aber ohne eine Pädagogik, eine Kulturpädagogik, die auf Vertrauen hin orientiert ist, kommt die Zivilisation der Menschheit nicht weiter. Die Menschheit wird gegen die Zukunft hin auf der einen Seite die Notwendigkeit empfinden müssen, alles soziale Leben auf das Vertrauen aufzubauen, aber sich auf der anderen Seite auch bekannt machen müssen mit jener Tragik, die darinnen liegt, wenn in der Menschenseele gerade das Vertrauen nicht in der entsprechenden Weise Platz greifen kann.

O meine lieben Freunde, was Menschen jemals auf dem Grunde ihrer Seele gefühlt haben, wenn sie enttäuscht worden sind von einem Menschen, auf den sie viel gebaut haben, alles das, was an solchen Gefühlen jemals im Laufe der Menschheitsentwickelung entfaltet worden ist, wird in Zukunft an Tragik noch überboten werden, wenn die Menschen, nachdem gerade das Vertrauensgefühl unendlich vertieft worden ist, in tragischer Weise Enttäuschungen an Menschen erleben werden. Das wird in der Zukunft das Bitterste im Leben werden, wenn man von Menschen wird enttäuscht werden. Es wird das Bitterste werden, nicht weil nicht auch bisher schon Menschen von Menschen enttäuscht worden sind, sondern weil in Zukunft die Empfindung der Menschen für Vertrauen und Enttäuschung sich in einer unermeßlichen Weise vertiefen wird, weil die Menschen unendlich viel bauen werden auf das, was in der Seele bewirkt wird aus dem Glück des Vertrauens auf der einen Seite und aus dem Schmerz des notwendigen Mißtrauens auf der anderen Seite. Ethische Impulse werden eben bis zu jenen Untergründen der Seele vordringen, wo sie unmittelbar aufsprießen aus dem Vertrauen von Mensch zu Mensch.

So wie die Liebe die menschliche Hand, den menschlichen Arm befeuern wird, damit er aus dem Inneren heraus die Kraft zur Tat hat, so wird von außen die Atmosphäre des Vertrauens in uns strömen müssen, damit die Tat den Weg von einem Menschen zum andern hin finde. Urständen wird müssen die Sittlichkeit der Zukunft in der aus den tiefsten Tiefen der Menschenseele frei gewordenen sittlichen Liebe, und das soziale Handeln der Zukunft wird eingetaucht sein müssen in das Vertrauen. Denn wenn menschliche Individualität der menschlichen Individualität in Sittlichkeit wird begegnen sollen, so wird vor allen Dingen notwendig sein diese Atmosphäre des Vertrauens.

So blicken wir auf eine Ethik, auf eine Moralanschauung der Zukunft, die wenig reden wird von demjenigen, was man immer als ethische Intuitionen alter Art charakterisiert hat, die aber stark reden wird davon, wie ein Mensch sich entwickeln muß von der Kindheit an, damit geweckt werde in ihm die Kraft der sittlichen Liebe. Und viel wird in der Zukunftspädagogik von Lehrenden und Erziehenden an die aufwachsende Generation überliefert werden müssen durch dasjenige, was in unausgesprochener Weise erzieherisch wirkt. Viel wird sich in Erziehung und Unterricht offenbaren müssen von jener Menschenerkenntnis, die nicht abstrakt aufzählt: Der Mensch besteht aus dem und dem, ist so und so –, sondern die in den anderen Menschen so hinüberführt, daß man zu ihm das richtige Vertrauen gewinnen kann.

Menschenkenntnis, aber nicht Menschenkenntnis, die uns den Mitmenschen gegenüber kalt macht, sondern die uns vertrauensvoll macht, muß der Grundnerv auch der Zukunftspädagogik werden. Denn es wird notwendig sein, auf eine neue Art ernst zu machen mit demjenigen, womit es einmal in der Menschheitsentwickelung ernst war, was aber nicht mehr ernst genommen wird im Zeitalter des Intellektualismus.

Selbst wenn Sie nur bis Griechenland zurückgehen, so werden Sie finden, daß zum Beispiel der Arzt sich in seiner ärztlichen Kunst außerordentlich verwandt fühlte mit dem Menschen, der einen priesterlichen Beruf ausübte, und die Priester fühlten sich in gewisser Weise verwandt mit dem Arzte. Etwas von solcher Gesinnung schimmert noch durch, wenn auch in etwas chaotischer Art, in der Persönlichkeit des *Paracelsus*, den man so wenig verstanden hat und heute noch so wenig versteht. Heute weist man der Sphäre des Religiösen jene abstrakte Unterweisung der Menschheit zu, in der eigentlich nur Anweisungen erteilt werden, die aus dem realen Leben herausführen; denn in der religiösen Unterweisung spricht man zu den Menschen über das, was der Mensch ist, wenn er keinen Leib hat und dergleichen, in einer ungemein lebensfremden Weise. Demgegenüber steht der andere Zivilisationspol, indem alles andere, was diese Zivilisation hervorbringt, möglichst weit von dem Religiösen abgerückt wird.

Wer sieht denn zum Beispiel heute noch im Kurieren, im Heilen eine religiöse Handlung, eine Handlung, bei der das Durchdrungensein mit Geistigkeit eine Rolle spielt? Paracelsus hat das noch gespürt. Für ihn setzte sich das Religiöse noch bis in die Heilwissenschaft hinein fort. Ein Zweig des Religiösen war für ihn die Heilwissenschaft. Das war in alten Zeiten so. Da war der Mensch noch ein Ganzes, weil dasjenige, was er im Dienste der Menschheit zu tun hatte, von religiösen Impulsen durchdrungen war. Wir müssen – allerdings auf eine andere Art: durch selbsterarbeitete, nicht gottgegebene moralische Intuitionen – wiederum dazu kommen, daß alles Leben von diesem religiösen Zug durchdrungen wird. Das aber wird zu allererst auf dem Gebiete der Erziehung und des Unterrichts sichtbar sein müssen. Vertrauen von Mensch zu Mensch – das ist die große Zukunftsforderung – muß das soziale Leben durchziehen.

Wenn wir uns fragen: Was benötigst du am meisten, wenn du in Zukunft ein sittlicher Mensch sein willst? so können wir nur die Antwort geben: Menschenvertrauen mußt du haben. – Wenn nun das Kind in die Welt hereintritt, das heißt, wenn der Mensch aus dem vorirdischen Dasein kommt und mit seinem physischen Leib sich vereint, um diesen auf der Erde zwischen Geburt und Tod als Werkzeug zu gebrauchen, wenn der Mensch, uns so deutlich sein Seelisches offenbarend, als Kind uns entgegentritt, wie ist dann das, was wir ihm entgegenbringen müssen als Menschenvertrauen? So gewiß auf der einen Seite das Kind schon bei der ersten Regung auf Erden ein Mensch ist, so gewiß ist das, was wir ihm als Menschenvertrauen entgegenbringen, doch noch etwas anderes als dasjenige, was wir etwa gleichaltrigen Menschen entgegenbringen. Wenn wir ihm als Erzieher oder als Angehöriger der älteren Generation entgegentreten, so verwandelt sich das Menschenvertrauen in einer gewissen Weise. Das Kind tritt ins irdische Dasein aus einem seelisch-geistigen vorirdischen Dasein. Aber das, worauf wir hinschauen, was sich auf eine befriedigende Art von Tag zu Tag aus der Welt des Seelisch-Geistigen in der Durchdringung des Physischen offenbart, ist doch das Walten dessen – wenn wir den Ausdruck im richtigen modernen Sinne gebrauchen –, was wir das Göttliche nennen können.

Wir brauchen wieder das Göttliche, durch das der Mensch aus dem vorirdischen Dasein hineingeführt worden ist in die Gegenwart, wie er im irdischen Dasein durch seine irdische Leiblichkeit weitergeführt wird. Indem wir in der Sphäre des Sittlichen sprechen von Menschenvertrauen, müssen wir es, sobald wir von demjenigen Sittlichen sprechen, das Erziehung und Unterricht darstellen, spezialisieren und sagen: dem Kinde, das uns die göttlich-geistigen Kräfte heruntergeschickt haben, dem wir als diejenigen gegenüberstehen, die die Rätsellöser sein sollen, stehen wir gegenüber mit Gottvertrauen. Ja, dem Kinde gegenüber verwandelt sich das Menschenvertrauen sogar in Gottvertrauen. Und in der zukünftigen Entwickelung der Menschheit wird dasjenige, was, ich möchte sagen, auf eine mehr neutralisierte Art von Mensch zu Mensch wirkt, von selbst eine religiöse Nuance annehmen, wenn es sich auf das Kind oder überhaupt auf die jüngeren Menschen bezieht, die erst noch in ihrer Entwickelung in die Welt hereingeleitet werden sollen. Da sehen wir, wie unmittelbar im irdischen Dasein die Sittlichkeit zurückverwandelt wird in eine Religiosität, die sich im gewöhnlichen Leben auslebt. Wir können mit Recht davon sprechen, daß in alten Zeiten alles sittliche Leben nur ein Spezialfall des religiösen Lebens ist, da eigentlich in den religiösen Geboten zu gleicher Zeit die sittlichen Gebote mit gegeben waren.

Mit solchen Dingen ist die Menschheit durch das Zeitalter der Abstraktion hindurchgegangen. Jetzt muß sie aber wieder eintreten in das

Zeitalter der Konkretheit. Jetzt muß sie wieder in einem bestimmten Punkte spüren, wie das Sittliche zum Religiösen wird. Und zu einem Religiösen in einem modernen Sinne werden in Zukunft sich diejenigen sittlichen Taten gestalten müssen, die die unterrichtenden und erzieherischen sittlichen Taten sind. Denn die Pädagogik, meine lieben Freunde, ist nicht eine bloß technische Kunst. Die Pädagogik ist im wesentlichen auch ein Spezialkapitel des sittlichen Handelns des Menschen. Nur derjenige, welcher innerhalb der Sittlichkeit, innerhalb der Ethik die Pädagogik findet, findet sie auf die rechte Weise.

Was ich hier als eine besondere religiöse Nuance der Sittlichkeit schilderte, bekommt im Grunde genommen die richtige Färbung dadurch, daß man sich sagt: In rätselvoller Art stellt sich das Leben vor uns hin. Die Lösung des Rätsels finden wir, wenn wir die Antwort im Wesen des Menschen suchen. – Da liegt sie auch. Aber der Erzieher ist vor die Notwendigkeit gestellt, an der Lösung dieses Rätsels in lebensvoller Art fortwährend zu arbeiten. Wenn man so empfinden lernt, wie man im Erziehen und Unterrichten fortwährend an der Lösung des Welträtsels arbeitet, dann stellt man sich ganz anders in die Welt herein, als wenn man bloß in seinem Kopfe allerlei Lösungen des Welträtsels sucht.

Um was es sich bei jener Empfindung von Pädagogik, mit der Sie vielleicht hierher gekommen sind, handelt, das ist, daß Sie diesen besonderen Charakter der Pädagogik als Empfindung mit hinwegtragen in die Welt. Diese Empfindung wird Sie so in die Welt hineinstellen können, daß Sie nicht nur auf die eine Seite schauen und fragen werden: Welche Tragik hat sich für die Jugend ergeben, die sich an die Alten anschließen mußte? – Sondern Sie werden auch, in die Zukunft blickend, fragen: Welche lebendigen Kräfte muß ich in mir aufschließen, damit ich richtig auf diejenigen hinsehen kann, die nachkommen? – Denn die werden wieder zurücksehen auf diejenigen, die schon da waren. Alles, was in irgendeiner Form Jugendbewegung ist, wenn es mit voller Verantwortlichkeit hineinsieht in das Leben, muß einen Januskopf haben, muß nicht nur hinschauen können auf die Forderungen, die man gegenüber den Älteren hat, sondern muß auch hinschauen können auf die noch unbestimmten Forderungen, die mit Riesengewalt an uns heranstürmen, welche die kommende Jugend an uns stellen wird. Nicht nur Opposition gegen die Alten machen, sondern auch schöpferisch nach vorne blicken: das ist das richtige Geleitwort für wahre Jugendbewegung. Die Opposition mag zunächst ein Antrieb zur Begeisterung gewesen sein. Wirkenskraft wird nur geben der Wille zum Schaffen, zum schöpferischen Gestalten innerhalb der jetzigen Menschheitsentwickelung.

SIEBENTER VORTRAG

Stuttgart, 9. Oktober 1922

Gestern versuchte ich darauf hinzuweisen, wie die Sehnsucht, von welcher der junge Mensch heute durchdrungen sein kann, in einer gewissen Beziehung etwas Januskopf-artiges haben müsse. Zunächst erscheint diese Sehnsucht von einer Begeisterung durchdrungen, die aus der Opposition kommt. Aber so stark auch diese Empfindung bei der Jugend im Beginne des zwanzigsten Jahrhunderts Gegenwart atmet, können wir heute doch schon sagen: Wer eine Empfindung hat für die gekennzeichnete Sehnsucht, der wird finden, daß dieser Gegensatz heute schon nicht mehr in vollem Maße vorhanden ist. Dies wird vielleicht von vielen Seiten, insbesondere von der Jugend selber, noch nicht unbefangen zugegeben werden. Aber ich denke doch, daß damit auf etwas sehr Bedeutungsvolles hingewiesen ist.

Die Generation, welche im Beginne des zwanzigsten Jahrhunderts vor der Weltentwickelung gerade so stand, daß sie dieses hier charakterisierte «Stehen vor dem Nichts» als eine tiefste menschliche Empfindung hatte, war ja tatsächlich etwas ganz Neues in der Menschheitsentwickelung. Heute steht die Sache schon wiederum so, daß diese Empfindung mit mancher Enttäuschung rechnen muß, die ihr aus ihren eigenen Untergründen heraus bereitet worden ist.

Die vollen flatternden Segel, die man etwa vor zwanzig Jahren beobachten konnte, kann man heute nicht mehr beobachten. Und es ist nicht allein das furchtbare Ereignis des sogenannten Weltkrieges, welches diese Segel etwas schlaffer gemacht hat. Es ist durchaus so, daß auch in der Jugend von innen heraus gewisse Erlebnisse aufgestiegen sind, welche ihre ursprüngliche Empfindung wesentlich modifiziert haben. Eines wurde ja im Beginne des zwanzigsten Jahrhunderts mit aller Wucht deutlich an den Empfindungen, die den schon an Jahren älter gewordenen, aber im Innern nicht alten Menschen entgegenkamen: Es wurde nicht mit deutlichen Worten ausgesprochen, aber es lag in manchen Dingen dem Wortlaut nach, ich möchte sagen hindeutend, in der Jugend etwas, was ich nennen möchte eine entgegengesetzte Müdigkeit.

Ich stelle da einen Begriff vor Sie hin, der etwas präzis bezeichnen möchte, was schwer präzis zu bezeichnen ist. Es ist auch aus dem Grunde schwer präzis zu bezeichnen, weil das, was ich eigentlich meine, vielleicht doch nur für jene ganz verständlich ist, welche die Jugendbewegung in einem gewissen Wachsein durchlebt haben, während ein großer Teil der Menschheit diese Jugendbewegung nicht wachend, sondern im wesentlichen schlafend durchlebt hat. Für viele Menschen redet man heute, wenn man spricht, wie ich in den vorangehenden Tagen gesprochen habe, doch eigentlich von etwas, das ihnen ganz fern liegt, das sie im Grunde genommen ganz verschlafen haben und demgegenüber sie sich auch heute noch außerordentlich schläfrig verhalten.

Eine entgegengesetzte Müdigkeit, sagte ich. Im gewöhnlichen Leben ist es ja so, daß nicht nur das Regsamsein zum organischen Dasein gehört, sondern auch das Ermüdetsein nach getaner Arbeit etwas ist, was eben notwendig zum Leben dazugehört. Man muß nicht nur müde werden können, sondern man muß auch wirklich von Zeit zu Zeit Ermüdung in sich herumtragen können. Es ist ganz gewiß nicht gesund, wenn wir den Tag so zugebracht haben, daß wir abends nur darum einschlafen, weil es eben Gewohnheit ist, sich abends schlafen zu legen. Es ist das ganz gewiß weniger gesund, als wenn wir abends das ordnungsmäßige Maß von Ermüdung haben und diese Ermüdung uns, ich möchte sagen, in normaler Weise in den Schlafzustand hineintreibt. So ist auch das Ermüdet-werden-Können gegenüber denjenigen Erscheinungen, die uns im Leben entgegentreten, etwas, was sein muß.

Ich habe oftmals, wenn zum Beispiel über die Pädagogik gesprochen wurde, gehört, man müsse eine Pädagogik haben, welche für die Kinder das Lernen zum Spiele macht, das Kind müsse in der Schule lauter Freude haben. Die so reden, sollten nur einmal versuchen, wie sie das zustandebringen, daß die Kinder lauter Freude in der Schule erleben, immerfort lachen können, daß das Lernen für sie ein Spiel ist und sie dennoch etwas lernen. Es ist nämlich diese pädagogische Anweisung die allerbeste, um es gründlich dahinzubringen, daß nichts gelernt wird.

Das Richtige ist, daß man als Erzieher imstande ist, auch dasjenige, was dem Kinde nicht Freude macht, sogar im Augenblicke vielleicht große Mühen und Schmerzen macht, so zu behandeln, daß das Kind sich dem in einer selbstverständlichen Weise unterzieht. Man kann sehr leicht sagen, was man dem Kinde beibringen soll. Aber durch ein bloßes Im-Spielen-Lernen kann dem Kinde die ganze Kindheit verdorben werden. Denn es ist notwendig, daß der Mensch auch seelisch durch gewisse Dinge ermüdet, daß sie also Mühe erzeugend sind. Man muß sich so ausdrücken, auch wenn es pedantisch klingt. Ermüdung gab es für die jungen Leute auch in jenen Zeiten, in denen sie sich zu einem gewissen Wissen, zu einer gewissen Erkenntnis wie zu einem Lebendigen hinaufranken mußten, in den Zeiten, in denen diejenigen, die schon etwas wußten, vor den jungen Leuten, die lernen wollten, noch wie eine Art verkörperten Ideals standen. Ermüdung war auch da vorhanden.

Ich weiß nicht, meine lieben Freunde, ob jetzt nicht solche unter Ihnen sind, die den eben ausgesprochenen Satz mit einer leisen Skepsis begleiten. Jedenfalls gibt es in der Gegenwart sehr viele Leute, die diesen Satz mit einiger Skepsis begleiten würden. Denn wenn da behauptet wird: Es standen einmal diejenigen, die etwas wußten, wie eine Art verkörperten Ideals vor denjenigen, die etwas lernen wollten, – so wird manchen diese Idee als etwas Unrealisierbares erscheinen. Es ist ja in der Gegenwart fast nicht zu denken, daß man zu jemand wie zu einer Art verkörperter Erkenntnis, verkörperten Wissens hinschaut, dem man wie einem persönlichen Ideale nachstrebt. Und dennoch war, von alten Zeiten ganz abgesehen, dieses Gefühl auch noch im späteren Mittelalter in hohem Maße vorhanden. Uns sind jene wunderbaren, befeuernden und das Leben mit wirklichen seelischen Neubildungskräften durchziehenden Verehrungsgefühle, die selbst im späteren Mittelalter noch vorhanden waren, zum großen Teile verlorengegangen. Weil der Drang, der einstmals die Menschen für die Wissenschaft befeuerte, nicht mehr da war, konnte die Jugend an dem Studium gewissermaßen nicht einmal mehr richtig ermüden. Wollte ich mich konkreter ausdrücken, so müßte ich sagen: Die Wissenschaft war zu etwas geworden, was nicht in den Menschenköpfen lebte, sondern in den Bibliotheken aufgehoben wurde. Die Wissenschaft war allmählich etwas geworden, was man eigentlich gar nicht mehr haben wollte. Daher ermüdete man nicht mehr an ihr. Weil man sich gar nicht von dem Drange nach ihr durchzogen fühlte, ermüdete man nicht mehr an ihr. Es fehlte einem die Möglichkeit, an der zu erringenden Erkenntnis zu ermüden.

Dadurch bekam dasjenige, was die Jugend gerade um die Wende des neunzehnten zum zwanzigsten Jahrhundert durchzog, einen ganz besonderen Charakter: den Charakter, den die Lebenskraft eines Menschen hat, der sich abends ins Bett legt, nicht ermüdet ist und sich daher herumwälzt und nicht weiß, warum er sich wälzt. Nicht, daß ich mit diesen Worten irgend etwas Abfälliges sagen will, denn ich bin gar nicht der Ansicht, daß diese Kräfte, die da abends in dem Menschen sind, der sich im Bette herumwälzt, weil er nicht müde geworden ist, ungesund sind. Es sind ganz gesunde Lebenskräfte, nur passen sie nicht in die Situation hinein. – So war es in gewissem Sinne mit den Kräften, welche die Jugend um die Wende des neunzehnten, zwanzigsten Jahrhunderts beherrschten. Es waren recht gesunde Kräfte, aber Kräfte, für die nichts in der Welt da war, um ihnen eine Richtung zu geben. Die Jugend hatte nicht mehr den Drang, diese Kräfte an dem, wovon die Alten sprachen, zu ermüden. Aber Kräfte können gar nicht in der Welt sein, ohne daß sie sich betätigen, und so konnte man in der angegebenen Zeit eine Unsumme von Kräften sehen, die sich nach Tätigkeit sehnten und keine Orientierungslinie fanden, und diese Kräfte kamen auch zum Beispiel bei der studierenden Jugend heraus.

Seit dem ersten Drittel des fünfzehnten Jahrhunderts hat eben alles Erkenntnisstreben aus der Intellektualität heraus einen ganz bestimmten Charakter angenommen: der Mensch soll sich an etwas hingeben, was man zwar Wissenschaft nennt, was aber eigentlich den Menschen wenig berührt, ihn wenig angeht. Heute kann man nicht mehr nachfühlen, was für eine Menschlichkeit etwa noch in einer Schrift des zwölften oder dreizehnten Jahrhunderts waltet. Damit soll natürlich nicht gesagt werden, man müsse zu dem Glauben an das zurückkehren, was in den Schriften des zwölften und dreizehnten Jahrhunderts steht. Den Forderungen bestimmter Kirchen in dieser Richtung wollen wir ganz gewiß nicht nachkommen.

Es ist aber gar nicht möglich, sich mit demselben Grade von Gleichgültigkeit, mit dem man sich heute etwa in die Darstellungen eines biologischen oder anderen Werkes einarbeitet, in das zu vertiefen, was zum Beispiel *Albertus Magnus* zu seiner Zeit niedergeschrieben hat. Auf diese Weise kann man das gar nicht kennen lernen. Da muß man schon das Buch in die Hand nehmen und ihm so gegenübersitzen, wie wenn man einem anderen Menschen gegenübersäße, wo man auch nicht gleichgültig – wie man sagt «objektiv» – hinnimmt, was der sagt, sondern wo das Innere, das Seelische engagiert wird, wo es auf und ab wogt, weil es sich regt und in Bewegung ist. Man tut mit seinem Seelischen mit, auch wenn man das trockenste Kapitel der damaligen Zeit, des Albertus Magnus zum Beispiel, liest. Ganz abgesehen davon, daß da die scheinbar abstraktesten Dinge noch mit der Kraft des bildhaften Ausdrucks behandelt werden, und daß man sich eigentlich beim Lesen, auch wenn allgemeinste Ideen behandelt werden, in einer solchen Regsamkeit fühlt, als ob man – seelisch meine ich – mit Schaufel und Spaten arbeiten würde. Ganz abgesehen von dieser schönen menschlichen Regsamkeit, in die man gebracht wird, ist durch die Bildhaftigkeit dafür gesorgt, daß der Erkennende mit seinem Erkennen bei demjenigen, was er da abhandelt, vertrauend dabei ist.

Es war wahrhaftig für solche Leute nicht gleichgültig, ob sie bei ihrem Suchen irgend etwas fanden, wovon sie meinten, daß es Gott gefallen könnte, oder ob es ihm mißfallen müsse. Und wer sich einmal den Unterschied vergegenwärtigt zwischen dem Bilde, das ein Albertus Magnus als der große Erkennende des Mittelalters darbietet, und einem bedeutenden unter den Geistern, die das neunzehnte Jahrhundert vorbereitet haben, zum Beispiel *Herbart* – ich könnte ebensogut einen anderen nennen, aber Herbart hat einen großen Einfluß auf die Pädagogik bis in das letzte Drittel des neunzehnten Jahrhunderts hinein gehabt –, dem stellt sich Albertus Magnus überall in einer Art von feuerglänzender Wolke dar. Wenn Albertus Magnus sich der Erkenntnis hingibt, so ist es, wie wenn etwas in ihm aufleuchtet oder abglimmt. Man fühlt ihn wie in einer feurigen, glänzenden Wolke, und wenn man die Fähigkeit hat, sich in eine solche Seele hineinzuversetzen, kommt man nach und nach selber in dieses Feuer hinein. Wenn es auch für die heutige Seele antiquiert ist, man fühlt bei Albertus Magnus, daß es nicht gleichgültig ist, wenn man sich in Sittliches vertieft, es aufschreibt, es ausspricht oder auch nur durchdenkt, ob man dabei einem göttlich-geistigen Wesen sympathisch oder antipathisch wird. Dieses Gefühl, ob man da sympathisch oder antipathisch wird, spielt immer mit.

Wenn man sich dagegen vertieft in die Art und Weise, wie bei Herbart objektiv-wissenschaftlich die fünf sittlichen Ideen abgehandelt werden: innere Freiheit, Vollkommenheit, Wohlwollen, Recht, Vergeltung, ja, da ist es nicht eine Wolke, die einen wie mit Wärme und Kälte umfängt, sondern es ist etwas, was einen nach und nach zum Erfrieren bringt, was eben objektiv bis zur Frostigkeit wird. Und das ist ja die Stimmung, die sich in alles Erkenntniswesen hineingeschlichen und ihre Kulmination erlangt hat mit dem Ende des neunzehnten Jahrhunderts.

So gab man sich allmählich allem Erkenntniswesen in einer Weise hin, die einem auch äußerlich stark entgegentrat. Man erlebte diejenigen, die einem als Erkennende vorgestellt wurden, sozusagen nur noch auf dem Katheder. Ich weiß nicht, ob andere, die so alt geworden sind wie ich, Ähnliches wie ich erlebt haben. In den neunziger Jahren des vorigen Jahrhunderts hatte ich immer wieder Veranlassung zu einem fürchterlichen Ärger. Da war ich in mancherlei gelehrte Gesellschaften gekommen. Immer wieder hatte ich das Bedürfnis, an solchen gelehrten Gesellschaften Freude zu haben, und es lag mir nahe, dort von dieser oder jener Frage zu sprechen. Ich freute mich darauf, zum Beispiel wieder einmal vom Unterschied von Epigenesis und Evolution zu sprechen. Wenn man aber mit so etwas anfing, dann hieß es sehr bald: Nein, mit der Fachsimpelei wird es nichts. – Man durfte nur ja nicht irgend etwas reden, was sich damals den Ruf der Fachsimpelei erworben hatte. Man erlebte den Erkennenden nur auf dem Katheder und er war, wenn er vom Katheder hinunterstieg, nicht derselbe, er war ein anderer. Er legte dann so etwas an, daß er von allem möglichen redete, nur nicht von dem, was sein Fach war. Kurz, das wissenschaftliche Treiben wurde so objektiv, daß diejenigen, die irgendein Fach hatten, auch ihr Fach sehr objektiv behandelten und vor allem einmal den Menschen anziehen wollten, wenn sie nicht nötig hatten, ihr Fach zu behandeln. Damit kann man dann noch andere Empfindungen verbinden. Was ich eben gesagt habe, war nur zur Verdeutlichung, aber ich will auf den eigentlichen Kern der Sache noch auf eine andere Art hindeuten.

Der Lehrer kann das, was er halbwegs gelernt hat, so oder so an die Jugend heranbringen. Man erlebt zum Beispiel, daß einer, der etwas an die Jugend heranbringen will, mit einem Notizbuch oder sogar mit einem gedruckten Buche, das nicht von ihm ist – vielleicht enthält auch das Notizbuch manchmal Dinge, die nicht von ihm sind, ich will das aber nicht voraussetzen –, vor seiner Klasse steht und wacker aus diesem Buche heraus drauflos unterrichtet. Dabei setzt man nun wirklich voraus, daß es keine übersinnliche Welt gibt.

Aber wie kommt man denn dazu, zu sagen, daß, wenn einer zu dem Unterrichte mit einem Heft oder mit einem Buche in der Hand geht, er damit die Voraussetzung macht, daß es keine übersinnliche Welt gibt? Auch da hat Nietzsche einen sehr interessanten Lichtblitz gehabt, wie er so manche andere hatte. Er hat darauf aufmerksam gemacht, daß in jedem Menschen ein anderer darinnensteckt. Man nimmt das als eine poetische Formel hin, aber das ist es nicht. In jedem Menschen steckt ein anderer! Der ist oft viel gescheiter als der andere, der in Erscheinung tritt. Beim Kinde ist er zum Beispiel unendlich viel weiser. Er ist eine übersinnliche Realität. Er ist im Menschen darinnen; und wenn man vor einer Klasse sitzt und meinetwillen dreißig Schüler hat und mit Hilfe eines Buches oder Heftes lehrt, dann wird man vielleicht diese dreißig Schüler dazu trainieren können, daß sie das mit ihrem offenbaren Menschen als etwas Natürliches anschauen; aber alle dreißig verborgenen Menschen, die da vor einem sitzen – dessen kann man ganz sicher sein – urteilen anders. Die verborgenen Menschen sagen: Der will mir etwas beibringen, was er selber in diesem Momente erst ablesen muß. Ich möchte einmal wissen, wozu ich das wissen soll, was der im Momente erst abliest. Es ist ja gar keine Veranlassung für mich, das zu wissen, was der erst abliest. Er weiß es selber nicht, sonst würde er sich nicht mit dem Buche so dahinstellen. Ich bin noch so jung und soll schon wissen, was er, der soviel älter ist, selber nicht weiß und mir vorlesen muß!

So muß man die Dinge konkret fassen. Von einer übersinnlichen Welt sprechen, heißt ja nicht, sich in phantastischer Mystik zu ergehen und von Dingen zu reden, die einem – ich sage das in Gänsefüßchen – «verborgen» sind, sondern von übersinnlichen Welten reden heißt gerade dem Leben gegenüber von den wirklichen Realitäten sprechen. Man spricht schon von den wirklichen Realitäten, wenn man so spricht, wie die dreißig Unsichtbaren zu dem Lehrer der dreißig Sichtbaren gesprochen haben. Die genieren sich vielleicht nur aus Gehorsam, es laut herauszusagen. Geht man in sein Stübchen und denkt über die Sache nach, so kommt einem das gar nicht so dumm vor; man kann die Aussagen dieser dreißig Unsichtbaren, Übersinnlichen nur als etwas ganz Vernünftiges ansprechen.

Man muß sich also darüber klar sein, daß in der jugendlichen Individualität, die vor jemandem, der lehren oder erziehen soll, sitzt, gar manches für die äußere Anschauung recht Verborgenes vor sich geht. Und so entstand jene tiefe Aversion dem gegenüber, was überhaupt auf diese Art an einen herankam. Denn natürlich, man konnte ja zu einem Menschen nicht sehr viel Vertrauen haben, der dem andern Menschen in einem aus einem so objektiv gewordenen wissenschaftlichen Betrieb heraus gegenübertrat, wie es am Ende des neunzehnten Jahrhunderts allmählich üblich geworden war. So fühlte man in seinem Innern eine tiefe Antipathie, ging an dasjenige, was einen als Mensch durch das Leben tragen sollte, gar nicht mehr heran und konnte daher auch nicht mehr daran ermüden. Man wollte dasjenige, woran man hätte ermüden können, gar nicht mehr haben. Und so wußte man mit den Kräften, die zum Ermüden hätten führen können, nichts mehr anzufangen.

Solche Menschen, wie sie an der Wende des neunzehnten zum zwanzigsten Jahrhundert in der Jugendbewegung waren, hat man auch noch auf einem anderen Boden antreffen können. Nur waren sie da physisch manchmal nicht jung, sondern oft sehr alt. Man konnte sie noch antreffen in Bewegungen wie der theosophischen. Es waren zahlreiche Menschen darin, die nicht mehr jung waren, und die doch gegenüber dem, was ihnen die zeitgenössische Erkenntnis gab, ein ähnliches Empfinden hatten wie die Jugend. Sie wollten die zeitgenössische Erkenntnis nicht haben, weil sie an ihr nicht mehr ermüden konnten. Während die Jugend aus diesem Nicht-ermüden-Können heraus – verzeihen Sie den Ausdruck – tobte, suchten viele Theosophen in ihrer Theosophie ein Schlafmittel, eine Art Opium. Denn was in theosophischen Büchern steht, ist zum großen Teil seelisches Schlafmittel. Man lullte sich wirklich ein. Man beschäftigte den Geist; aber sehen Sie nach, wie man ihn oftmals beschäftigte: indem man die tollsten Allegorien erfand! Es war für eine empfindende Menschenseele zum Aus-der-Haut-Fahren, alles dasjenige zu hören, was die Leute an Erklärungen für alte Mythen und Sagen erfanden, was da alles an Allegorien und Symbolen erdacht wurde! Seelisch-biologisch gesehen waren das alles Schlafmittel. Eigentlich wäre es ganz gut, einmal in Parallele zu setzen die Art des Sichherumwälzens nach dem Verbringen eines unermüdenden Tages und die Art, sich durch ein Schlafmittel für die eigentliche Regsamkeit des Geistes abzulähmen.

Was ich Ihnen da schildern muß, sind nicht Theorien. Es sind Stimmungen des Zeitalters, und man muß sich in diese Stimmungen durchaus hineinfinden, indem man die Dinge von den verschiedensten Seiten anschaut. Außerordentlich signifikant ist dieses Nicht-ermüden-Können an der Wende des neunzehnten, zwanzigsten Jahrhunderts. Ja, das aber führt dazu, daß eigentlich nichts Rechtes gefunden werden konnte, denn die menschliche Entwickelung war eben an jenem Punkte angelangt, wo man zwar recht begeistert wiederholen konnte: Wir wollen nichts Äußeres an uns herankommen lassen, wir wollen alles aus unserem Innern herausentwickeln, wir wollen durch die Welt wandern und warten, bis aus unserem Innern selber herauskommt, was nicht mehr Eltern und Lehrer und auch nicht mehr die alten Traditionen geben können; wir wollen warten, bis das Neue an uns herankommt. – Meine lieben Freunde, fragen Sie viele von denen, die so gesprochen haben, ob das Neue an sie herangekommen ist, ob wirklich die Tauben der großen Menschheitserlösung denen, die diese tiefe Sehnsucht entwickelt haben, gebraten in den Mund geflogen sind. Man kann sogar sagen, daß in vieler Beziehung dem für jene damalige Zeit entzückenden Rausche doch mindestens jetzt schon etwas wie ein kleiner, vielleicht auch für manchen schon großer Katzenjammer zu folgen beginnt. Ich will aber nur charakterisieren, gar nicht kritisieren. Das erste, was aufgetreten war, war eine große Ablehnung dessen, was da war, was man aber für sein innerstes Menschenwesen nicht brauchen konnte. Und hinter dieser großen Ablehnung verbarg sich dann das Positive: die wirkliche Sehnsucht nach dem Neuen.

Diese wirkliche Sehnsucht nach einem Neuen kann nicht anders erfüllt werden als dadurch, daß man sich als Mensch mit etwas durchdringt, was nicht von dieser Erde ist. Wenn man einfach die Seele und den Körper funktionieren läßt, wie sie funktionieren wollen, kommt eben durchaus nicht dasjenige herauf, was den Menschen wirklich befriedigen kann. Der Mensch, der nichts aufnehmen will, gleicht einer Lunge, die keine Atemluft findet. Ganz gewiß, eine Lunge, die keine Atemluft findet, wird vielleicht zunächst, bevor sie erstirbt, wenn auch vielleicht nur für einen Moment, den höchsten Grad von Luftdurst erleben. Aber sie kann nicht aus sich selbst heraus diesen Luftdurst stillen, sondern sie muß die Luft an sich herankommen lassen. In Wahrheit kann gerade derjenige, der als junger Mensch den Durst, von dem wir in diesen Tagen gesprochen haben, ehrlich fühlt, nicht anders als etwas ersehnen, was sich mit ihm zusammenfindet, was nicht nur aus ihm herauskommt, wie eben die alt gewordene Wissenschaft, die keine gesunde Atmungsluft für die Seele mehr ist.

Das wurde zunächst gefühlt. Aber viel zu wenig wurde gefühlt, daß eine neue, junge Wissenschaft da sein müsse, ein neues Geistesleben, das sich wieder mit der Seele vereinigen kann. Sehen Sie, in vieler Beziehung muß dasjenige, was dem gegenwärtigen und zukünftigen Zeitalter angehört, an ältere Erscheinungen der Menschheitsentwickelung anknüpfen. Der Unterschied besteht darin, daß jene alten Erscheinungen der Menschheitsentwickelung aus einem Seelenleben kamen, das in Bildern lebte und traumhaft war, wogegen das Seelenleben, das wir in uns tragen und dem wir noch zustreben, ein voll bewußtes werden muß. Aber wir müssen in vieler Beziehung wiederum zu älteren Seeleninhalten zurückkommen.

Da möchte ich Ihren Seelenblick nach einer Geistesverfassung wenden, die im alten Oriente, im alten Brahmanentum heimisch war. In den Brahmanenschulen sprach man von den vier Mitteln, durch die der Mensch sich auf seinem Lebenswege Erkenntnis erwirbt. Es ist schwer, die alten Gedanken ganz in der Form zu geben, die verlangt wird dadurch, daß jene Erkenntnisweise nicht nur Jahrhunderte, sondern Jahrtausende hinter uns liegt. Aber ich will doch, um die Sache annähernd zu treffen, diese vier Erkenntnismittel schildern.

Das erste ist etwas, was so in der Mitte schwebt zwischen Tradition und Erinnerung, was mit dem Sanskrit-Stamm s-mr-ti zusammenhängt und was man in der Gegenwart nur als Idee hat. Man kann es aber charakterisieren: Jeder weiß, was Erinnerung, persönliches Erinnern ist. So stramm, wie wir gewisse Begriffe mit der persönlichen Erinnerung verbinden, taten es jene Menschen der Idee gegenüber, die ich hier im Auge habe, nicht. Vielmehr floß das, was sie aus der eigenen Kindheit erinnerten, und das, was ihnen der Vater und Großvater gesagt hatten, in eine Einheit zusammen. Man unterschied nicht zwischen dem, was die Menschen selber erinnerten, und was sie überliefert bekommen hatten. Wenn Sie eine feinere Psychologie hätten, würden Sie bemerken, daß diese Dinge in der Seele des Kindes auch heute noch zusammenfließen, weil das Kind ja vieles aufnimmt, was auf Tradition beruht. Der heutige Mensch sieht nur, daß er sich das als Kind angeeignet hat. Der alte Indier sah mehr auf den Inhalt, und das führte ihn nicht in seine eigene Kindheit, sondern zu seinem Vater, Großvater und Urgroßvater hinauf. So war Tradition und persönliche Erinnerung etwas, das ungeschieden ineinanderfloß. Das war das erste Erkenntnismittel.

Das zweite Erkenntnismittel könnte man heute bezeichnen mit einem «Vorgestelltwerden», aber nicht mit dem Vorstellen eines Menschen, wenn man heute im konventionellen Verkehr den Namen nennt, sondern wörtlich das «Vor-die-Augen-treten»; es war das, was wir heute die Wahrnehmung nennen.

Das dritte Erkenntnismittel würden wir das zusammenfassende Denken nennen.

Wir könnten also auch sagen: Erinnerung mit Tradition, Beobachtung und zusammenfassendes Denken.

Noch ein viertes Erkenntnismittel wird im alten Brahmanentum mit aller Deutlichkeit gelehrt, das man folgendermaßen charakterisieren kann: etwas von anderen Menschen mitgeteilt bekommen.

Achten Sie bitte darauf, daß im alten Brahmanentum die Tradition mit diesem «etwas von anderen Menschen mitgeteilt bekommen» nicht zusammengeworfen worden ist. Dieses «etwas von anderen Menschen mitgeteilt bekommen» war ein viertes Erkenntnismittel. Vielleicht wird uns die Sache klarer, wenn wir gerade an das anknüpfen, was Tradition und zu gleicher Zeit erinnerungsgemäß ist. Bei dem, was man Tradition nennt, wurde man sich nicht der Art und Weise bewußt, wie es an einen herangekommen war, sondern nur des Inhaltes. Bei dem vierten Erkenntnismittel aber war die Art und Weise des Herankommens das Wichtige. Bei dem, was man da in seiner Erinnerung hatte, hatte man im Auge, daß man es von einem anderen mitgeteilt erhielt. Das Faktum, eine Sache von anderen mitgeteilt erhalten zu haben, gehört zu dem, was weckend war in der Erkenntnis selber.

Ich glaube, man wird bei vielen Menschen der Gegenwart, bei so richtigen Söhnen des neunzehnten Jahrhunderts, ein leises oder vielleicht starkes Kopfschütteln erregen, wenn man ihnen unter den Erkenntnismitteln «Mitteilung von anderen Menschen» aufzählte. Der Philosoph, der mit zusammenfassendem Denken experimentierte und auch die Mitteilungen von anderen Menschen als Erkenntnismittel ansehen würde, käme nicht einmal mit seiner Dissertation durch, geschweige denn als Privatdozent. Höchstens an der theologischen Fakultät käme er durch, weil man das da in anderer Form anerkennt. Was liegt da zugrunde? Da liegt zugrunde, daß man in den alten Zeiten das Erlebnis noch durchschaut hat, das darin besteht, daß ein anderer Mensch im gegenseitigen Verkehr in einem innerlich etwas angezündet hat. Man rechnete das, daß einem andere sagen, was man selber noch nicht weiß, unter die Dinge, die man brauchte, um leben zu können. Man rechnete es so stark unter die Dinge, die man braucht, daß man es der Wahrnehmung durch die Augen oder durch die Ohren gleichstellte.

Heute wird man natürlich viel eher dieses ganz andere Gefühl haben: Es ist recht schön und gut und die Welt bringt es so mit sich, daß einer dem andern mitteilt, was dieser nicht weiß. – Aber das hat mit dem Wesen der Sache nichts zu tun. Mit dem Wesen der Sache hat es zu tun, wenn beobachtet und experimentiert wird und wenn das, was sich dabei ergibt, in klaren Worten ausgedrückt wird. Das andere hat mit dem Wesen der Erkenntnis nichts zu tun. Das ist in der heutigen Zeit das natürliche Gefühl, aber vom menschlichen Standpunkte aus ist das nicht richtig. Vom menschlichen Standpunkte aus gehört es einfach zum Leben, daß man gerade auf geistig-seelischem Gebiete innerlich durchdrungen sein kann von dem, was ich gestern als das Vehikel des sozialen Lebens bezeichnet habe: vom Vertrauen. Auf diesem speziellen Gebiete besteht es darin, daß einem dasjenige, was einem ein anderer Mensch sagt, ein Quell eigenen geistig-seelischen Erlebens wird.

Was ich gestern als Vertrauen charakterisiert habe, muß vor allen Dingen in der Jugend herangezogen werden. Aus Vertrauen heraus muß gefunden werden, wonach die Jugend dürstet. Unsere ganze neuzeitliche Geistesentwickelung hat sich nach der entgegengesetzten Seite bewegt. Darauf, daß irgend jemand etwas zu sagen hat, was der andere noch nicht weiß und was er ihm deshalb mitteilen will, wurde selbst in der theoretischen Pädagogik gar kein Wert mehr gelegt. Schon die theoretische Pädagogik wurde so ersonnen, daß man dem jugendlichen Menschen möglichst nur das brachte, was sich vor ihm selber bewies. Aber das konnten nicht sehr umfassende Beweise sein. Daher blieb man, in bezug auf das Beweisvermögen, auf einer sehr infantilen Stufe. Die Pädagogik dachte gewissermaßen so: Wie kann ich es machen, daß ich doch noch etwas an die Kinder heranbringe, selbst unter der Voraussetzung, daß sie mir gar nichts glauben? Wie kann ich eine anschaulich-beweisende Methode einführen? – Kein Wunder, daß das entsprechende Echo kam und man nunmehr von den Pädagogen für alles verlangte: Ja, nun beweise mir das! – Und jetzt sage ich eigentlich etwas, was Ihnen vielleicht alt klingen wird, meine lieben Freunde. Aber ich empfinde es gar nicht als alt, sondern gerade als recht jung, auch als einen Teil der Jugendbewegung.

Wenn man heute erziehen will und vor einer Anzahl junger Leute steht, so tönt es einem, bevor man noch recht an sie herangekommen ist, aus den Kinderseelen entgegen: Beweise mir das! Du hast keinen Anspruch darauf, daß wir dir glauben. – Ich empfinde es als tragisch, daß die Jugend daran leidet – nicht als eine Kritik ist dies gemeint –, daß sie von den Alten so erzogen worden ist, daß sie gar nicht mehr die Begabung hat, zu empfangen, was doch für das Leben notwendig ist. Deshalb entsteht heute vor uns eine ungeheure Frage, die uns in den nächsten Tagen beschäftigen wird. Ich möchte diese Frage ein wenig radikal charakterisieren.

Denken wir uns einmal, die Jugendbewegung geht fort und ergreift immer jüngere und jüngere Menschen und zuletzt die Säuglinge. Wir bekommen dann die Säuglingsjugendbewegung, und wie die spätere Jugendbewegung dasjenige zurückweist, was man ihr an Erkenntnis geben kann, so werden die Säuglinge, denen die Mutterbrust noch gegeben werden sollte, sagen: Wir lehnen sie ab, wir lehnen uns dagegen auf, daß wir von außen etwas empfangen sollen. Wir wollen die Mutterbrust nicht mehr haben, sondern wir wollen alles aus uns selber haben.

Was ich Ihnen hier als Bild geformt habe, das ist eine brennende Frage für die Jugendbewegung. Denn eigentlich fragt die Jugend: Wo sollen wir die geistige Nahrung herbekommen? – Und die Art und Weise, wie sie bisher gefragt hat, war so, wie ich es in meinem Bilde von dem Säugling dargestellt habe. Und so wollen wir in den nächsten Tagen herangehen an die Frage nach des Lebens Quellen, nach denen der Faust strebt. Die Frage, die ich in einem Bilde vor Sie hingestellt habe, soll uns Veranlassung geben, einiges zu einer Lösung beizubringen, aber zu einer solchen Lösung, die Ihnen für Ihre Empfindung, für Ihr Gefühl, ja vielleicht für Ihr ganzes Leben etwas sein kann.

ACHTER VORTRAG

Stuttgart, 10. Oktober 1922

Wir haben bisher versucht, von außen zu charakterisieren, was der heranwachsende Mensch um die Wende des neunzehnten, zwanzigsten Jahrhunderts erleben konnte, indem wir den Seelenblick auf die besondere Art, welche die menschliche Geisteskultur angenommen hat, gerichtet haben. Heute wollen wir einmal, um einen Übergang zu einer echten Selbsterkenntnis zu finden, die Menschenwesenheit von innen betrachten.

So, wie man für eine mehr äußerliche Betrachtung der Geistesentwickelung des Abendlandes auf das erste Drittel des fünfzehnten Jahrhunderts zurückgewiesen wird, so muß man für eine mehr innerliche Betrachtung in das vierte nachchristliche Jahrhundert zurückgehen. Wenn Sie ein Jahr haben wollen, das gewissermaßen einen markanten Punkt andeutet, dann ist es das Jahr 333 unserer Zeitrechnung. Dieses Jahr ist natürlich nur approximativ zu nehmen; es ist nicht rechnungsmäßig gemeint, sondern so, daß es wie ein Näherungspunkt auf wichtige Dinge hinweist, die mit einem recht großen Teile der europäischen Menschheit geschehen sind.

Versuchen wir einmal, in eine Menschenseele hineinzuschauen, die sich vor diesem Zeitpunkt in jene Kultur hineingelebt hatte, die dazumal im Süden von Europa, vielleicht auch in einzelnen Gegenden des Nordens von Afrika zu finden war. Diese Gegenden kommen ja vorzugsweise in Betracht, wenn man das eigentlich maßgebende Geistesleben der damaligen Zeit ins Auge fassen will. Die Seelen der Menschen, die ich hier meine, hatten damals noch ein durchaus unmittelbares Bewußtsein davon, daß die menschlichen Gedanken nicht etwa im Kopfe ausgearbeitet werden, sondern etwas Geoffenbartes sind, sei es dem einzelnen Menschen, sei es, daß der Mensch, der selber nicht zu solcher Offenbarung imstande war, durch Mitteilung auf Vertrauen hin eine solche Offenbarung von anderen Menschen mittelbar erhalten konnte. Das heute seelisch maßgebende Gefühl bei dem Studierten und bei dem Nichtstudierten, daß Gedanken etwas sind, was man in seinem Kopfe sich selber erarbeitet, hatte man damals nicht. Man stand eigentlich gerade am Übergange. In Vorderasien drüben beschäftigten sich die hervorragendsten geistigen Persönlichkeiten mit der Frage, wie die Gedanken aus einem geistigen Reiche zu den Menschen kämen. Im Süden von Europa, im Norden von Afrika fing man eben an zu zweifeln, daß der Mensch die Fähigkeit habe, die Gedankenoffenbarungen zu empfangen. Es muß aber durchaus festgehalten werden, daß diese Zweifel erst ganz leise vorhanden waren und daß das Gefühl noch überwiegend war: Wenn ich einen Gedanken habe, so hat ein Gott ihn mir eingegeben, mag das auch indirekt sein, mag er mir durch menschliche Vererbung übermittelt sein, durch Tradition, nicht durch natürliche Vererbung. Hereinkommen in die irdische Entwickelung kann der Gedanke nur als ein geoffenbarter.

Die ersten Teilnehmer am abendländischen Geistesleben, die nach dieser Richtung hin starke Zweifel hatten, waren Menschen, die aus den nördlichen Völkern in die südlichen Kulturen hineingekommen waren. Sie waren aus germanisch-keltischem Blute und vom Norden mit den verschiedenen Völkerwanderungsströmen nach dem Süden gelangt. Sie wären vielleicht aus ihrer eigenen Wesensart heraus schon dazugekommen zu sagen: Gedanken sind etwas, das wir erarbeiten. – Dieses Gefühl wurde aber gedämpft durch alles das, was man als griechisch-lateinische, als morgenländische Kultur vorfand. Die Kulturen waren bis in das vierte Jahrhundert hinein in einer ganz außerordentlichen Mischung, alle möglichen Faktoren spielten da hinein. Aber das jedenfalls empfand man beim Wandern nach dem Süden stark, daß man hineinerzogen wurde in die Anschauung: Gedanken können nur dadurch von den Menschen gefaßt werden, daß sie aus einer übersinnlichen Welt in die sinnliche hereingezogen werden.

Wir haben ja nur eine äußerliche Geschichte, keine Gefühls- und Gedankengeschichte, keine Seelengeschichte. Daher wird man nicht aufmerksam darauf gemacht, wie die Seelenverfassung in den aufeinanderfolgenden Jahrhunderten in der Menschheit eine ganz andere geworden ist. Es ist ungeheuer, wie stark der Umschwung im inneren menschlichen Empfinden gerade im vierten nachchristlichen Jahrhundert war. Es war damals etwas da, was zum allerersten Mal den Menschen über den Ursprung der Gedankenwelt nachdenken ließ, so daß das, was vorher eine Selbstverständlichkeit war – daß die Gedanken geoffenbart waren –, allmählich zu etwas wurde, was einer Theorie bedurfte, um eingesehen zu werden. Aber daß der Mensch aus sich selber heraus die Gedankenwelt erarbeiten könne, war für diese Seelen noch durchaus keine irgendwie überzeugende Tatsache.

Bedenken Sie, welch großer Unterschied gerade in dieser Beziehung zwischen den Seelen der heutigen Zeit und den damaligen vorhanden ist. Ich spreche immer nur von einer Anzahl von Seelen. Was ich Ihnen schildere, war natürlich in den verschiedensten Nuancen vorhanden. Bei einem Teile der Menschheit war es so, wie ich es Ihnen jetzt schildere; bei einem anderen war ein noch unbesieglich starker, intensiver Glaube vorhanden, daß sich geistig-seelisches Wesen in ihrem Organismus niederlasse und die Gedanken vermittle. Es war gewissermaßen eine Art Elite der Menschheit, welche die Gedanken dazumal so faßte, daß die Frage entstehen konnte: Woher hat man die Gedanken? – Den anderen waren Gedanken etwas ganz selbstverständlich Eingegebenes.

Nun nehmen Sie diejenigen Seelen, die nach dem Jahre 333 – wie gesagt approximativ – geboren worden sind. Diese Seelen konnten sich über den Ursprung des Gedankens nicht mehr aus einem natürlichen Gefühl heraus einen selbstverständlichen Aufschluß verschaffen. Die folgende Zeit war daher bei den Theoretikern, den Philosophen, den philosophischen Theologen ein Ringen danach, welche Bedeutung in der Welt eigentlich die Gedanken haben. Es kamen die Zeiten, in denen man über den Nominalismus und den Realismus stritt. Nominalisten waren im Mittelalter diejenigen, welche sagten: Die Gedanken leben eigentlich nur in der menschlichen Individualität, sind nur eine Zusammenfassung dessen, was draußen in der Welt und in den einzelnen Individuen vorhanden ist. – Realisten waren diejenigen, welche, ich möchte sagen, noch eine starke Erinnerung hatten an jene alten Zeiten, in denen die Menschen die Gedanken als etwas Substantielles, als substantiell sich Offenbarendes nahmen. Sie nahmen den Gedanken so, daß sie sich sagten: Nicht ich bin es, der den Gedanken denkt, nicht ich bin es, der alle Hunde zusammenfaßt in den allgemeinen Gedanken «Hund», sondern es gibt in Realität einen solchen Gedanken, der sich aus einer geistigen Welt heraus dem Menschen offenbart, wie sich für die Sinne die Farbe oder der Ton offenbart. – Aber es war ein Ringen danach, den Gedanken, der sich gewissermaßen nun wie ein selbständiges Gut in der Menschenseele niedergelassen hatte, in der richtigen Weise zu verstehen. Gerade von diesem Gesichtspunkte aus ist es außerordentlich interessant, sich in die Geistesgeschichte des Mittelalters zu vertiefen.

Je mehr wir uns dem fünfzehnten Jahrhundert nähern, desto mehr zeigt sich uns, wie die Menschen intensiv ringen, mit demjenigen zurechtzukommen, was sich durch das Denken in der menschlichen Natur offenbart. Vor dem Jahre 333 hatten die Menschen das Gefühl: Es ist wie ein Weben eines Göttlichen, das die Erde umspült, geradeso, wie im Physischen die Atmosphäre die Erde umspült, und bei diesem Umspülen bleiben im Menschen als Offenbarung Wesenheiten, die Gedanken, zurück. Es sind gewissermaßen die Spuren der die Erde umgebenden göttlichen Welt, die eingegraben werden in den Menschen als Gedanken. – Während bei den Seelen, die vor dem Jahre 333 so dachten, gerade durch die Gedankenwelt eine Empfindung des Zusammenhanges mit der geistigen Welt vorhanden war, sehen wir das Mittelalter von Tragik durchzogen, weil die Menschen versuchten, die Gedanken noch irgendwie an ein Göttlich-Geistiges anzubinden.

Warum war denn bei jenen Seelen, die bis in das fünfzehnte Jahrhundert hinein, wenn ich so sagen darf, über die Gedanken dachten, ein so reges Streben vorhanden, den Gedanken an ein Göttlich-Geistiges im Weltall anzubinden? Darum, weil diese Seelen alle einen inneren Impuls in sich fühlten, den sie nicht mit klaren Begriffen ausdrücken konnten, der aber als ganz deutliches Seelenerlebnis in ihnen war. Dieser Impuls kam davon her, daß alle Seelen, welche als führende Seelen der Menschheit vom vierten bis ins vierzehnte Jahrhundert geboren worden waren, wiederverkörperte Seelen waren aus der Zeit, die verhältnismäßig mehr oder weniger weit hinter dem Jahre 333 zurücklag, und daß sich lebendig stritten über die Realität oder über das bloß Nominalistische der Begriffe solche, welche Zeitgenossen des Mysteriums von Golgatha gewesen waren.

Das Mysterium von Golgatha hat sich ja in einer gewissen Einsamkeit in Vorderasien drüben zugetragen; was sich aber in Vorderasien zugetragen hat, ist nur das Äußere eines Ereignisses, das sich allerdings in der physischen Welt als ein geistiges Ereignis abgespielt hat. Da ist etwas vorgegangen in den Seelen, die eine gewisse Reife erlangt hatten. Wenn wir aber die eigentlichen Streiter um die Realität oder Irrealität der Gedanken ins Auge fassen, so sind es Seelen, die wiederverkörpert waren aus den ersten drei nachchristlichen Jahrhunderten. Im wesentlichen bestand aber die damalige zivilisierte Menschheit aus Seelen, die vor dem Mysterium von Golgatha verkörpert gewesen waren. Aus der damals durchaus vorhandenen Verbindung zwischen der Menschenseele und der göttlich-geistigen Welt, die sich dadurch ausdrückte, daß man die Gedanken ganz selbstverständlich als geoffenbarte hinnahm, aus diesem Erlebnis, das die im Mittelalter lebenden Seelen vor vielen Jahrhunderten in einem früheren Erdenleben gehabt hatten, bildete sich der Impuls heraus, um die Realität oder Irrealität der Gedankenwelt zu streiten.

Was ist es denn, was man gerade an der Schwelle der neueren Zeit im dreizehnten, vierzehnten, fünfzehnten Jahrhundert als die Hochscholastik bezeichnet? Was ist es, was diese Hochscholastiker innerlich beseelte? Es ist die Tatsache, daß ein Entscheidendes in der Menschheitsentwickelung herbeigekommen ist, das nicht ausgesprochen, aber gefühlt wurde von diesen hervorragenden Seelen der eben gekennzeichneten Zeit. Es war ihnen, als ob die Götter das Gebiet der menschlichen Gedankenwelt verlassen hätten, als ob die Menschen nur noch ausgepreßte Gedanken hätten. Und wenn wir in die Seelen, die vom fünfzehnten Jahrhundert an gelebt haben, hineinschauen, so sehen wir, daß es solche waren, die in ihrem früheren Erdenleben nicht lange nach dem Jahre 333 gelebt haben, und bis ins achte, neunte nachchristliche Jahrhundert hatte wenigstens die lehrende Menschheit durchaus noch ein Gefühl dafür, daß der menschliche Gedanke gottgegeben ist. Den Menschen aber, welche in ihrem vorhergegangenen Erdenleben die Gedankenwelt schon ganz als etwas Gottverlassenes fühlten – es ist selbstverständlich wiederum nur ein Teil der Menschheit –, ihnen war es aufbehalten, um die Wende des neunzehnten, zwanzigsten Jahrhunderts geboren zu werden. Wenn wir also nicht bloß auf das äußere Schicksal, sondern auch auf das innere Schicksal der Menschenseele sehen, dann müssen wir absehen von dem, was von unserer Kindheit an aus den Tiefen, aus den Untergründen der menschlichen Seele herauf will. Wir müssen auf die Zeit hinblicken, wo jene Seelen verkörpert waren, die nicht mehr von Lehrern haben hören können, daß die Gedanken gottdurchwallte, gottdurchwirkte Wesenheiten seien. Es entstand dadurch dieses innere Gefühl, als ob man die Gedanken fliehen müsse, als ob man etwas viel Wärmeres, viel Substanzdurchtränkteres haben müsse als die Gedanken. Es entstand dieses Gefühl dadurch, daß einem schon in der vorigen Inkarnation der göttliche Charakter der Gedanken im höchsten Grade zweifelhaft geworden oder ganz verlorengegangen war. Man erlebte als Tragik dasjenige, was so aus dem vorigen Erdenleben in das jetzige hineinleuchtet, am allerstärksten um die Wende des neunzehnten, zwanzigsten Jahrhunderts. Aus der göttlich-geistigen Welt heraus Gedanken zu empfangen, war dem Menschen schon verlorengegangen seit dem ersten Drittel des fünfzehnten Jahrhunderts. Weil man aus der göttlich-geistigen Welt heraus keine Gedanken mehr erhalten konnte, griff man die Gedanken auf aus der äußeren Beobachtung. Diese und die Experimentierkunst erreichten eine solche Größe, weil an die Stelle des inneren Konzipierens das Aufklauben aus der äußeren Sinneswelt trat. Aber im weltgeschichtlichen Werden tritt nicht gleich dasjenige zutage, was nicht von äußeren Umständen abhängig ist. Denn wenn man auch schon seit dem fünfzehnten Jahrhundert die Fähigkeit verloren hatte, Gedanken von innen heraus zu konzipieren, Gedanken aus der göttlich-geistigen Welt geoffenbart zu erhalten, so waren doch diejenigen Seelen noch nicht da, welche die ganze Tragik dieses Verlassenseins von der Gedankenoffenbarung hätten empfinden können. Bei den Seelen, die noch vor dem sechsten, siebenten nachchristlichen Jahrhundert, namentlich vor dem vierten nachchristlichen Jahrhundert ihr voriges Erdenleben zugebracht haben, lebte noch im Gefühl etwas, was sich so aussprechen ließe: Wir müssen zugeben, daß wir die Gedanken von der Außenwelt empfangen; dennoch sagt uns unsere Seele, daß selbst die Gedanken, die wir von der Außenwelt empfangen, gottgegeben sind. Wir wissen nicht mehr, wie man sie als solche erlebt, aber unser Inneres sagt uns, daß sie gottgegeben sind.

Ein ganz hervorleuchtender Geist mit einer solchen Seelenverfassung war *Johannes Kepler.* Kepler war ebensosehr Naturforscher der früheren wie der späteren Zeit. Er entnahm die Gedanken der äußeren Beobachtung, hatte aber in seinem inneren Erleben durchaus noch das Gefühl, daß göttliche Wesen dabei sind, wenn der Mensch aus der Natur heraus die Gedanken empfängt. Kepler fühlte sich ja im Grunde genommen wie ein halber Eingeweihter, und wie etwas Selbstverständliches wurde der in Abstraktion von ihm erfaßte Bau des Weltengebäudes von ihm künstlerisch durchempfunden.

Es ist wissenschaftlich außerordentlich wertvoll, sich in den durch Kepler bewirkten Fortschritt der menschlichen Gedankenwelt zu vertiefen. Menschlich stärker wird man jedoch ergriffen, wenn man sich in Keplers Seelenleben vertieft. Ein solches Seelenleben war eigentlich in der späteren Zeit in dieser Intensität und Innerlichkeit bei keinem Naturforscher mehr vorhanden, vor allem bei keinem maßgebenden Lehrer des größeren Teils der Menschheit. In der Zeit zwischen dem fünfzehnten und dem neunzehnten Jahrhundert ging eben das Gefühl ganz verloren, daß in der menschlichen Seele durch den Gedanken eine Verbindung mit dem Göttlich-Geistigen gegeben ist.

Wer nicht bloß grobklotzig die Zeitenfolgen studiert, indem er das Inhaltliche aufnimmt, sondern wer etwas empfinden kann an der Zeitenfolge, dem offenbart sich etwas ganz Merkwürdiges. Ich will gar nicht davon sprechen, daß die besondere Art, über die Natur zu denken, die bei *Goethe* vorhanden war, für die Wissenschaft der folgenden Zeit zunächst eine Unmöglichkeit geworden ist. Ich meine für die äußere Wissenschaft der folgenden Zeit, weil diese Wissenschaft gar nicht wußte, worauf die Differenz zwischen Goethe und ihr selbst beruhte. Aber davon will ich gar nicht sprechen. Sie brauchen nur naturwissenschaftliche Bücher aus dem ersten Drittel des neunzehnten Jahrhunderts in die Hand zu nehmen, die in gewissem Sinne tonangebend geworden sind für die Begründung der späteren Geistesrichtung, wie etwa *Henles* oder *Burdachs* physiologische Werke – letzterer gehört durchaus noch dem ersten Drittel des neunzehnten Jahrhunderts an, wenn sein Werk auch etwas später geschrieben ist –, und Sie werden sehen, daß in alledem noch ein anderer Stil herrscht. Es ist noch etwas von Geist da, der unmittelbar aus der Seele quillt, wenn zum Beispiel von Embryonen oder vom Bau des menschlichen Gehirns gesprochen wird. Es ist noch etwas da, was bei den Späteren ganz und gar verlorengegangen ist.

Hier ist es außerordentlich bedeutsam, an eine Persönlichkeit zu erinnern, die im letzten Drittel des neunzehnten Jahrhunderts noch gewirkt hat, aber bereits dem Austreiben des geistigen Lebens aus der Wissenschaft unterlegen war, in deren Seele aber dennoch dieses Geistesleben vorhanden war – ich meine den Anatomen *Hyrtl,* der nur noch zum geringsten Teile dem letzten Drittel, hauptsächlich dem zweiten Drittel des neunzehnten Jahrhunderts angehört. Versuchen Sie einmal, Hyrtls Anatomiebücher auf sich wirken zu lassen. Sie sind schon im Stile der späteren Anatomen geschrieben, aber man sieht, daß Hyrtl das schwer wird. Er schreibt Kapitel nach Kapitel und muß sich überall versagen, noch etwas von Seelischem in seine Sätze einfließen zu lassen. Manchmal guckt dieses jedoch aus dem Stile, manchmal sogar aus dem Inhalt der Sätze ein wenig hervor. Aber es ist, wie wenn die eiserne Notwendigkeit bestünde, das aus dem Innern des Menschen aufsteigende Seelisch-Geistige zu tilgen, wenn man über irgendwelches Naturgeschehen schreibt. Man kann sich heute nur schwer vorstellen, was man durchleben kann, wenn man etwa von einem gegenwärtigen Anatomiebuche zurückgreift zu Hyrtl oder Burdach. Man spürt gegenüber dem geringen Grad von Wärme, die im wissenschaftlichen Empfinden des ersten und namentlich des zweiten Drittels des neunzehnten Jahrhunderts entwickelt wird, wie wenn da etwas eingeheizt würde. Gewiß war da die Wissenschaft nicht auf der Höhe. Das ist eine triviale Wahrheit, über die man sich gar nicht weiter auszulassen braucht. Aber ich spreche von dem, was der Mensch an der Wissenschaft erlebt. Und da kann man sagen: An dem inneren Gang, den die Seelen der Wissenschafter nahmen, kann man sehen, was uns Geisteswissenschaft zeigt, nämlich daß am Ende des neunzehnten Jahrhunderts immer mehr Seelen heraufkamen, die eigentlich aus dem früheren Erdenleben den Impuls nicht mehr haben, den Gedanken als ein Göttlich-Geistiges zu empfinden, nicht einmal den Nachklang davon. Die Empfindung für das einzelne vergangene Erdenleben war ja längst verlorengegangen, aber ein Nachklang davon war doch noch lange Zeit vorhanden gewesen.

So standen die Seelen, die nun wirklich lebendige Wärme in sich hatten, die nicht ausgetrocknet waren durch das Vorurteil, man müsse in der Wissenschaft in dem Sinne objektiv sein, wie die Wissenschaft es zu definieren pflegt – das, was in der Geisteswissenschaft angestrebt wird, ist ja erst recht objektiv, aber nicht in dem Sinne, wie jene es meinen – und fragten: Was in uns ist denn noch verbunden mit dem Göttlich-Geistigen, von dem wir schon in der vorigen Erdeninkarnation abgerissen worden sind? – Sie fragten sich dies selbstverständlich nicht bewußt, sondern unterbewußt. Es war wirklich schon ein Auftauchen der Empfindung in das Bewußtsein, daß der Mensch seinen Zusammenhang mit der göttlich-geistigen Welt verloren hat. Aber auf der andern Seite ist es eben so, daß er ihn nicht verlieren darf, weil er ohne ein Bewußtsein dieses Zusammenhanges, sei es auch noch so dunkel, eigentlich seelisch nicht leben kann. Deshalb entstand so stark die Hinneigung zu jener unbestimmten Sehnsucht nach dem Geiste, und zu gleicher Zeit das Unvermögen, zu diesem Geiste zu kommen.

Das charakterisiert gerade die heranwachsende Generation von der Wende des neunzehnten zum zwanzigsten Jahrhundert, auch von dem Beginne des zwanzigsten Jahrhunderts, daß sie gewissermaßen die Frage an die älteren Generationen stellte: Gibt es denn überhaupt die Möglichkeit, in demjenigen, was einem im Erdendasein als Umgebung entgegentritt, noch ein Geistiges zu entdecken? – Und die Führer, die von der Jugend eigentlich unbewußt gefragt wurden: Wie finden wir in der Natur, wie finden wir im Menschenleben selbst das Geistige? – diese Führer lehnten es als unwissenschaftlich ab, in die Betrachtung der Natur und selbst in die Betrachtung des Menschenlebens Geist hineinzubringen.

In der zweiten Hälfte des neunzehnten Jahrhunderts ist ja das Ungeheuerliche geschehen, daß das Schlagwort aufkommen konnte: Psychologie, Seelenkunde ohne Seele. Ich lege keinen großen Wert darauf, daß einzelne Philosophen gesagt haben, man brauche eine Seelenkunde ohne Seele. Was die Philosophen sagen, das wirkt nicht so sehr, aber es ist ein Symptom für dasjenige, was in den weitesten Kreisen als

Empfindung figuriert und wonach die Jungen in der Welt behandelt werden. Gewiß haben nur wenige Philosophen ausgesprochen: Wir brauchen eine Psychologie ohne Seele. – Aber das ganze Zeitalter sagt: Wir Älteren wollen euch Mineralogie, Zoologie, Botanik, Biologie, Anthropologie, ja selbst eine Geschichte lehren, die vor euch hintritt, als wenn es höchstens seelische Erlebnisse gäbe, aber nicht eine Menschenseele. – So mußte die ganze Welt, insofern man sie wissenschaftlich betrachtete, eigentlich als seelenlos empfunden werden. Und die Seelen, die als erste aus dem vorigen Erdenleben diese Tragik der Empfindung der Seelenlosigkeit mitbrachten, mußten am stärksten fragen: Wo finden wir wiederum eine Erfüllung der Seele mit dem Geiste? – Bei dem aber, was von dem Zeitalter am meisten geschätzt wurde, in anderer Beziehung mit Recht am meisten geschätzt wurde, fanden sie am allerwenigsten Auskunft.

Die Menschen, die im letzten Drittel des neunzehnten Jahrhunderts so Bücher geschrieben haben, daß man daraus etwas über ihr Seelenleben entnehmen kann, sind natürlich selbst im neunzehnten Jahrhundert die verschwindende Minorität, und ich kann Ihnen die Versicherung geben: im großen und ganzen sind diejenigen, die Bücher geschrieben haben, nicht gerade die Allergescheitesten. Es gibt unter denen, die keine Bücher geschrieben haben, wesentlich Gescheitere als die sind, die dazu kommen, Bücher zu schreiben. Wenn man aber – was durch geisteswissenschaftliche Methoden möglich ist – in diejenigen hineinschaut, die im letzten Drittel des neunzehnten Jahrhunderts als tiefere Naturen unter den oberflächlichen Naturen, die mit der geistlosen Wissenschaft zufrieden waren, gelebt haben, so findet man ein gewisses Ringen mit tiefen Problemen. Aber die dieses innerliche Leben hatten, wurden sozusagen schon nicht mehr gehört. Sie kamen nicht mehr dazu, mit ihrem Seelenleben irgendwie «führend» zu werden.

Da waren viele, die herankommen sahen, was das Mikroskop in der zweiten Hälfte des neunzehnten Jahrhunderts mehr und mehr mit sich brachte. Es waren solche Seelen gerade unter denen, die am Geistesleben teilnahmen, aber in dieses nicht wirklich eindrangen, weil sie mit dem geistlosen Geistesleben nicht zurechtkamen. Sie verstummten daher selbst gedanklich vor den Anschauungen der Wissenschaft. Sie erlebten aber in einer tiefen Empfindung die Frage: Wie kann man die mikroskopische Entwickelung mit der makrokosmischen Entwickelung in Zusammenhang bringen? – Immer mehr fanden sie sich vor dieses Gefühlsproblem gestellt.

Dann gab es Menschen, die durch ihre Erziehung mit der geistlos werdenden wissenschaftlichen Tradition mitgingen, die von einer weiteren Ausbildung der Mikroskope immer mehr wissenschaftliche Erfolge erhofften. Aber es gab auch viele tiefer veranlagte Seelen, die der fortschreitenden Ausbildung des Mikroskops und namentlich den Ansichten, welche daraus entstanden, mit unangenehmen Empfindungen gegenüberstanden. Die Hoffnungen der einen gipfelten darin, daß, wenn man immer weiter ins Kleine hineinblicke, man auch das Lebendige immer besser würde schauen können, und andere empfanden dieses ganze Treiben, wie wenn ihnen eigentlich die Welt versinken würde. Ja, es gab durchaus Menschen, die das Mikroskopieren wie ein Ausgesaugtwerden des Seelischen empfanden. Sie werden mir nicht zumuten, in einer mystisch-phantastischen Weise ein Spottlied auf das Mikroskopieren singen zu wollen; das fällt mir gar nicht ein. Ich kenne natürlich die Verdienste des Mikroskops ganz gut und ich denke nicht daran, die Wissenschaft in irgendeinem Punkte zurückschrauben zu wollen. Was ich erzähle, sind aber Tatsachen des Seelenlebens.

Diese vereinzelten Geister wurden immer seltener. *Fortlage* war noch einer von ihnen, der als Jenenser Professor gegen Ende des neunzehnten Jahrhunderts gelebt hat. Der sagte ungefähr: Man kann immer gründlicher in das Mikroskop hineinschauen und immer Kleineres entdecken; aber in der Kleinheit verliert sich das substantiell Wahre. Wollt ihr das wirklich schauen, was man finden will, wenn man ins Mikroskop hineinschaut, so richtet euren Blick hinaus in den unendlichen Weltenraum. In Wahrheit spricht dasjenige, was ihr da im Kleinen sucht, von den Sternen zu euch herunter. Ihr sprecht sogar von einem Geheimnis des Lebens und sucht es im Kleinen und Kleinsten. Aber im Kleinsten geht das Leben verloren; nicht für die Realität zwar, aber für die Erkenntnis. Wiederfinden könnt ihr es, wenn ihr es in den Sternen zu lesen versteht.

Einzelne haben zwar gesagt: Das Leben wird aus dem Kosmos herabgetragen, aber sie suchten eine materielle Vermittlung, etwa durch Meteormassen, die den Weltenraum durchfliegen und die Keime aus anderen Welten einmal auf die Erde getragen haben. Schaut man jedoch von der Erde in den «unendlichen» Raum hinaus, so ist der Raum gar nicht unendlich. Für die mechanisch-mathematische Betrachtungsweise hat *Giordano Bruno* das Firmament weggenommen, aber für die innerliche Betrachtung ist es wieder da in dem Sinne, daß man nicht einfach einen Radius ziehen kann von der Erde ins Unendliche und immer weiter. In Wirklichkeit hat der Radius ein Ende, und bis da, wo er ein Ende hat, ist an der inneren Weltenperipherie überall Leben zu finden und nicht Tod. Von dieser Weltenperipherie strahlt von überall her Leben herein.

Mit solchen Dingen will ich Ihnen nur andeuten, vor welche inneren Empfindungsprobleme sich die Seele um die Wende des neunzehnten zum zwanzigsten Jahrhundert gestellt sah. Es war wirklich so, daß aus der dumpfsten Seelenempfindung heraus die Frage gestellt war: Wo finden wir wiederum ein Geistiges?

Sehen Sie, das ist es, was Stimmung werden muß, wenn irgendeine Phase desjenigen, was man Jugendbewegung nennt, einen richtigen Inhalt bekommen soll, die Empfindungsfrage: Wo finde ich das Geistige, wie erlebt man das Geistige? – Da handelt es sich wirklich darum, daß neben allem sehnsüchtigen Erwarten sich auch einzelne Ideale in der Jugend finden, die nach innerer Seelenarbeit drängen. Ich möchte dasjenige, was ich Ihnen morgen hierzu zu sagen haben werde, heute durch das Folgende einleiten.

In dem, was ich anthroposophische Geisteswissenschaft nenne, schon in meinem Vorwort zu der «Philosophie der Freiheit», tritt Ihnen etwas entgegen, was Sie nicht erfassen können, wenn Sie sich nur jenem passiven Denken hingeben, das man heute besonders liebt, jenem gottverlassenen Denken, dem sich die meisten Menschen hingeben, und das schon im vorigen Leben gottverlassen war; sondern Sie können es nur erfassen, wenn Sie in Freiheit den inneren Impuls entwickeln, Aktivität in das Denken hineinzubringen. Sie kommen eben mit demjenigen, was in der Geisteswissenschaft lebt, nicht mit, wenn nicht jener Funke, jener Blitz hineinschlägt, durch den das Denken voller Aktivität wird.

Durch diese Aktivität müssen wir uns auch wieder die Göttlichkeit des Denkens erobern.

Da ist die anthroposophische Literatur und macht Anspruch darauf, daß man aktiv denken soll. Die meisten können nur passiv denken und meinen, aktiv zu denken sei nicht möglich. Es läßt sich dabei weder schlafen noch intellektualistisch träumen. Man muß mit, man muß das Denken in Bewegung setzen; in dem Augenblicke, wo man das tut, kommt man mit. Da hört auf dasjenige, was ich modernes Hellsehen nennen möchte, etwas Wunderbares zu sein. Daß das immer noch als etwas besonders Wunderbares erscheint, kommt daher, daß die Menschen noch nicht die Energie entwickeln wollen, Aktivität in das Denken hineinzutragen. Es ist oft zum Verzweifeln in dieser Beziehung. Man fühlt manchmal, wenn man diese Forderung der Aktivität an das Denken stellt, daß es dem Betreffenden zumute ist wie einem Manne, der im Straßengraben lag, seine Hände und Beine nicht bewegte, nicht einmal seine Augenlider aufmachte, und von einem Vorübergehenden gefragt wurde: Warum sind Sie so traurig? – Er antwortete: Weil ich nichts tun möchte. – Der Fragende war erstaunt darüber, denn der Liegende tat anscheinend schon seit langer Zeit nichts. Aber er wollte noch mehr «nichts tun»! Da sagte der Fragende: Ja, Sie tun ja wirklich nichts! – Darauf bekam er die Antwort: Ich muß ja die Umdrehung der Erde mitmachen, und ich möchte selbst das nicht tun.

So kommen einem diejenigen vor, die durchaus nicht Aktivität in das Denken hineintragen möchten, die Kraft, die allein aus dem Menschen heraus wiederum einen Zusammenhang bringen kann zwischen der Menschenseele und dem göttlich-geistigen Weltinhalt. Viele von Ihnen haben das Denken verachten gelernt, weil es Ihnen nur als passives Denken entgegengetreten ist. Das gilt aber nur vom Kopfdenken, bei dem das Herz des Menschen nicht dabei ist. Aber versuchen Sie es einmal mit einem aktiven Denken, dann werden Sie sehen, wie dabei das Herz engagiert wird. Am intensivsten kommt der Mensch unserer Epoche in die geistige Welt hinein, wenn es ihm gelingt, das aktive Denken zu entwickeln. Denn durch das aktive Denken kommen wir dazu, in den Gedanken wiederum herzhafte Kräfte zu haben.

Wenn Sie nicht den Geist auf dem Gedankenwege suchen, der herzhaft gegangen werden muß, obwohl das schwer ist, wenn Sie nicht auf diesem Wege das Geistesleben suchen, das von Urbeginn durch die Menschheit geflossen ist, so sind Sie wie der Säugling, der glaubt, sich aus sich selbst heraus ernähren zu können und nicht aus der Mutterbrust. Nur dann kommen Sie zu einer inhaltsvollen Bewegung, wenn Sie das Geheimnis finden, eine solche Aktivität in Ihrem Inneren zu entwickeln, daß sie Sie saugen läßt aus dem Weltendasein wiederum wirkliche Geistesnahrung, wirklichen geistigen Trank. Das aber ist zunächst ein Willensproblem, ein gefühlsmäßig zu erlebendes Willensproblem. Ungeheuer viel hängt heute ab von dem guten Willen, von dem energischen Willen, und kein Theoretisches wird dasjenige lösen, was wir heute suchen, sondern einzig und allein der mutige Wille, der starke Wille wird die Lösung bringen.

Wollen wir uns einmal in den nächsten Tagen damit beschäftigen, wie wir den guten Willen, den starken Willen finden.

NEUNTER VORTRAG

Stuttgart, 11. Oktober 1922

Aus den Andeutungen, die ich gestern über den Wandel der Menschenseele im Verlaufe der geschichtlichen Entwickelung gemacht habe, werden Sie ersehen können, daß in der Gegenwart der Mensch dem Menschen anders gegenübersteht, als das der Fall war vor dem gestern besprochenen Jahr 333.

Sie kennen ja, wie ich annehmen darf, die Gliederung der ganzen menschlichen Wesenheit, die durch die anthroposophische Erkenntnis gewonnen werden kann. Sie wissen, daß in der menschlichen Seele unterschieden werden muß zwischen dem bis zum fünfzehnten Jahrhundert ganz besonders in der Menschennatur Regsamen und Tätigen, der sogenannten Verstandes- oder Gemütsseele, und der Bewußtseinsseele, die seit jener Zeit vor allem in denjenigen Menschen regsam ist, die sich hinaufentwickeln zu dem, was die Menschheit an Kulturerrungenschaften erworben hat.

Wenn ich eine gewisse Betätigung der menschlichen Seele als die der Verstandes- oder Gemütsseele bezeichne, so soll damit nicht gesagt werden, daß der Verstand als solcher, so wie wir ihn heute auffassen, gerade ein besonderes Charakteristikum der Verstandes- oder Gemütsseele sei. Wir müssen diese Verstandes- oder Gemütsseele insbesondere bei den Griechen ausgebildet sehen und da ist durchaus nicht dasjenige Verstand, was heute das Intellektualistische ist. Wie das gemeint ist, werden Sie gerade aus den gestrigen Darstellungen entnehmen können.

Den Griechen waren ihre Begriffe, ihre Ideen etwas Geistgegebenes. Daher hatte der Verstand nicht jenes Kalte, Tote, Trockene, das er heute für uns hat, wo er eben ein Erarbeitetes ist. Das Intellektualistische ist erst mit der besonderen Entwickelung der Bewußtseinsseele heraufgekommen. Sie können sich den Begriff der Verstandes- oder Gemütsseele nur richtig aneignen, wenn Sie sich ganz hineinversetzen in das Gemüt eines Griechen. Dann werden Sie schon den Unterschied finden zwischen jenem Verhältnis zur Welt, das der Grieche hatte, und unserem heutigen Verhältnis zur Welt. Aber einiges von dem, was da in Betracht kommt, soll uns gerade durch die heutige Darstellung etwas anschaulicher werden.

Ich wollte diese einleitenden Worte nur sagen, damit wir uns darüber verständigen können, daß in den Jahrhunderten, die der neueren Zeit vorangegangen sind, also in den dem fünfzehnten vorangehenden Jahrhunderten, Mensch und Mensch sich so begegnet haben, daß der eine zu dem andern aus der Gemütsseele oder Verstandesseele heraus sprach, wie er auch, was ihm der andere gab, als aus der Gemüts- oder Verstandesseele heraus gegeben nahm. Heute stehen wir der Bewußtseinsseele gegenüber. Aber so recht fühlbar ist dies dem heranwachsenden Menschen erst um die Wende vom neunzehnten zum zwanzigsten Jahrhundert geworden auf Grund all der Verhältnisse, die ich ja schon geschildert habe. Dadurch aber sind die Lebensfragen eigentlich in einer durchaus neuen Weise vor die Menschheit getreten. Und gewisse Lebensfragen müssen heute in einer neuen Weise angeschaut werden, sonst wird die Verbindungsbrücke zwischen Bewußtseinsseele und Bewußtseinsseele, das heißt aber für den heutigen Menschen überhaupt zwischen Mensch und Mensch, nicht gefunden werden können. Und daran kranken wir eben in unserem Zeitalter, daß wir diese Brücke nicht finden können zwischen Mensch und Mensch.

Wir müssen nun manche Fragen wirklich auf eine neue Weise so stellen, daß uns die Fragestellung selbst zunächst grotesk erscheinen könnte. Es ist aber nicht so grotesk gemeint. Nehmen wir einmal an, ein Kind von drei Jahren würde den Entschluß fassen, mit den zweiten Zähnen nicht bis zum siebenten Jahr zu warten, sondern es würde sagen: Es ist mir zu langweilig, noch vier Jahre durchzumachen, bis ich die zweiten Zähne kriege, ich will sie gleich kriegen. – Ich könnte Ihnen noch andere Vergleiche sagen, die Ihnen vielleicht noch grotesker erscheinen würden, aber es wird dieser genügen. Nun, das geht eben nicht, weil die naturgemäße Entwickelung unter gewissen Bedingungen verläuft. So ist auch eine Bedingung der naturgemäßen Entwickelung, von der heute die wenigsten Menschen etwas ahnen, daß man eigentlich erst von einem gewissen Zeitpunkte seines Lebens an wirklich etwas wissen kann von Lebenszusammenhängen, von gewissen Dingen, die der Mensch schon kennen muß, die sich aber nicht erschöpfen in den nächstliegenden Angaben über die äußeren Dinge. Natürlich kann man auch schon mit neun Jahren wissen, daß der Mensch zehn Finger hat und dergleichen. Aber etwas, zu dem eigentlich ein im aktiven Denken zu erringendes Urteil notwendig ist, kann man überhaupt nicht wissen bis zu einem Zeitpunkte im Leben, der ungefähr zwischen dem achtzehnten und neunzehnten Lebensjahre liegt. Ebensowenig, wie man vor dem siebenten Jahre die zweiten Zähne kriegen kann, kann man vor dem achtzehnten Jahre wirklich etwas wissen von solchen Lebenszusammenhängen, die über die eigene Nasenlänge hinausliegen, von Dingen vor allem, für die ein aktives Urteil notwendig ist. Vorher kann man etwas gehört haben, auf Autorität hin etwas glauben, aber wissen kann man nichts darüber. Man kann nicht vor dem achtzehnten Jahre jene innere Tätigkeit der Seele entfalten, welche notwendig ist, um sagen zu können: Ich weiß über dieses oder jenes etwas, was nicht im Gebiete des mit den Augen oder Ohren zu Erreichenden liegt. – Von solchen Dingen redet man heute nicht viel; sie sind aber im höchsten Grade lebenswichtig. Soll überhaupt eine Kulturwelt Hand und Fuß bekommen, dann handelt es sich gerade darum, daß man über solche Dinge wiederum redet, daß solche Dinge wiederum sachgemäß behandelt werden können.

Was folgt nun daraus, daß man vor seinem achtzehnten Lebensjahre überhaupt nichts Derartiges wissen kann? Daraus folgt, daß man als Mensch vor dem achtzehnten Lebensjahre auf die Mitmenschen, die über das achtzehnte oder neunzehnte Lebensjahr hinaus sind, ebenso angewiesen ist wie der Säugling auf die Mutterbrust – es ist gar nicht anders. Daraus folgt aber etwas außerordentlich Bedeutsames für den Verkehr zwischen den Erziehenden und Unterrichtenden und dem jüngeren Menschen. Wenn das nicht beobachtet wird, so ist dieser Verkehr einfach falsch. Heute ist man sich nicht einmal bewußt, daß das so ist, und handelt darum gerade auf dem Gebiete der Pädagogik vielfach ganz verkehrt. Es war aber nicht immer so. Wenn wir in jene alten Zeiten zurückgehen, die vor dem ersten Drittel des fünfzehnten Jahrhunderts liegen, so hätte es da so etwas wie die heutige Jugendbewegung nicht geben können. Einer Jugendbewegung in der heutigen Form hätte man dazumal kein Lebensrecht zugestanden, es hätte sie nicht geben können. Und wenn man sich die Frage beantworten will, warum es sie nicht hätte geben können, dann muß man eben hinschauen auf die besonders signifikanten Verhältnisse, wie sie etwa bestanden zwischen Menschen, die sich in Klosterschulen für das Leben vorbereiteten. Wir können auch die Verhältnisse unter jungen Leuten nehmen, die für das Handwerk vorbereitet wurden. Wir würden nicht viel anderes finden, sondern genau dasselbe. Dazumal, in den ältesten Zeiten, da wußte man ganz genau, daß niemand vor dem achtzehnten Jahre zu einem Wissen heranerzogen werden könne. Es wäre den Leuten einfach absurd erschienen, wenn man behauptet hätte, man könne einen Menschen vor dem achtzehnten Jahre zum Wissen heranziehen. Unter den älteren Leuten, namentlich wenn diese Erzieher oder Unterrichter waren, wußte man dazumal ganz genau: zum Wissen heranziehen kann man die Jugend nicht. Man muß sich die Möglichkeit erwerben, die Jugend zum Glauben an dasjenige heranzuziehen, was man selber nach seinem Wissen für wahr hält. Und das war einem etwas Heiliges, die Jugend zum Glauben heranzuziehen.

Heute sind alle diese Verhältnisse ganz verwuselt, weil man dasjenige, was man in älteren Zeiten nur von der Jugend verlangt hat, den Glauben, von den erwachsenen Menschen in bezug auf das Übersinnliche verlangt. Den Begriff des Glaubens hatte man dazumal im Grunde nur für die eigentliche Jugend; aber man betrachtete ihn als etwas Heiliges. Man hätte sich den Vorwurf gemacht, seine heiligste Menschenpflicht zu versäumen, wenn man es als Lehrer oder als Erzieher nicht dahin gebracht hätte, daß die Jugend aus der Frische und Überzeugungskraft der Menschennatur heraus an einen glaubt und so die Wahrheit übernimmt. Diese Gefühlsnuance lag in aller Erziehung, in allem Unterricht. Es mag einem sonst alles Erziehen und Unterrichten der damaligen Zeit heute unsympathisch erscheinen, weil es in alle möglichen Klassen und Differenzierungen eingeschachtelt war. Aber wenn wir davon absehen, so war die Erziehung damals so gestaltet, daß die Jugend an die Erzieher glauben konnte.

Damit aber war ein anderes verknüpft: die Unterrichtenden waren sich bewußt, erst den Anspruch darauf erwerben zu müssen, daß die Jugend an sie glauben könne. Ich werde Ihnen das daran erläutern, wie die Jugend in den Klosterschulen darinnenstand, die ja die einzigen Bildungsanstalten in den Zeiten waren, die dem fünfzehnten Jahrhundert vorangingen. Da mußte man sich erst den Anspruch erwerben, um von der Jugend ernst genommen zu werden, denn das war die Voraussetzung dafür, daß die Jugend an einen glaubte. Man bildete sich nicht ein, daß die Jugend an einen glauben müsse, weil man erwachsen war oder weil irgendeine Behörde einem ein Diplom ausgestellt oder einen angestellt hatte. Gewiß haben auch damals Diplome und solche Dinge eine gewisse äußerliche Rolle gespielt. Den Anspruch, von der Jugend ernst genommen zu werden, erwarb man sich aber nicht dadurch, daß man ihr ein Wissen überlieferte. Heute können wir schwer einen Sinn mit dem Satz verbinden: «Man will der Jugend kein Wissen überliefern.» Aber dazumal war es fast selbstverständlich, daß man die Jugend erst anschauen, empfinden ließ, daß man selbst etwas kann, bevor man ihr ein Wissen überlieferte. Erst von einem gewissen Alter an sagte man der Jugend, was man wußte. Zuerst zeigte man ihr, was man kann, und so war der Inhalt des Unterrichts zunächst die Dreiheit von Grammatik, Dialektik und Rhetorik. Das waren keine Wissenschaften. Zu dem Ungeheuer von Pseudowissenschaft, zu dem es die Grammatik im Laufe der Zeit gebracht hat, ist sie erst später geworden. In jenen alten Zeiten war die Grammatik nicht das, was sie heute ist, sondern sie war die Kunst, Gedanken und Worte zu verbinden, zu trennen und so weiter. Grammatikunterricht war in gewissem Sinne ein künstlerischer Unterricht, und erst recht war das der Fall bei der Kunst der Dialektik und der Rhetorik. Alles war darauf berechnet, an die Jugend zunächst so heranzukommen, daß sie empfinden mußte: Man kann etwas; man kann sprechen und denken und Schönheit walten lassen im Sprechen. – Grammatik, Dialektik und Rhetorik, das war ein Unterricht im Können und zwar in einem solchen Können, das sich eng anschloß an die menschliche Regsamkeit des Unterrichtenden und Erziehenden. Wenn wir heute von Anschauungsunterricht sprechen, so lösen wir diesen ja ganz los von der Persönlichkeit des Unterrichtenden und Erziehenden. Wir schleppen alle möglichen Geräte, bis zu den scheußlichen Rechenmaschinen, zusammen, um nur ja den Unterricht so unpersönlich wie möglich zu machen. Wir bestreben uns, ihn von dem Persönlichen loszulösen. Das kann man aber nicht, denn dieses Bestreben führt nur dazu, daß die schlechtesten Seiten der Erzieher zur Wirksamkeit kommen und sie, wenn da alle mögliche «Objektivität» zusammengeschleppt wird, die schönen Seiten ihres Wesens gar nicht entfalten können.

Es bestand also die Anforderung an den Erzieher und Unterrichter, die Jugend zuerst empfinden zu lassen, was er – und zwar im höchsten Sinne – als Mensch «kann»: wie er die Sprache beherrscht, wie er die Gedanken beherrscht, wie sich sogar die Schönheit seiner Sprache mitteilt. Erst dadurch, daß man eine Zeitlang in dieser Art die jungen Leute zusehen ließ, was man kann, erwarb man sich den Anspruch darauf, sie allmählich auch heranzuziehen zu dem, was man wissen kann: zur Arithmetik, Geometrie, Astronomie und Musik, wie sie damals gemeint war als einer harmonischen und melodischen Durchdringung der ganzen Weltenordnung. Dadurch, daß man ausging vom Grammatischen, Dialektischen und Rhetorischen, konnte man in Arithmetik, Geometrie, Astronomie und Musik noch so viel Künstlerisches gießen, als eben möglich ist, wenn vom Künstlerischen ausgegangen wird.

Sehen Sie, das ist nun alles verflüchtigt, verduftet unter dem ersten Heraufkommen des Intellektualismus. Von altem Artistischem in dieser Art haben wir ja nur noch ganz spärliche Reste. An einzelnen Universitäten werden die Doktor-Diplome bekanntlich so ausgestellt, daß der betreffende Diplomierte ernannt wird zum «Doktor der Philosophie und der sieben freien Künste». Aber was es mit diesen sieben freien Künsten für eine Bewandtnis hat, das wissen Sie ja ungefähr. Historisch kann man daran erinnern, daß der berühmte *Curtius*, der in Berlin gelehrt hat und eine außerordentliche Persönlichkeit war, ein von seinem Fach ganz abweichendes Diplom hatte. Sie glauben vielleicht, daß er die Venia legendi für Kunstgeschichte hatte? Das war aber nicht der Fall. Er hatte den Lehrauftrag für Eloquentia, Beredsamkeit! Aber zu seiner Zeit wäre es schon antiquiert gewesen, dieses Fach irgendwie geltend zu machen. Er war Professor der Beredsamkeit, und um überhaupt etwas tun zu können, vertrat er Kunstgeschichte, und vertrat sie ausgezeichnet. Es wäre einem sogar schon in der damaligen Zeit, als

Curtius lehrte, komisch vorgekommen, wenn die Beredsamkeit ein Lehrfach gewesen wäre. Aber die Beredsamkeit, die Rhetorik, war in früheren Zeiten für die jüngere Jugend ein Grundlehrfach, und dadurch kam etwas durch und durch Künstlerisches in die Erziehung hinein. Aber dieses Hineinbringen eines Künstlerischen in die Erziehung war noch ganz unter den Gesichtspunkt der alten Menschenordnung gestellt, wo die Verstandes- oder Gemütsseele der Verstandes- oder Gemütsseele gegenüberstand. Heute ist man noch gar nicht in der Lage, sich die Frage von dem neuen Gesichtspunkte aus zu stellen: Wie müssen diese Dinge sein, wenn in der Menschenordnung die Bewußtseinsseele der Bewußtseinsseele gegenübersteht? – Sobald Pädagogik im weiteren Sinne in Betracht kommt, stellt sich eben diese Frage von selbst ein. Sie ist längst gestellt, sie ist seit Jahrzehnten gestellt, aber die Menschen haben noch nicht das aktive Denken aufgebracht, sie zu formulieren und deutlich zu empfinden. Und wo liegt eine Antwort auf diese Frage?

Eine Antwort auf diese Frage liegt darinnen, daß wir einsehen lernen – denn es kommt bei diesen Dingen auf Willensentfaltung an und nicht auf eine theoretische Lösung –, daß das Kind, indem es aus dem vorirdischen in das irdische Dasein hereintritt, sich zunächst die Kraft der Nachahmung mitbringt, so daß das Kind ein Nachahmer ist bis zum Zahnwechsel. Aus dieser Kraft der Nachahmung wird ja noch die Sprache gelernt. Sie ist ja, ich möchte sagen, dem Kinde einergossen, so wie seine Blutzirkulation ihm einergossen ist, indem es das Erdendasein betritt. Aber wir können nun das Kind nicht einfach an eine immer bewußtere Erziehung herankommen lassen, indem wir aus der Bewußtseinsseele heraus die Erkenntnis in Form der sogenannten Wahrheit überliefern. Die frühere Zeit, die ich eben in bezug auf das Erziehungsproblem charakterisiert habe, sagte: Vor dem achtzehnten Jahre kann ein junger Mensch nichts wissen, also muß man ihn durchs Können zum Wissen, das er zuerst im Glauben hinnimmt, führen. – Durch den Glauben, den er in jüngeren Jahren aufnimmt, werden in ihm die Wissenskräfte zwischen dem achtzehnten und neunzehnten Jahre geweckt. Die Wissenskräfte müssen aus dem Inneren heraus geweckt werden, und um das tun zu können, um gewissermaßen den jungen Menschen auf den Wartestandpunkt zu setzen bis zu seinem achtzehnten Jahre, suchte man sich der Jugend gegenüber so zu verhalten, daß man ihr zuerst zeigte, was man selber kann. Dann erzog man sie zu der Empfindung, mit einem selber – ich möchte sagen provisorisch – bis zum achtzehnten Jahre zu erleben, was man wissen soll. Das «Wissenaneignen» war bis zum achtzehnten, neunzehnten Jahre ein Provisorium, weil man vor dieser Altersstufe eigentlich überhaupt nichts wissen kann. Aber kein Lehrer kann irgendeinem Jungen oder Mädchen in Wahrheit ein Wissen überliefern, wenn nicht in diesem jungen Menschen die empfindende Überzeugung gereift ist: Der kann etwas. – Es ist einfach der Menschheit gegenüber ein unverantwortliches Beginnen, als Pädagoge anders wirken zu wollen als dadurch, daß die Jugend zuerst die selbstverständliche Meinung bekommt: Der kann etwas.

Bevor man als junger Mensch an die Arithmetik kam, wie sie damals aufgefaßt wurde – sie war nicht jenes stroherne abstrakte Zeug wie heute –, war man sich klar darüber, daß diejenigen, die einen in die Arithmetik einführen, reden und denken können. Man war sich auch klar darüber, daß sie über Beredsamkeit verfügen. Das war ein Grund, um sich als junger Mensch an dem älteren hinaufzuranken, wenn man das alles aus der eigenen Empfindung heraus wußte. Wenn man bloß weiß, er hat ein Diplom, dann geht die Geschichte, die da begründet werden soll, schon manchmal mit dem zehnten Jahre kaputt. Die Frage, die dazumal lebendig unter den Leuten lebte, muß wiederum lebendig werden. Weil sich heute in der Menschenordnung Bewußtseinsseele der Bewußtseinsseele gegenübersteht, kann diese Frage nicht ebenso gelöst werden wie früher, wo Gemütsseele der Gemütsseele gegenüberstand. Sie muß heute anders gelöst werden.

Selbstverständlich können wir nicht wieder beginnen, das «trivium quadrivium» einzuführen, obwohl es noch immer besser wäre als das, was heute an die Jugend herangebracht wird. Wir müssen den heutigen Verhältnissen, nicht den äußeren, sondern denjenigen, die in der Entwickelung des Menschengeschlechtes liegen, Rechnung tragen. Da ist es so, daß wir den Übergang finden müssen zwischen der Zeit der selbstverständlichen Nachahmung, welche das Kind vor dem Zahnwechsel einfach aus seiner Natur heraus übt, und der Zeit, wo wir zunächst auf

Treu und Glauben hin, später auf das eigene Urteil rechnend, den Menschen Wissen beibringen können.

Aber da ist eine Zwischenzeit, und diese Zwischenzeit ist für die heutige Jugend ungeheuer kritisch. Für diese Zwischenzeit muß das wichtigste Weltproblem gelöst werden, von dem Fortschritt, Rückschritt oder sogar Niedergang der menschlichen Entwickelung in der Zukunft abhängt: Was haben die Älteren mit den Jüngeren zu tun zwischen den Jahren, wo nachgeahmt wird, und den Jahren, wo das Wissen überliefert werden kann? Diese Frage ist eine der wichtigsten Kulturfragen der Gegenwart.

Und was war denn die Jugendbewegung, insofern sie ernst zu nehmen ist? Sie war das Lechzen nach einer Antwort auf diese Frage. Und die Jugend kam darauf, daß auf den Schulen eine solche Antwort nicht zu finden ist, und so trieb sie sich – verzeihen Sie den Ausdruck, er ist nicht so schlimm gemeint, wie er klingt – in Wald und Flur und auf dem Felde herum. Sie zog es vor, statt Schulmensch zu werden, Vogel zu werden, Wandervogel zum Beispiel.

Das Leben muß angeschaut werden und nicht die Theorie, wenn man die große Weltkulturfrage bewältigen will. Wer heute in das Leben hineinschaut, der findet: Damit die Menschheit nicht verkümmere, muß die Zeit zwischen dem Nachahmungsalter und dem Alter, wo der Mensch die Erkenntnis in der Form der Wahrheit übernehmen kann, ausgefüllt werden dadurch, daß dem Menschen das, was er für Kopf, Herz und Willen haben muß, in künstlerischer Schönheit überliefert wird. Aus einer alten Kulturordnung war die Siebenheit von Grammatik, Dialektik, Rhetorik, Arithmetik, Geometrie, Astronomie und Musik als etwas Künstlerisches herausgewachsen. Heute brauchen wir auch ein Künstlerisches, nur muß es gemäß den Forderungen der Bewußtseinsseele nicht in dieser Weise spezialisiert sein, daß sieben freie Künste walten. Es muß für das Volksschulalter und noch lange über das Volksschulalter hinaus – solange es sich überhaupt um Erziehung und Unterricht handelt – der ganze Unterricht durchfeuert und durchglüht sein von dem künstlerischen Elemente. Die Schönheit muß für das Volksschulalter und für das spätere Alter des Menschen walten, die Schönheit als die Dolmetscherin der Wahrheit.

Diejenigen, die nicht gelernt haben, durch die Schönheit sich die Wahrheit zu erobern, werden niemals ein Vollmenschliches in sich aufnehmen, das sie wappnet gegenüber den Anforderungen des Lebens. Die deutschen Klassiker haben das vorausgeahnt, wenn auch nicht in voller Tragweite betont. Aber sie haben damit kein Verständnis gefunden. Sehen Sie doch, wie *Goethe* die Wahrheit durch die Schönheit sucht. Hören Sie, wie Goethe sagt: Die Kunst ist eine Manifestation geheimer Naturkräfte, – was ja nichts anderes besagen will, als daß man durch die künstlerische Erfassung der Welt erst zu der lebendigen Wahrheit gelangt, während man sonst nur zur toten Wahrheit kommt. Und *Schillers* schönes Wort lautet: Nur durch das Morgentor des Schönen dringst du in der Erkenntnis Land! – Bevor nicht der Sinn dieses Weges: durch das Künstlerische, durch das Artistische in das Wahrheitsgebiet hineinzugehen, im allertiefsten Sinne durchdrungen wird, kann auch nicht die Rede sein davon, daß die Menschheit sich ein wirkliches Verständnis für die übersinnliche Welt im Sinne des Zeitalters der Bewußtseinsseele aneigne.

Denn sehen Sie, vom Menschen kann man ja mit Hilfe der Wissenschaft, die man heute hat und anerkennt, nur den physischen Körper erkennen. Es gibt keine Möglichkeit, mit der heutigen Wissenschaft etwas anderes vom Menschen zu erkennen als den physischen Körper. Daher wird auch über Physiologie und Biologie nur dann zutreffend, ja sogar großartig gesprochen, solange es sich um den physischen Körper handelt. Wohl redet man auch noch ein wenig von Psychologie. Aber die kennt man nur als Experimentalpsychologie und beobachtet solche seelischen Erscheinungen, die mit dem physischen Leib zusammenhängen. Von rein seelischen Erscheinungen können sich die Menschen nicht die geringste Vorstellung machen. Daher sind sie auch darauf gekommen, den psychophysischen Parallelismus zu erfinden, wie man ihn nennt. Parallelen können sich aber erst in der Unendlichkeit schneiden. So kann man auch sagen: Über den Zusammenhang von physischem Leib und der Seele kann man erst etwas wissen in der Unendlichkeit. – Und so stellte man den psychophysischen Parallelismus auf.

In alledem drückt sich symptomatisch das Unvermögen des Zeitalters aus, den Menschen zu verstehen. Denn erstens, wenn man den Menschen verstehen will, hört sofort die Macht des Intellektualismus auf. Der Mensch läßt sich nicht intellektualistisch verstehen. Man kann fest und steif beharren auf dem Intellektualismus; dann muß man aber auf die Erkenntnis vom Menschen verzichten. Doch müßte man sich dazu erst das Gemüt herausreißen, und das kann man nicht. Wenn man es aber nicht herausreißt, so verkümmert es. Der Kopf kann wohl noch verzichten auf das Verständnis des Menschen, aber das Gemüt verkümmert. Unsere ganze Kultur schreibt sich so aus dem verkümmerten Gemüt her. Und zweitens ist ein Menschenverständnis nicht mit den Begriffen zu erringen, die uns großartig führen in der äußeren Natur. Mögen wir mit denen auch äußerlich noch so viel erreichen, aber das tun sie ganz sicher nicht, daß sie uns auch nur zum zweiten Gliede des menschlichen Leibes führen, nämlich zum ätherischen Menschenleib, zum Bildekräfteleib.

Denken Sie sich, der Mensch könnte durch die Methoden der heutigen Wissenschaft schon so viel wissen, wie man vielleicht, sagen wir, am Erdenende wissen wird, also ganz furchtbar viel. Ich will einen ganz vollendeten, ganz gescheiten Wissenschafter annehmen. Ich will gar nicht einmal sagen, daß es nicht Wissenschafter gibt, die diesem Zustande schon nahe sind, denn ich glaube gar nicht, daß man im Intellektualismus in Zukunft noch besonders fortschreiten wird. Man wird eben andere Wege gehen. Ich habe den höchsten Respekt vor dem Intellektualismus unserer Gelehrsamkeit. Glauben Sie ja nicht, daß ich das, was ich sage, aus einer Respektlosigkeit heraus sage; ich sage es in vollem Ernst. Gescheite Wissenschafter sind zweifellos in großer Zahl vorhanden, daran soll auch nicht im geringsten gezweifelt werden! Aber selbst wenn ich annehmen würde, daß diese Wissenschaftlichkeit den höchsten Gipfel erreicht hätte, den sie erreichen kann, so würde man damit doch nur den physischen Menschenleib begreifen können, gar nichts jedoch von dem ätherischen Leibe. Nicht, als ob ich behaupten wollte, daß die Erkenntnis des ätherischen Leibes auf einer Phantasterei beruhe. Das ist nicht der Fall. Sie ist eine wirkliche Erkenntnis. Aber die Anregung, überhaupt ein Auge zu bekommen für dieses, ich möchte sagen, untergeordnetste unter den übersinnlichen Gliedern der

Menschennatur, die kann nur aus dem artistischen Seelenerlebnis herauf kommen. Dazu gehört eben einfach künstlerisches Seelenblut.

Daher können Sie sich auch vorstellen, daß, je mehr man in unserer objektiven Wissenschaft mit Sorgfalt alles vermeiden will, was künstlerisch ist, diese Wissenschaft den Menschen immer mehr davon abbringt, sich selbst, nämlich den Menschen, kennenzulernen. Es ist ungeheuer viel, was wir durch die Mikroskope und durch andere Apparate erfahren haben. Aber dadurch kommen wir dem Ätherleibe niemals näher, sondern nur ferner. Wir verlieren schließlich ganz den Weg, um überhaupt einen Zugang zu gewinnen zu dem, was in erster Linie für das Begreifen des Menschen notwendig ist. Bei den Pflanzen können wir es noch verwinden, weil uns die nicht so nahe angehen. Die Pflanze schert sich nicht darum, daß sie nicht jenes Laboratoriumsprodukt ist, zu dem sie die moderne Naturwissenschaft macht. Sie wächst deshalb doch unter dem Einfluß der ätherischen Kraft des Weltalls und beschränkt sich nicht auf das, was Physik und Chemie als Kräfte voraussetzen. Aber wenn wir als Mensch dem Menschen gegenüberstehen, dann hängt unser Gefühl, unser Vertrauen, unsere Pietät, kurz alles, was in unserem Gemüte ist und im Zeitalter der Bewußtseinsseele selbstverständlich über das bloß Instinktive hinausgeht – in der Bewußtseinsseele geht ja alles über das Instinktive hinaus –, davon ab, daß wir eine Erziehung bekommen, die uns hinschauen läßt auf etwas, was nicht bloß physischer Menschenleib ist.

Wenn uns die Erzieher davon abbringen, eine Einsicht in das zu bekommen, was der Mensch ist, so können wir nicht verlangen, daß im Gemüte die Kräfte heranwachsen, die den Menschen in der richtigen Weise dem Menschen gegenüberstellen. Aber alles hängt davon ab, daß der Mensch sich losreißen kann von dem Haften an der bloßen Beobachtung, an dem bloßen Experiment. Ja, wir können die Beobachtung, das Experiment, im richtigen Sinne erst würdigen, wenn wir uns davon losreißen, und das einfachste Losreißen ist das artistische, das künstlerische Losreißen.

Wenn der Lehrer, der Unterrichter, dem Kinde wiederum gegenüberstehen wird so, wie für ein älteres Zeitalter passend die Grammatik, die Dialektik, die Rhetorik der Jugend gegenübergestanden haben, das heißt, wenn der Lehrer, der Unterrichter wieder der Jugend gegenüberstehen wird so, daß seine Handhabung des Unterrichts wieder artistisch ist, daß überall Kunst im Unterricht herrscht, dann wird eine andere Jugendbewegung entstehen – sie mag Ihnen heute unsympathisch sein –, aber es wird eine Jugendbewegung entstehen, die sich hindrängen wird zu den artistischen Lehrern, weil sie da «saugen» will, weil sie von ihnen das erwarten wird, was die Jugend von den Älteren erwarten muß. Denn in Wahrheit kann die Jugendbewegung nicht eine bloße Opposition, ein bloßes Auflehnen gegen das Ältere sein, sondern es ist schon ähnlich so wie mit dem Säugling: könnte man nicht von der Mutter die Muttermilch bekommen, man könnte alles andere auch nicht. Was man lernen muß, das muß man eben lernen. Aber man wird es eben lernen, wenn man einen so selbstverständlichen Zug zu den Älteren hat, wie ihn der Säugling hat zu der Mutterbrust, wie ihn das Kind hat, wenn es durch die Nachahmung sprechen lernt. Den wird man haben, wenn einem entgegentritt von der älteren Generation das Künstlerische, wenn einem die Wahrheit zuerst in der Schönheit erscheint. Dann wird gerade das Beste sich in den jungen Menschen entzünden: nicht der Intellekt, der immer passiv bleibt, sondern der Wille, der aktiv wird und der auch noch das Denken aktivieren wird. Artistisch-künstlerische Erziehung wird eine Willenserziehung sein, und von der Erziehung des Willens hängt ja doch alles ab. Wie das weiter aufzufassen ist, davon dann morgen.

ZEHNTER VORTRAG

Stuttgart, 12. Oktober 1922

Ich wollte Ihnen gestern begreiflich machen, wie man zu einer Erziehung, beziehungsweise zu einer Führung der jungen Menschen dadurch kommen müsse, daß die Erziehung in künstlerischer Art gestaltet wird. Ich habe darauf aufmerksam gemacht, daß der Erzieher in früheren Zeitaltern in einem gewissen Sinne vom Künstlerischen ausgegangen ist. Das geschah für die sogenannte höhere Schulbildung, indem man, was heute schon ganz die Form des Abstrakten, Wissenschaftlichen angenommen hat, das Grammatische, Dialektische und Rhetorische als Künste betrachtete und handhabte, so daß der junge Mensch an seinem Führer zuerst etwas kennenlernte, das ihn sich sagen ließ: Der kann etwas, was ich nicht kann. – Und dadurch allein stellte sich das richtige Verhältnis zwischen den jüngeren und den älteren Generationen her, denn dieses Verhältnis kann sich niemals auf dem Wege der Intellektualität entwickeln. Sobald man nicht mit der Gemüts- und Verstandesseele die innerlich geoffenbarten Ideen hat, sondern sich mit der Bewußtseinsseele auf den Boden des Verstandes stellt, gibt es keine Möglichkeit, unter den Menschen irgendwie noch zu differenzieren. Denn die menschliche Natur ist so veranlagt, wenn es sich darum handelt, irgend etwas mit der Bewußtseinsseele begrifflich auszumachen, wenn der Mensch überhaupt nur zu Begriffen kommt, daß jeder glaubt, mit jedem über diese Begriffe diskutieren zu können. So ist es beim Intellekt, bei dem ja die Reife, die Erfahrung des Menschen gar nicht in Betracht kommt. Reife und Erfahrung des Menschen kommen erst beim Können in Betracht. Das Können eines älteren Menschen wird von der Jugend auch ganz selbstverständlich anerkannt.

Um nun diese Dinge aus dem Fundamente heraus zu verstehen, müssen wir uns noch einmal von einem anderen Gesichtspunkte aus ein wenig vor die Seele stellen, wie die Menschheitsentwickelung eigentlich in bezug auf den Verkehr von Mensch zu Mensch verlaufen ist. Die äußere Geschichte, die sich an Dokumente hält, kann ja nur einige Jahrtausende vor das Mysterium von Golgatha zurückgehen, und sie kann das, was sie da erkundet, nicht einmal in der richtigen Weise bewerten, weil schon die geistigen Erzeugnisse der alten Griechenzeit mit den Begriffen von heute gar nicht mehr erfaßt werden können. Man muß schon für die alte Griechenzeit ganz andere Begriffe anwenden. Das hat unter anderen *Nietzsche* gefühlt. Daher ist so reizvoll seine nicht beendete kleine Schrift «Die Philosophie im tragischen Zeitalter der Griechen», wo er die Philosophie der Griechen im Zusammenhange mit der allgemeinen griechischen Kulturentwickelung bis zu Sokrates behandelt. In Sokrates findet er das erste Aufleuchten der bloßen Intellektualität, während alles Philosophische in dem sogenannten tragischen Zeitalter der griechischen Entwickelung aus umfassenden menschlichen Untergründen hervorgegangen ist, für die, wenn sie begrifflich ausgedrückt werden, das Begriffliche eben nur eine Sprache ist, um Erlebtes auszudrücken. Philosophie ist ja in den ältesten Zeiten etwas ganz anderes, als was sie später geworden ist. Aber darauf will ich jetzt nur hinweisen.

Wovon ich hier eigentlich sprechen will, das ist, daß man mit geistiger Imagination und besonders Inspiration viel weiter zurückschauen kann, auch auf die Details der menschlichen Entwickelung, vor allen Dingen hineinschauen kann in die Seelen der Menschen. Und da zeigt sich, daß wenn wir sehr weit, etwa in das siebente, achte Jahrtausend vor dem Mysterium von Golgatha zurückgehen, es da sogar eine ganz selbstverständliche Verehrung der Jugend für das hohe Alter gab. Warum war diese Verehrung selbstverständlich? Weil in jenen ältesten Zeiten dasjenige, was heute nur für die ersten Jugendjahre vorhanden ist, noch für die ganze Menschheitsentwickelung vorhanden war.

Wenn man nicht in so grober Weise auf die menschliche Wesenheit hinschaut, wie man es heute oft tut, so wird man schon finden, daß die ganze seelische Entwickelung des Menschen ungefähr um die Zeit des Zahnwechsels, um das sechste, siebente, achte Jahr herum, eine andere wird. Die Seele des Menschen wird eine andere, und sie wird wiederum eine andere mit der Geschlechtsreife. Ich habe das ausführlich auseinandergesetzt in meinem Büchelchen «Die Erziehung des Kindes vom Gesichtspunkte der Geisteswissenschaft». Das bemerken die Leute zur Not noch, daß die Seelenentwickelung des Menschen eine andere wird im siebenten, eine andere wird im vierzehnten, fünfzehnten Jahr. Was sie aber gar nicht mehr bemerken, ist, daß weitere Übergänge in der Seelenentwickelung stattfinden im Anfange der zwanziger, am Ende der zwanziger, in der Mitte der dreißiger Jahre und so weiter.

Wer intimer das seelische Leben zu betrachten vermag, weiß gut, daß solche Übergänge beim Menschen stattfinden, daß sich das menschliche Leben überhaupt in rhythmischer Art abspielt. Versuchen Sie nur, sich das beispielsweise bei *Goethe* anschaulich zu machen. Goethe verzeichnet ja selber, wie er es aus gewissen kindlichen religiösen Vorstellungen, aus dem ganzen Vorstellungskomplex, den er bis dahin hatte, durch das Erdbeben von Lissabon, also ungefähr zur Zeit seines Zahnwechsels herausgehoben wurde, und wie er schon als Kind an allem irre wurde. Er beschreibt, wie er über die Frage nachzudenken anfing, ob es denn eine Güte Gottes in der Wirksamkeit der Welt geben könne, wenn durch die fürchterlichen Feuerkräfte der Erde unzählige Menschen dahingerafft werden. Goethe war eben, ganz besonders in solchen Übergangsmomenten seines Lebens, sehr empfänglich dafür, äußere Ereignisse auf seine Seele wirken zu lassen, so daß er sich seiner seelischen Umgestaltung bewußt wurde. Und ungefähr für diese Zeit verzeichnet Goethe bei sich selber, wie er zu einer Art «sonderlichem Pantheisten» geworden ist, wie er an die Vorstellungen, die ihm von den älteren Leuten seines Hauses und von den Eltern überliefert wurden, nicht mehr glauben konnte. Er beschreibt, wie er sich ein Notenpult seines Vaters nahm, Mineralien darauf legte, obenauf ein Räucherkerzchen, das er beim ersten Hereinleuchten der Morgensonne durch ein Brennglas entzündete. Er drückte das im späteren Leben dadurch aus, daß er sagte, er habe dem großen Gotte der Natur ein Opfer darbringen wollen durch die Entzündung dieses Opferfeuers, das er an der Natur selber entzündet hatte.

Nehmen Sie diese erste Periode von Goethes Leben, dann die folgende und immer weiter, indem Sie sein ganzes Leben aus Zeitabschnitten zusammensetzen, für die diese kindliche Epoche die ungefähre Länge angibt: Sie werden finden, daß bei Goethe in solchen Zeitabschnitten immer etwas geschieht, was seine Seele gründlich umändert. Es ist außerordentlich interessant zu sehen, wie selbst jenes Ereignis, daß *Schiller*

Goethe angeregt hat, den «Faust» fortzusetzen, bei Goethe nur dadurch einen so fruchtbaren Boden fand, weil er am Ende des achtzehnten Jahrhunderts in einer epochalen Periode seines Lebens stand. Es ist interessant, daß Goethe seinen «Faust» umgedichtet hat am Anfange eines neuen Lebensabschnittes. In Goethes Jugend wird «Faust» so begonnen, daß Faust das Buch des Nostradamus aufschlägt, wo geschildert wird, «wie Himmelskräfte auf- und niedersteigen und sich die goldenen Eimer reichen». Dann wird aber das Blatt umgeschlagen und gesagt: «Du Geist der Erde bist mir näher.» Goethe weist das große Tableau des Makrokosmos zurück und läßt nur den Erdgeist an seinen Faust herankommen. Als er dann im Anfange des neunzehnten Jahrhunderts von Schiller veranlaßt wurde, den «Faust» umzudichten, schuf er den «Prolog im Himmel».

Wer in dieser intimen Art sein eigenes Leben beobachten kann, wird auch bei sich solche Umschwünge finden. Wir bemerken sie aber heute nur, wenn wir uns geradezu dahin trainieren, intim auf unser eigenes Leben hinzuschauen.

Im sechsten, siebenten, achten Jahrtausend vor dem Mysterium von Golgatha waren diese Umschwünge für die Menschen so stark bemerkbar, daß sie als seelische Empfindung erlebt wurden, wie heute der Zahnwechsel oder die Geschlechtsreife. Und zwar war es so, daß ungefähr bis zur Mitte des Lebens, bis zum fünfunddreißigsten, sechsunddreißigsten Jahre, diese Umschwünge so empfunden wurden, daß man das Leben bis dahin als aufsteigend betrachtete. Dann aber ging es abwärts. Man empfand sozusagen das Verdorren des Lebens. Aber indem man fühlte: da im Organismus lagern sich mit einer gewissen Trägheit Stoffwechselprodukte ab – indem man fühlte, daß der physische Organismus immer schwerer und unlebendiger wird, wurde man zugleich bis in das höchste Alter hinein gewahr, wie gerade das Seelisch-Geistige aufgeht. Man fühlte, wie beim Verdorren des Leibes die Seele sich befreite. Und man hätte in alten Zeiten nicht mit solcher Inbrunst von gewissen Menschen als von Patriarchen gesprochen – das Wort selber ist ja erst später gekommen –, wenn man nicht äußerlich an den Menschen bemerkt hätte: Der wird zwar physisch alt, aber er verdankt seinem physischen Älterwerden ein Aufleuchten des Geistes. Er ist nicht mehr vom Körper abhängig. Der Körper verdorrt, die Seele wird frei.

In der neueren Zeit ist außerordentlich selten, was einmal an der Berliner Universität vorgekommen ist. Es waren da zwei Philosophen, der eine hieß *Zeller* – es war der berühmte Griechen-Zeller –, der andere *Michelet*. Zeller war siebzig Jahre alt und wollte sich pensionieren lassen. Michelet war neunzig und trug mit ungeheurer Lebendigkeit vor. *Eduard von Hartmann* hat mir erzählt, daß Michelet gesagt haben soll: «Ich begreife nicht, warum der Jüngling nicht mehr vortragen will.»

Selten erhalten sich Menschen heute in solcher Frische. Aber damals war es so, besonders bei denen, die sich mit wirklich geistigem Leben abgaben. Was sagte sich die Jugend, wenn sie die Patriarchen anschaute? Sie sagte sich: Es ist doch schön, alt zu werden! Da erfährt man etwas durch seine eigene Entwickelung, was man früher nicht wissen kann. – Und das sagte man sich auf eine ganz natürliche Weise. Gerade so, wie sich ein kleiner Junge, der ein Spielpferd hat, wünscht groß zu werden, um ein wirkliches Pferd zu bekommen, so wünschte man sich dazumal, alt zu werden, weil man empfand, daß einem dann von innen heraus etwas geoffenbart wird.

Dann kamen die folgenden Jahrtausende. Da empfand man dieses zwar noch bis in ein höheres Alter hinauf, aber nicht mehr so lange, wie in dem urindischen Zeitalter, nach der Terminologie, die ich in meiner «Geheimwissenschaft im Umriß» gebrauche. In der Blütezeit des Griechentums empfand der Mensch noch ganz lebendig den Umschwung des Lebens in der Mitte der dreißiger Jahre. Da wußte man noch den Unterschied zwischen Leiblichem und Geistigem anzugeben, indem man sich sagte: Wenn man dreißig Jahre alt ist, geht es mit dem Physischen abwärts, aber das Geistige sprießt dann erst recht hervor. – Das empfand man geistig-seelisch in unmittelbarer menschlicher Gegenwart. Darauf beruht das Urempfinden des Griechentums, nicht auf jener Phantasie, von der die heutige Wissenschaft spricht. Will man verstehen, worauf das Lebensvolle des Griechentums beruht, so muß man wissen, daß die Griechen noch mit Bewußtsein dreißig, fünfunddreißig, sechsunddreißig Jahre alt werden konnten, während eine ältere Menschheit mit Bewußtsein noch viel älter wurde. Darin besteht die

Entwickelung der Menschheit. Dann mußte die Menschheit von Natur aus das Älterwerden immer mehr unbewußt erleben; und nun entsteht die Anforderung, das wiederum bewußt zu durchleben, denn bewußt muß es wieder durchlebt werden.

Wer sich selbst beobachtet, kann diesen siebenjährigen Umschwung erkennen. Die Länge ist nicht pedantisch genau, aber approximativ. Wer zurückschaut auf die Zeit seines neunundvierzigsten, zweiundvierzigsten, fünfunddreißigsten Jahres, der kann ganz gut wissen: dazumal ist mit dir etwas vorgegangen, wodurch du etwas erfahren oder empfinden gelernt hast, was du vorher aus deiner Natur heraus einfach nicht hättest erreichen können, geradesowenig, wie du mit den zweiten Zähnen hättest beißen können, bevor du sie gehabt hast. – Die Fähigkeit, das Menschenleben als etwas Konkretes zu erleben, ist im Verlauf der Menschheitsentwickelung verlorengegangen. Und wenn man sich heute nicht innerlich trainiert, um das an sich zu beobachten, so verwischen sich diese Epochen vom dreißigsten Jahre an vollständig. Im Beginne der zwanziger, auch noch am Ende der zwanziger Jahre, hier jedoch schon weniger, ist noch etwas zu bemerken von einem innerlichen Anderswerden. Aber die menschliche Organisation ist heute so geworden, daß der Mensch von seiner natürlichen Entwickelung eigentlich nur bis zu seinem sechsundzwanzigsten, siebenundzwanzigsten Jahre getragen wird, und diese Grenze wird immer mehr nach unten verschoben werden. Die Menschen waren in früheren Zeiten dadurch unfrei in ihrer Organisation, daß sie prädestiniert waren, dies aus ihrer Natur heraus durchzumachen. Freiheit ist nur dadurch möglich geworden, daß diese Naturbestimmtheit aufgehoben wurde. In dem Maße, in dem sie aufhört, wird Freiheit möglich. Der Mensch muß durch seine eigene innere Anstrengung dahin kommen, das Geistige zu finden, während dieses früher, von Jahr zu Jahr, je älter man wurde, naturgemäß hervorsproß.

So stehen wir heute vor der Situation, daß aus all den Gründen, die ich in den letzten Tagen auseinandergesetzt habe, von den älteren Leuten das nicht mehr betont wurde, was sie einfach durch ihr Ältersein geworden sind. Man blieb stehen bei jenem Intellektualismus, der ungefähr zwischen dem achtzehnten, neunzehnten Jahre schon so weit entwickelt ist, daß man von da ab intellektualistisch wissen kann. Aber in bezug auf das Intellektualistische kann man höchstens zu größerer Übung, nicht aber zu einem qualitativen Fortschritt kommen. Hat man überhaupt einmal von dieser Sünde gegessen, intellektualistisch alles beweisen oder widerlegen zu wollen, so erlebt man in diesem Beweisen oder Widerlegen keinen Fortschritt mehr. Daher kommt es, daß, wenn jemand aus jahrzehntelanger Erfahrung heraus etwas bringt und es intellektualistisch beweisen will, ein Achtzehnjähriger ihn intellektuell widerlegen kann. Denn was man intellektualistisch kann im sechzigsten Lebensjahre, das kann man auch schon im neunzehnten. Der Intellektualismus ist eben eine Etappe, die einmal während der Bewußtseinsseelenzeit erreicht wird, aber keinen Fortschritt mehr erfährt im Sinne einer Vertiefung, sondern nur im Sinne der Übung. Der junge Mensch kann wohl sagen: Ich bin noch nicht so gescheit wie du, du kannst mich noch übertölpeln, – aber er wird nicht glauben, daß der andere auf dem Gebiete des Intellektualismus mehr vermag als er.

Man muß diese Dinge radikal aussprechen, damit sie deutlich werden. Ich will nicht kritisieren, sondern schildere nur, was eine naturgemäße Entwickelung der Menschheit ist. Wir müssen uns klar darüber sein, wie das heutige Zeitalter beschaffen ist: Wenn der Mensch heute nicht aus innerer Aktivität heraus eine Entwickelung anstrebt und diese Entwickelung wach erhält, so rostet er mit dem bloßen Intellektualismus von den zwanziger Jahren an ein. Dann erhält er sich nur noch künstlich durch Anregungen von außen. Wenn die Sache nicht so wäre, glauben Sie, daß die Leute so viel ins Kino laufen würden? Diese Sehnsucht nach dem Kino, überhaupt diese Sehnsucht, alles auf eine äußerliche Weise zu sehen, beruht ja darauf, daß der Mensch innerlich inaktiv, untätig geworden ist, daß er gar keine innere Aktivität will. Geisteswissenschaftliche Vorträge, wie sie hier gemeint sind, können ja nur so angehört werden, daß diejenigen, die dabei sind, immerfort mitarbeiten. Aber das liebt man ja heute nicht. Heute läuft man vor allem zu den Vorträgen oder Veranstaltungen, wenn dasteht: «mit Lichtbildern», damit man dasitzen und die Denktätigkeit möglichst in Ruhe lassen kann. Alles läuft da nur so an einem vorbei. Man kann ganz in Passivität sein.

Aber schließlich ist ja auch unser ganzer Unterricht darauf abgestimmt, und man könnte jeden einen rückständigen Menschen nennen, der sich aus pädagogischen Gründen gegen die Trivialität des heutigen Anschauungsunterrichtes aufbäumt. Aber das muß man; denn der Mensch ist nicht bloß ein Anschauungsapparat, ein Apparat, der anschauen will. Der Mensch kann nur in innerer Aktivität leben. Etwas Geisteswissenschaftliches vorbringen heißt, den Menschen einladen, seelisch mitzuarbeiten. Das wollen die Menschen heute nicht. Alle Geisteswissenschaft muß zu einer solchen inneren Aktivität einladen, das heißt, sie muß alle Betrachtungen bis zu dem Punkte hinführen, wo man keine Anhaltspunkte mehr hat an dem äußerlich-sinnlichen Anschauen und sich das innere Kräftespiel frei bewegen muß. Erst wenn das Denken sich frei im inneren Kräftespiel bewegen kann, kann man zur Imagination kommen, nicht vorher. Die Grundlage für alle anthroposophische Geisteswissenschaft ist also die innere Aktivität, das Aufrufen zu innerer Aktivität, das Appellieren an das im Menschen, was noch tätig sein kann, wenn alle Sinne schweigen, und nur die Denktätigkeit dann in Regsamkeit ist.

Da liegt aber etwas außerordentlich Bedeutsames vor. Stellen Sie sich jetzt einmal vor, Sie könnten das. Ich will Ihnen nicht schmeicheln und Ihnen etwa sagen: Sie können es. – Aber setzen Sie zunächst einmal die Hypothese, Sie könnten so denken, daß Ihre Gedanken nur ein innerer Gedankenfluß wären. Wenn ich in meiner «Philosophie der Freiheit» vom reinen Denken spreche, so war diese Bezeichnung für die damaligen Kulturverhältnisse schon deplaciert; denn Eduard von Hartmann sagte mir einmal: «Das gibt es gar nicht; man kann nur an Hand der äußeren Anschauung denken!» Ich konnte ihm darauf nur antworten: «Man muß es probieren; man wird es dann schon lernen und zuletzt auch wirklich können.» – Nehmen Sie also an, Sie könnten Gedanken im reinen Gedankenflusse haben. Dann beginnt für Sie der Moment, wo Sie das Denken bis zu einem Punkte geführt haben, an dem es gar nicht mehr Denken genannt zu werden braucht. Es ist im Handumdrehen – sagen wir im Denkumdrehen – etwas anderes geworden. Es ist nämlich dieses mit Recht «reines Denken» genannte Denken reiner Wille geworden; es ist durch und durch Wollen. Sind Sie im Seelischen so weit gekommen, daß Sie das Denken befreit haben von der äußeren Anschauung, dann ist es damit zugleich reiner Wille geworden. Sie schweben, wenn ich so sagen darf, mit Ihrem Seelischen im reinen Gedankenverlauf. Dieser reine Gedankenverlauf ist ein Willensverlauf. Damit aber beginnt das reine Denken, ja sogar die Anstrengung nach seiner Ausübung, nicht nur eine Denkübung zu sein, sondern eine Willensübung, und zwar eine solche, die bis in das Zentrum des Menschen eingreift. Denn Sie werden die merkwürdige Beobachtung machen: Erst jetzt können Sie davon sprechen, daß das Denken, wie man es im gewöhnlichen Leben hat, eine Kopftätigkeit ist. Sie haben ja vorher gar kein Recht, davon zu sprechen, daß das Denken eine Kopftätigkeit ist, denn das wissen Sie nur äußerlich aus der Physiologie, Anatomie und so weiter. Aber jetzt spüren Sie innerlich, daß Sie nicht mehr so hoch oben denken, sondern daß Sie beginnen, mit der Brust zu denken. Sie verweben tatsächlich Ihr Denken mit dem Atmungsprozesse. Sie regen damit an, was die Jogaübungen künstlich angestrebt haben. Sie merken, indem das Denken immer mehr und mehr eine Willensbetätigung wird, daß es sich zuerst der Menschenbrust und dann dem ganzen Menschenkörper entringt. Es ist, als ob Sie aus der letzten Zellfaser Ihrer großen Zehe dieses Denken hervorziehen würden. Und wenn Sie mit innerlichem Anteile so etwas studieren, was mit allen Unvollkommenheiten in die Welt getreten ist – ich will nicht meine «Philosophie der Freiheit» verteidigen –, wenn Sie so etwas auf sich wirken lassen und fühlen, was dieses reine Denken ist, so fühlen Sie, daß ein neuer innerer Mensch in Ihnen geboren ist, der aus dem Geiste heraus Willensentfaltung bringen kann.

Woher weiß denn der Mensch sonst, daß er einen Willen hat? Er «hat» ihn ja nicht! Denn er ist hingegeben an Instinkte, die mit seiner organischen Entwickelung zusammenhängen. Er träumt oftmals, daß er dies oder jenes aus einem seelischen Antrieb heraus tut. Er tut es jedoch, weil sein Magen gut oder schlecht gestimmt ist. Jetzt aber wissen Sie, daß Sie den physischen Organismus mit demjenigen durchdrungen haben, was ihn auch mit Bewußtsein ausfüllt. Dazu brauchen Sie kein Hellseher zu werden. Sie brauchen lediglich mit innerem Anteil die «Philosophie der Freiheit» auf sich wirken zu lassen. Denn diese «Philosophie der Freiheit» kann nicht so gelesen werden, wie sonst Bücher gelesen werden. Sie muß schon so gelesen werden, daß man das Gefühl hat, sie ist ein Organismus: ein Glied entwickelt sich aus dem anderen und man gerät damit in etwas Lebendiges hinein. Wenn ihnen so etwas zugemutet wird, kriegen die Leute gleich eine Art von Gänsehaut: Da kommt ein gewisses Etwas in mich hinein, was ich nicht haben will; da werde ich ja gerade unfrei!

Das ist nicht anders, als wenn man behaupten wollte, ein Mensch würde unfrei, wenn er sich bequemen muß, in zwei, drei Jahren sich in einer bestimmten Sprache auszudrücken. Man sollte ihn, um ihn nicht in diese zufällige Ideenassoziation hineinzubringen, vor der Sprache bewahren, denn durch sie werde er unfrei! Er müsse beliebig bald chinesisch oder französisch, bald deutsch sprechen können. – Das sagt kein Mensch, weil es zu absurd ist, und weil das Leben diesen Unsinn widerlegen würde. Dagegen gibt es Leute, die hören oder sehen einmal etwas von Eurythmie und sagen dann, sie beruhe auf zufälliger Ideenassoziation einzelner Menschen. Man sollte doch bei Philosophen soviel Fähigkeit voraussetzen, daß sie sich sagen könnten: Bei dieser Eurythmie muß man erst untersuchen, ob es da nicht gerade so ist, daß mit dem Hervorholen dieser Gebärden erst die Begründung einer höheren Freiheit erfolgt, daß das nur eine Entfaltung eines Sprachlichen auf einem höheren Niveau ist.

Man braucht sich also nicht zu wundern – da ja nichts, was über das Intellektualistische hinausgeht, heute unbefangen betrachtet werden kann –, daß die Leute eine Gänsehaut bekommen, wenn man ihnen sagt, ein Buch müsse ganz anders gelesen werden als andere Bücher; es müsse so gelesen werden, daß man dabei etwas erlebt. Und was muß erlebt werden? Das Erwachen des Willens aus dem Geistigen heraus! In dieser Beziehung sollte mein Buch ein Erziehungsmittel sein. Es wollte nicht bloß einen Inhalt vermitteln, sondern es wollte in einer ganz bestimmten Art sprechen, so daß es als Erziehungsmittel hätte wirken können. Daher finden Sie in meiner «Philosophie der Freiheit» eine Auseinandersetzung über Begriffskunst, das heißt eine Schilderung dessen, was im menschlichen Seelenleben vorgeht, wenn man sich mit seinen Begriffen nicht bloß an die äußeren Eindrücke hält, sondern im freien Gedankenstrome leben kann.

Das aber, meine lieben Freunde, ist eine Tätigkeit, die zwar auf Erkenntnisse in einem viel tieferen Sinne abzielt als die äußere Naturerkenntnis, und die zu gleicher Zeit künstlerisch ist, ganz identisch ist mit der künstlerischen Tätigkeit. In dem Augenblick, wo das reine Denken als Wille erlebt wird, ist der Mensch in künstlerischer Verfassung. Und diese künstlerische Verfassung ist es auch, die der heutige Pädagoge braucht, um die Jugend zu leiten vom Zahnwechsel bis zur Geschlechtsreife, oder sogar darüber hinaus. Es ist dies die Stimmung, die man hat, wenn man aus dem Innerlich-Seelischen heraus zu einem zweiten Menschen gekommen ist, der nicht so erkannt werden kann wie der äußere physische Leib, den man physiologisch oder anatomisch studieren kann, sondern der erlebt werden muß, daher er mit Recht «Lebensleib» oder «Ätherleib» genannt werden kann, wenn man die Ausdrücke nur nicht wieder im alten Sprachgebrauche nimmt. Dieser Lebensleib kann nicht äußerlich angeschaut werden. Er muß innerlich erlebt werden; es muß, um ihn zu erkennen, eine Art künstlerischer Tätigkeit entfaltet werden. Daher ist jene Stimmung in der «Philosophie der Freiheit» – die meisten entdecken sie gar nicht –, die überall an das künstlerische Element anschlägt. Die meisten Menschen bemerken das nicht, weil sie das Künstlerische im Trivialen, Natürlichen suchen und nicht in der freien Betätigung. Erst aus dieser freien Betätigung aber kann man die Pädagogik als Kunst erleben, und der Lehrer kann dadurch zum pädagogischen Künstler werden, daß er sich in diese Stimmung hineinfindet. Dann wird in diesem unserem Zeitalter der Bewußtseinsseele der ganze Unterricht wirklich darauf angelegt, eine künstlerische Atmosphäre zwischen den geführten Menschen und den Führenden zu schaffen. Und innerhalb dieser künstlerischen Atmosphäre kann sich jenes Verhältnis des Geführten zum Führenden ausbilden, das ein Anlehnen, ein Hinneigen ist, weil man weiß: Der kann etwas, was er einem künstlerisch zeigen kann, und was er kann – das fühlt man – möchte man auch können. – Man bäumt sich dann nicht auf, weil man fühlt, daß man sich vernichten würde, wenn man sich aufbäumte.

So wie heute Schreiben gelehrt wird, geschieht es oft so, daß man schon als Kind – es steckt ja schon immer ein Gescheiterer im Kinde als der Lehrer einer ist – das Gefühl hat: Warum soll man sich mit Schreiben quälen, man hat ja gar keine Beziehung dazu! – So ähnlich ging es den nordamerikanischen Indianern, als sie die europäische Schrift sahen: Sie haben die schwarzen Zeichen als Zauberei empfunden, und so ist auch oft die Empfindung des Kindes. Aber man rufe im Kinde einmal wach, was es heißt: Schwarz, Rot, Grün, Gelb, Weiß anzuschauen! Man rufe im Kinde ein Gefühl dafür hervor, was es heißt, wenn ein Punkt von einem Kreise umlaufen wird. Das ganz ungeheure Empfinden von den Unterschieden rufe man hervor, die bestehen, wenn man zwei grüne Kreise und in jedem drei rote, dann zwei rote und in jedem drei grüne, zwei gelbe und in jedem drei blaue, dann zwei blaue und in jedem drei gelbe Kreise macht. Man läßt die Kinder an dem Farbigen empfinden, was die Farben vor allen Dingen zu den Menschen sprechen; denn in den Farben liegt eine ganze Welt. Aber man läßt sie auch empfinden, was die Farben einander selbst zu sagen haben. Man läßt sie empfinden, was Grün dem Rot, was Blau dem Gelb, was Blau dem Grün und Rot dem Blau sagt – das sind ja die wunderbarsten Verhältnisse, die die Farben zueinander haben. Man zeigt einem Kinde nicht Symbole oder Allegorien, sondern man macht es künstlerisch. Dann wird man sehen, wie das Kind allmählich aus diesem künstlerischen Empfinden heraus Figurales auf die Fläche bringt, aus dem sich die Buchstaben dann so entwickeln, wie sich die Schrift einmal aus der Bilderschrift entwickelt hat. Wie fremd ist heute für das Kind ein B oder ein G oder irgendein anderes solches Zeichen, das sich aus innerlicher Notwendigkeit zu der heutigen Gestalt entwickelt hat! Was ist heute für ein Kind mit sieben Jahren ein G, K oder U? Es hat doch nicht das geringste Verhältnis dazu. Der Mensch hat ja erst durch Jahrtausende hindurch dieses Verhältnis gewonnen. Das Kind muß auf ästhetische Weise ein Verhältnis dazu gewinnen. Es wird ja alles aus dem Kinde ausgerottet, weil die Schriftzeichen unmenschlich sind. Das Kind aber will menschlich bleiben.

Das geht in die Intimitäten der pädagogischen Kunst, was heute gesagt werden muß, wenn man die Jugend gegenüber dem Alter verstehen will. Nicht mit Phrasen, sondern aus einer pädagogischen Kunst heraus, die sich nicht scheut, sich auf wirkliche geisteswissenschaftliche

Erkenntnis zu stützen, muß man die Kluft zwischen dem Alter und der Jugend überbrücken. Daher sagte ich vor einigen Tagen: Worauf geht diese Kunst? Sie geht auf ein Erleben des realen Geistigen. Und worauf geht dasjenige, was das Zeitalter allmählich so entwickelt hat, daß es glaubt, es selbstverständlicherweise an die Jugend heranbringen zu müssen? Nicht auf den Geist, sondern auf das Geistlose! Da wird es als eine Sünde betrachtet, den Geist heranzutragen an das, was man Wissen und Wissenschaft nennt.

Diese Wissenschaft läßt ja die Menschen schon in der ersten Kindheit nicht ungeschoren. Es kann ja auch nicht viel anders sein; denn wenn man so dressiert wird in botanischer Systematik und es Bücher gibt, die nur in botanischer Systematik leben, dann glaubt der Lehrer, daß er eine Sünde begeht, wenn er in einer andern Weise zu den Kindern spricht als wie es in der wissenschaftlichen Botanik steht. Aber das, was in einer Botanik steht, kommt für ein Kind vor dem zehnten Jahre nicht in Frage; ein Verhältnis dazu kann man höchstens nach dem achtzehnten, neunzehnten Jahre gewinnen.

Nun soll durch dasjenige, was ich sagte, nicht wieder eine intellektuelle Theorie über Erziehung geschaffen werden, sondern es soll eine künstlerische Atmosphäre geschaffen werden zwischen Älteren und Jüngeren. Nur wenn das geschieht, tritt ein, was eintreten muß, damit der heutige junge Mensch in gesunder Weise in die Welt hineinwachsen kann. In was die heutigen Menschen hineinwachsen, kann ganz konkret beschrieben werden. Zwischen dem neunten und zehnten Jahre lebt in der Seele eines jeden Menschen, der nicht Psychopath ist, ein unbestimmtes Gefühl. Es braucht kein deutlicher, nicht einmal ein undeutlicher Begriff davon vorhanden zu sein, aber es beginnt vom neunten, zehnten Lebensjahre an im Menschen zu leben. Bis dahin hat das, was man Astralleib nennt, im Menschen allein sein Seelenleben besorgt. Von da ab regt sich die Ichkraftnatur im Menschen. Dieses Sichregen der Ichkraftnatur im Menschen lebt nicht in Begriffen formuliert; aber in der Empfindung, tief unbewußt in der Seele, lebt sich eine Frage in das Gemüt des heranwachsenden Menschen ein. Sie lautet bei dem einen so und bei dem anderen anders. In einen Begriff gefaßt, würde sie vielleicht so lauten: Bisher hat der astralische Leib an die anderen Menschen geglaubt; jetzt brauche ich irgend etwas, was mir einer sagt, so daß ich an ihn oder mehrere in meiner Umgebung glauben kann. Diejenigen, die sich als Kinder am meisten gegen so etwas auflehnen, die brauchen es am allermeisten. Zwischen dem neunten und zehnten Jahre beginnt man, darauf angewiesen zu sein, sein Ich durch den Glauben an einen älteren Menschen befestigen zu können. An diesen Menschen muß man glauben können, ohne daß einem dieser Glaube eingebleut zu werden braucht; man muß an ihn glauben können durch die künstlerische Atmosphäre, die geschaffen worden ist. Und wehe, wenn nichts von seiten eines Älteren geschieht, um diese Frage, die sich bei manchen Kindern bis zum sechzehnten, siebzehnten Jahre, ja bei manchen sogar bis zu dem achtzehnten, neunzehnten Jahr erhalten kann, in richtiger Weise zu beantworten, damit der Junge sich sagen kann: Ich bin dankbar dafür, daß ich von dem Alten habe erfahren können, was nur von ihm erfahren werden kann. Was er mir sagen kann, kann nur er mir sagen, denn wenn ich es in meinem Alter erfahren werde, wird es schon anders sein.

Dadurch kann in pädagogischer Weise wiederum etwas geschaffen werden, was, in richtiger Weise angewendet, für das Bewußtseinsseelenzeitalter von größter Bedeutung werden kann und was im urältesten Patriarchenzeitalter schon webte zwischen Jung und Alt. Da sagte sich jeder junge Mensch: Der Alte mit seinem Schnee auf dem Haupte hat Erfahrungen, die man nur dann machen kann, wenn man so alt geworden ist wie er. Vorher hat man nicht die Organe dazu. Daher muß er einem seine Erfahrungen mitteilen. Daher ist man mit seinen Angaben verknüpft, weil nur er sie einem sagen kann. Gewiß werde ich ebenso alt werden wie er. Aber ich werde es erst fünfunddreißig bis vierzig Jahre später erfahren. Da ist die Zeit weitergeschritten und da werde ich etwas anderes erfahren.

In den Untergründen des Geisteslebens der Welt liegt gleichsam eine Kette, die von der Vergangenheit in die Zukunft hinüberreicht und welche die Generationen aufnehmen, forttragen, schmieden, fortbilden müssen. Diese Kette ist im intellektualistischen Zeitalter unterbrochen worden. Das ist im weitesten Umfange von dem heranwachsenden Menschen um die Wende des neunzehnten, zwanzigsten Jahrhunderts gefühlt worden. Fühlen Sie, daß Sie so etwas gefühlt haben, wenn Sie es damals auch nicht haben ausdrücken können! Fühlen Sie, daß, indem Sie das so fühlen, Sie in der richtigen Weise darüber fühlen! Und wenn Sie das fühlen, werden Sie die richtige Bedeutung der heutigen Jugendbewegung erleben, die einen Januskopf hat und haben muß, weil sie hingewiesen wird auf das Erleben des Geistigen, ein Erleben des Geistigen, das den Gedanken so weit verfolgt, daß er zum Willen, zum innersten Menschenimpulse wird.

Jetzt haben wir den Willen an seinem abstraktesten Ende, beim Gedanken, aufgesucht. Wir wollen ihn nun an den folgenden Tagen noch in den tieferen Gebieten des Menschen aufsuchen.

ELFTER VORTRAG

Stuttgart, 13. Oktober 1922

Wenn auch auf der einen Seite im Zeitalter der Bewußtseinsseelenentwickelung im Inneren des Menschen bewußt das allerabstrakteste Element zum Leben kommt, so besteht auf der anderen Seite doch wiederum die Tatsache, daß im Unterbewußten, in den Sehnsuchten, in demjenigen, was der Mensch vom Leben begehrt, das Allerkonkreteste sich zum Dasein herausarbeiten will.

Auf der einen Seite steckt heute der Mensch, der in das Bewußtseinsseelenzeitalter hineinwächst, in seinen abstrakten Kopfideen darinnen. Auf der andern Seite aber lebt – wenn ich mich so ausdrücken darf – außerhalb des Kopfes das Begehren, mehr zu erleben, als was der Kopf erleben kann. Mit der Natur hat der Mensch ja zunächst nur ein Verhältnis, das sich eben zwischen seinem Kopfe und der Natur bildet: alles, was der Mensch heute in seiner Wissenschaft von der Natur aufnimmt, ist für ihn nur insofern gültig, als er es durch den Kopf erworben hat. Es steht heute eigentlich immer zwischen dem Menschen und der Natur der Kopf des Menschen. Es ist, als ob alles, was von der Welt an den Menschen herankommt, sich zusammenschoppen würde im Kopfe, als ob der Kopf ganz verstopft wäre – verzeihen Sie den harten Ausdruck –, so daß er durch seine dicken Schichten nichts durchläßt von dem, was Verhältnis zur Welt werden könnte. Es bleibt alles im Kopfe stecken, man denkt alles nur mit dem Kopfe durch. Aber man kann doch nicht als bloßer Kopf leben, man hat ja an den Kopf angewachsen noch den übrigen Organismus. Das Leben dieses übrigen Organismus bleibt dumpf, unbewußt, weil der Mensch alles nach dem Kopfe hinleitet. Und da stockt alles. Der übrige Mensch hat nichts von der Welt, weil der Kopf ihm nichts zukommen läßt. Der Kopf ist allmählich ein Nimmersatt geworden. Er will alles von der Außenwelt haben und der Mensch muß dann mit seinem Herzen, mit seinem übrigen Organismus so leben, als ob er überhaupt gar nicht in diese Welt hereingekommen wäre, als ob er gar nichts mit dieser Umwelt zu tun hätte.

Aber dieser übrige Organismus entwickelt eben Wunsch, Wille, Begehrungsvermögen, und die fühlen sich dann vereinsamt. Weil zum Beispiel die Augen alle Farben auffangen und im Kopfe nur noch einen spärlichen Rest davon erleben lassen, so können die Farben nicht hinunter, sie können nicht ins Blut, nicht in das außerhalb des Kopfes befindliche Nervensystem. Der Mensch weiß nur noch in seinem Kopfe etwas von der Welt. Ein um so intensiveres Begehrungsvermögen hat er aber, auch mit seinem übrigen Organismus mit der Welt in irgendeiner Weise zusammenzukommen. In dem aufwachsenden Menschen lebt das Begehren, nicht nur mit dem Kopfe, sondern auch mit dem übrigen Organismus sich irgendwie mit der Welt zusammenzufinden, denken zu lernen, die Welt erfahren zu lernen nicht nur mit dem Kopfe, sondern mit dem ganzen Menschen.

Dieses Vermögen, die Welt mit dem ganzen Menschen kennenzulernen, hat man heute eigentlich nur noch in dem Lebensalter, das man früh verlassen muß. Denn alles, was ich jetzt gesprochen habe, bezieht sich auf den erwachsenen Menschen. Das Kind vor dem Zahnwechsel hat noch die Fähigkeit, mit seinem ganzen Menschen die Welt aufzufassen. Man würde sich zum Beispiel sehr irren, wenn man glaubte, daß das Kind so abstrakt wie der erwachsene Mensch erlebt, wenn es als Säugling die Milch bekommt. Wenn heute der Erwachsene Milch trinkt, so schmeckt er sie eben auf seiner Zunge, vielleicht noch in einiger Umgebung von der Zunge, aber er verliert das Geschmackserlebnis, wenn die Milch durch die Kehle gegangen ist. Der Mensch müßte sich zwar fragen, warum sein Magen weniger sollte schmecken können als sein Gaumen. Er kann auch nicht weniger schmecken, er kann ebensogut schmecken, nur ist der Kopf ein Nimmersatt, der beim erwachsenen Menschen alle «Geschmäcke» in Anspruch nimmt. Das Kind aber schmeckt mit seinem ganzen Organismus, es schmeckt auch mit dem Magen. Der Säugling ist ganz Sinnesorgan. In ihm ist nichts, was nicht Sinnesorgan wäre. Durch und durch schmeckt der Säugling. Das vergißt der Mensch nur später, und dieses Schmecken mit dem ganzen Organismus wird schon beeinträchtigt, wenn man sprechen lernt, denn da regt sich der Kopf, der sich beteiligen muß am Sprechenlernen, und entwickelt das erste Stadium seiner Unersättlichkeit. Dafür, daß er sich dazu hergibt, sprechen zu lernen, behält er sich auch das Wohltuende des Schmeckens zurück. Also selbst in bezug auf dieses «Die-Welt-Schmecken» geht einem das totale Verhältnis zur Welt schon sehr frühzeitig verloren. Nun kommt es ja auf dieses «Die-Welt-Schmecken» nicht so besonders an; aber in anderer Beziehung kommt eben auf ein totales menschliches Verhältnis zur Welt wirklich außerordentlich viel an.

Sehen Sie, man kann zum Beispiel einen bedeutenden Philosophen, wie *Johann Gottlieb Fichte,* auf verschiedene Art kennenlernen. Jede Art ist richtig; ich will von denen, die ich aufzählen werde, nicht eine besonders hervorheben. Aber wenn es auch etwas außerordentlich Schönes ist und man sehr viel davon hat, sich in die Philosophie Fichtes zu vertiefen – was ja heute nicht sehr viele Leute mehr tun, weil es ihnen zu schwer ist –, mehr noch hätten die Menschen von ihr haben können, die einmal jenem Fichte mit totaler menschlicher Empfindung nachgegangen wären und gesehen hätten, wie er stets mit seiner ganzen Fußsohle, besonders mit der Ferse, aufgetreten ist. In diesem Auftreten Johann Gottlieb Fichtes, diesem eigentümlichen Aufstellen der Ferse auf die Erde, liegt eine ungeheure Kraft. Für Menschen, die jeden Schritt miterleben können, wäre Fichtes Art des Auftretens eine intensivere Philosophie gewesen als alles, was er den Leuten vom Katheder herab hat sagen können. Es nimmt sich grotesk aus, aber vielleicht werden Sie fühlen, was ich damit sagen will.

Solche Dinge sind den Menschen heute ganz verlorengegangen. Wenn man nicht gerade vor zwanzig, sondern vor fünfzig Jahren klein gewesen ist, so kann man sich noch erinnern, wie eine solche Philosophie bei den Leuten auf dem Lande durchaus noch vorhanden war. Da lernten die Leute einander noch so kennen, und mancher Dialektausdruck verrät in seiner ungeheuren Plastik, wie man dasjenige, was heute die Menschen nur im Kopfe sehen, im ganzen Menschen gesehen hat. So hieß es zum Beispiel von irgendeiner «Dame» auf dem Lande, ich will mich einmal so ausdrücken: «Die schneuzt daher». Ja, unter uns Kopfmenschen bedeutet schneuzen sich die Nase putzen, vielleicht auf eine nicht ganz stubenreine Weise. Das hat es damals nicht geheißen. Da «schneuzte» der ganze Mensch. Die Art und Weise, wie er ging, wie er sich hielt, wie er seine Füße voreinander setzte, sein ganzes Gehaben, das war «schneuzen». Ein «Schneuzen» am ganzen Menschen, das man verwandt fand mit jenem nicht ganz stubenreinen Sich-die-Nase-Putzen.

Wie gesagt, das ist verlorengegangen. Die Menschen haben sich auf die Köpfe reduziert, und man hat sich zu dem Glauben hindurchgerungen, daß der Kopf das Allerwertvollste am Menschen ist. Nur ist man damit nicht am allerglücklichsten geworden, weil die übrige Menschennatur im Unterbewußten ihre Ansprüche durchaus weiter geltend macht. Aber das Miterleben durch etwas anderes als durch den Kopf geht eben heute dem Menschen mit seiner ersten Kindheit, mit dem Zahnwechsel ganz verloren. Wenn Sie ein Auge dafür haben, werden Sie bei einem Menschen den Schritt des Vaters oder der Mutter nach zwei bis drei Jahrzehnten noch bei Sohn oder Tochter wiederfinden können. So genau hat sich das Kind in die Erwachsenen seiner Umgebung eingelebt, daß das, was es da empfunden hat, zu seiner eigenen Natur geworden ist. Aber dieses Einleben wird ja nicht mehr Kultur bei uns. Kultur wird bei uns, was der Kopf beobachtet und was man mit Hilfe des Kopfes ausarbeiten kann. Manchmal dispensieren die Leute auch noch den Kopf; dann schreiben sie sich alles auf und legen es in die Archive. Da geht es aus dem Kopfe heraus in die Haare und da können sie es nicht erhalten, weil sie mit dreißig Jahren schon keine mehr haben.

Das alles sage ich aber wirklich nicht zum Spaß, auch nicht, um irgend etwas zu kritisieren, denn das liegt in der notwendigen Entwickelung der Menschheit. Die Menschen mußten so werden, um das, was sie auf eine natürliche Weise nicht mehr finden können, durch innere Anstrengung, durch innere Aktivität zu finden, mit anderen Worten, um zur Möglichkeit des Freiheitserlebnisses zu kommen.

Daher müssen wir heute nach dem Zahnwechsel zu einem anderen Erleben der Umwelt übergehen als dieses «mit dem ganzen Menschen erleben», das bei den Kindern noch vorhanden ist, und die Volksschulerziehung der Zukunft muß darauf beruhen, daß auf dem Umwege über das Künstlerische, wie ich es gestern charakterisiert habe, die jungen Menschen die Fähigkeit erwerben, durch den äußeren Menschen hindurch das ganze Seelische des anderen Menschen empfinden zu können. Wenn man den Menschen mit abstraktem wissenschaftlichem Inhalt erziehen will, so erlebt er nichts von Ihrer Seele. Von Ihrer Seele erlebt er nur dann etwas, wenn Sie ihm künstlerisch entgegentreten, denn im Künstlerischen muß jeder individuell sein, im Künstlerischen ist jeder ein anderer. Das wissenschaftliche Ideal ist ja gerade, daß jeder so wie der andere ist. Es wäre eine schöne Geschichte – so sagt man heutzutage –, wenn jeder eine andere Wissenschaft lehrte. Das kann ja nicht sein, weil die Wissenschaft reduziert ist auf dasjenige, was für alle Menschen gleich ist. Im Künstlerischen ist aber jeder Mensch eine Individualität. Durch das Künstlerische kann daher auch ein individuelles Verhältnis des Kindes zu dem sich regenden und betätigenden Menschen zustandekommen, und das ist notwendig. Zwar hat man dadurch nicht, wie in den ersten Kinderjahren, ein totales physisches Empfinden des anderen Menschen, wohl aber die totale Empfindung von der Seele desjenigen, der einem als Führer gegenübersteht.

Die Erziehung muß Seele haben, aber als Wissenschafter kann man nicht Seele haben. Seele kann man nur haben durch dasjenige, was man künstlerisch ist. Seele kann man haben, wenn man die Wissenschaft künstlerisch gestaltet durch die Art des Vorbringens, aber nicht durch den Inhalt der Wissenschaft, so wie sie heute aufgefaßt wird. Die Wissenschaft ist keine individuelle Angelegenheit. Daher begründet sie kein Verhältnis zwischen Führendem und Geführtem im volksschulpflichtigen Alter. Da muß der ganze Unterricht von Kunst, von menschlicher Individualität durchdrungen sein, und mehr als alles ausgedachte Programmatische bedeutet eben die Individualität des Unterrichtenden und Erziehenden. Diese ist es, die in der Schule wirken muß.

Was bildet sich da eigentlich zwischen dem Führenden und dem Geführten, wenn wir die Zeit ins Auge fassen zwischen Zahnwechsel und Geschlechtsreife, was bindet da die beiden aneinander? Lediglich dasjenige bindet die beiden aneinander, was der Mensch aus übersinnlichen geistigen Welten, aus seinem vorirdischen Dasein in das irdische mitbringt. Meine lieben Freunde, der Kopf erkennt das niemals an, was man als Mensch aus seinem vorirdischen Dasein mitbringt. Der Kopf ist daraufhin veranlagt, nur dasjenige zu erfassen, was auf der Erde ist, und auf der Erde ist eben der physische Mensch. Der Kopf begreift nichts von demjenigen im anderen Menschen, was aus dessen vorirdischem Dasein stammt. In jener besonderen menschlichen Nuance jedoch, die der künstlerische Einschlag der menschlichen Seele gibt, west und webt dasjenige, was der Mensch aus dem vorirdischen Dasein heruntergebracht hat, und das Kind ist ganz besonders zwischen dem Zahnwechsel und der Geschlechtsreife dazu veranlagt, in seinem Herzen das zu empfinden, was ihm im Lehrer als aus diesem vorirdischen Dasein stammend gegenübersteht. So wie das kleine Kind daraufhin veranlagt ist, die äußere menschliche Gestalt, wie sie sich innerhalb des Erdenlebens gebildet hat, zu empfinden, so sucht das Kind vom siebenten bis zum vierzehnten, fünfzehnten Jahre durch das Zusammenleben mit den Menschen etwas, was sich, ohne daß es sich in Begriffe fassen läßt, in dem führenden Menschen darlebt; was sich so darlebt, daß es, wenn man es in Begriffe fassen wollte, sich gegen die konturierten Begriffe sträuben würde. Begriffe haben Konturen, das heißt äußerliche Begrenzungen. Was aber in der eben geschilderten Art menschliche Individualität ist, hat nicht äußere Begrenzungen, hat nur Intensität, Qualität, und wird als Qualität, als Intensität erlebt. Man erlebt es ganz besonders in dem angegebenen Lebensalter, und man erlebt es durch keine andere Atmosphäre als die künstlerische.

Aber wir leben eben im Zeitalter der Bewußtseinsseele. Der erste Reichtum, den wir in diesem Zeitalter für unsere Seelen erwerben, besteht in intellektuellen Begriffen, besteht eigentlich in Abstraktionen. Heute ist ja schon der Bauer ein Abstraktling. Wie sollte es auch anders sein, da er sich der allerabstraktesten Lektüre hingibt, der Dorfzeitung und manchem anderen. Unser Reichtum besteht eben in Abstraktionen. Daher müssen wir aus diesem Denken durch die Entwickelung, die ich gestern angedeutet habe, heraus, indem wir das Denken ganz reinigen und es zum Willen machen, zum Willen gestalten. Wir müssen uns dazu durchringen, unsere Individualität immer kräftiger zu machen, und das erreichen wir nur, wenn wir uns zu diesem reinen Denken durcharbeiten. Ich sage das nicht aus einer eitlen Albernheit heraus, sondern weil mir das so erscheint. Wer sich zu einem solchen reinen Denken durcharbeitet, wie ich es in meiner «Philosophie der Freiheit» angedeutet habe, wird finden, daß man es da ganz und gar nicht bringt zu einem Haben von einigen Begriffen, die ein philosophisches System ausmachen, sondern daß es sich um ein Ergreifen der menschlichen Individualität und ihres vorirdischen Daseins handelt.

Man braucht ja nicht gleich ein Hellseher zu werden. Das wäre man erst, wenn man das vorirdische Dasein schauen könnte. Aber bestätigen kann man die Richtigkeit des Gesagten, indem man jene Willensstärke gewinnt, die im reinen Gedankenflusse erworben wird. Da geht die Individualität heraus. Da fühlt man sich auch gar nicht wohl mit einem philosophischen System, wo ein Begriff in den andern eingreift und alles feste Konturen hat; sondern man fühlt sich gedrängt, in einem Lebenden und Webenden darinnen zu wesen. Es ist eine besondere Art des Seelenlebens, die man sich aneignet, wenn man in der richtigen Weise das durchlebt, was mit der «Philosophie der Freiheit» gemeint ist.

Es ist wirklich das Hereinziehen des vorirdischen Daseins in das Leben des Menschen, was dadurch bewirkt werden kann, und so ist es die Vorbereitung zu dem Berufe des Lehrers, des Unterrichters, des Erziehers. Wir können nicht durch Studium Erzieher werden. Wir können andere zum Erzieher nicht dressieren, schon aus dem Grunde nicht, weil jeder von uns einer ist. In jedem Menschen ist ein Erzieher; aber dieser Erzieher schläft, er muß aufgeweckt werden, und das Künstlerische ist das Mittel zum Aufwecken. Wenn das entwickelt wird, bringt es den Erziehenden als Menschen denjenigen näher, die er führen will. Menschlich muß der zu Erziehende dem Erzieher nahekommen, er muß menschlich etwas von ihm haben. Es wäre gräßlich, wenn jemand glauben wollte, er könne dadurch ein Erzieher sein, daß er viel weiß oder im Sinne des Wissens – was man heute ja sogar auch schon sagen kann – viel «kann». Das führt zu einer ungeheuren Absurdität, die Ihnen klar werden kann, wenn Sie folgendes Bild bedenken.

Sie haben eine Schulklasse mit vielleicht dreißig Schülern. Unter diesen seien, sagen wir, zwei Genies, oder nur eines, das genügt ja schon. Nun können wir nicht immer, wenn wir eine Schule zu versehen haben, just ein solches Genie als Lehrer hinstellen, damit das künftige Genie so viel von dem Lehrer lernen kann, wie es können muß. Sie werden zwar sagen, in der Volksschule mache das nichts, denn ein Genie komme ja doch in die höhere Schule und da finde es ganz gewiß diese

Genies als Lehrer, die es brauche. Das könnten Sie aber nicht aufrechterhalten, denn die Erfahrung spricht dagegen. Man muß also schon zugeben, daß durchaus der Fall eintreten kann, daß der Lehrer Kindern gegenübersteht, die prädestiniert sind, gescheiter zu werden als er selber ist. Die pädagogische Aufgabe besteht nun darin, die Kinder nicht nur zu dem Grade der Gescheitheit zu bringen, den wir selber haben, sondern zu dem, der in ihnen veranlagt ist.

So können wir also als Erzieher durchaus in die Lage kommen, etwas heranziehen zu müssen, was uns überragt, und es ist unmöglich, die Schulen mit genügend Lehrern zu versorgen, wenn man nicht auf dem Standpunkt steht, daß es nichts macht, wenn der Lehrer nicht so gescheit ist, wie es der Schüler einmal sein wird. Er wird gleichwohl ein guter Lehrer sein können, weil es nicht auf die Übermittlung von Wissen ankommt, sondern auf die Individualität, auf das Lebendigmachen des vorirdischen Daseins. Dann erzieht sich eigentlich das Kind selber an uns, und das ist auch richtig; denn in Wirklichkeit sind nicht wir es, die erziehen. Wir stören nur die Erziehung, wenn wir unmittelbar zu stark in sie eingreifen. Wir erziehen, indem wir uns so benehmen, daß durch unser Benehmen das Kind sich selber erziehen kann. Wir schicken das Kind in die Volksschule, damit wir die störenden Dinge wegschaffen. Der Lehrer soll dafür sorgen, daß das Kind wegkommt von den Umständen, unter denen es sich nicht entwickeln kann. Deshalb müssen wir uns klar sein: hineinpfropfen können wir in den Menschen nichts durch Unterricht und Erziehung. Aber wir können uns so verhalten, daß der Mensch dazu kommt, als Aufwachsender die in ihm vorhandenen Anlagen hervorzuholen. Das können wir aber nicht durch das, was wir wissen, sondern nur durch das, was auf künstlerische Art in uns regsam ist. Und selbst wenn einmal der seltene Fall eintritt, daß wir als Lehrer und Erzieher nicht besonders genial wären – man darf das ja nicht sagen, aber trotz Ihrer Jugendbewegung sind Sie schon so alt, daß ich das sagen darf –, dann kann ein Lehrer, der sogar bloß eine Art instinktiv-künstlerischen Sinn in sich hat, dem Kinde weniger Hindernisse bieten zum Heranwachsen in seiner Seele als der Lehrer, der unkünstlerisch und dabei ein ungeheurer Gelehrter ist. Ein ungeheuer Gelehrter zu sein ist ja nicht schwer.

Man muß diese Dinge einmal mit aller Deutlichkeit aussprechen. Denn wenn man sie nur mit Deutlichkeit ausspricht, hört sie unser Zeitalter nicht. Unser Zeitalter ist für solche Dinge furchtbar unempfänglich. Und bei denjenigen, die einem versichern, sie haben das alles verstanden, zeigt sich oftmals nach dreißig Jahren, daß sie gar nichts verstanden haben. Es handelt sich also darum, daß die seelische Konfiguration des Menschen das Wesentliche des pädagogischen Wirkens, des Unterrichtens und Erziehens für das Lebensalter des Kindes vom Zahnwechsel bis zur Geschlechtsreife ausmacht. Nachher tritt der Mensch in ein Lebensalter ein, wo gerade im Zeitalter der Bewußtseinsseele noch tiefere Kräfte aus der Menschennatur heraufwirken müssen, wenn die Menschen etwas aufeinander geben sollen.

Sehen Sie, die Art und Weise der Empfindung, die ein Mensch dem andern entgegenbringt, ist ja etwas ungeheuer Kompliziertes. Und wenn Sie definieren wollten den Kreis von Sympathien und Antipathien und das Zusammenwirken der Sympathien und Antipathien, die Sie einem andern Menschen entgegenbringen, Sie würden mit dem Definieren überhaupt nicht fertig werden. Nicht einmal in fünfzig Jahren würden Sie fertig werden, eine Definition auszubilden für das, was Sie in fünf Minuten an Lebensbeziehungen von Mensch zu Mensch erleben können. Vor der Geschlechtsreife ist es vorzüglich das Erleben des Vorirdischen. Durch jede Handbewegung, jeden Blick, durch die Betonung der Worte schimmert es hindurch. Im Grunde ist es das Timbre, das durch Geste, Worte, Gedanke des Erziehers zu dem Kinde hindurchwirkt, und was von dem Kinde gesucht wird.

Und wenn wir nun als erwachsene Menschen – so erwachsen, daß wir das fünfzehnte, sechzehnte Jahr erreicht haben oder darüber hinaus sind in das Unbegrenzte – andern Menschen gegenübertreten, so ist die Sache noch komplizierter. Dann hüllt sich dasjenige, was in einem Menschen andere abstößt oder anzieht, wirklich in ein für die abstrakte Begriffswelt undurchdringliches Dunkel. Erforscht man aber mit Hilfe anthroposophischer Geisteswissenschaft, was das eigentlich ist, was man da in fünf Minuten erleben kann und in fünfzig Jahren nicht zu beschreiben vermag, dann ist es das, was aus dem früheren oder einer Reihe von früheren Erdenleben in das gegenwärtige Leben der Seele hineinragt und was in den Seelen ausgetauscht wird. Dieses Unbestimmte, Undefinierbare, das über uns kommt, wenn wir als Erwachsener dem Erwachsenen gegenüberstehen, das ist dasjenige, was aus dessen früheren Erdenleben in unsere früheren Erdenleben hereinleuchtet, und umgekehrt. Da wirkt nicht nur das vorirdische Dasein, sondern alles, was der Mensch schicksalsmäßig in den aufeinanderfolgenden Erdenleben jemals durchgemacht hat.

Und betrachten wir diese gegenseitigen Wirkungen, so sehen wir, daß – weil heute im Zeitalter der Bewußtseinsseele alles, was wir von der Umwelt aufnehmen, sich im Kopfe anschoppt und nicht zum ganzen Menschen gelangt – unsere heutige «Kopf»-Kultur sich dem entgegenstellt, was allein von Mensch zu Mensch wirken kann. Die Menschen gehen aneinander vorbei, weil sie sich nur mit den Köpfen oder, sagen wir, mit den Augen angucken – ich will nicht sagen, weil sie sich die Köpfe einschlagen. Die Menschen gehen aneinander vorbei, weil von Mensch zu Mensch nur dasjenige wirken kann, was aus den wiederholten Erdenleben herüberspielt, die heutige Kultur aber nichts tut, um einen Sinn für dieses Herüberspielende zu entwickeln. Das muß in unsere Erziehung, in unseren Unterricht aufgenommen werden: daß wir als erwachsene Menschen den Sinn haben, jenes Tiefere im Menschen zu erfühlen, zu empfinden, was aus früheren Erdenleben herüberspielt. Das wird nicht erreicht, wenn wir in die Erziehung nicht einbeziehen lernen das ganze menschliche Leben, so wie es sich auf der Erde abspielt.

Heute hat man eigentlich nur Sinn für die unmittelbare Gegenwart. Daher frägt man auch bei der Erziehung nur, was dem Kinde frommt. Aber mit dieser Frage ist dem Leben wenig gedient. Erstens wird man, weil die Frage einseitig gestellt ist, nur eine einseitige Antwort bekommen. Zweitens soll man das Kind erziehen für das ganze Leben, nicht nur für das Schulzimmer oder für die kurze Zeit nach der Schule, damit es uns keine Schande macht. Da muß der Mensch aber Verständnis haben für gewisse Imponderabilien des Lebens, für die Einheit des ganzen Menschenlebens, so wie es sich auf der Erde abspielt.

Sie wissen, es gibt Menschen, die, wenn sie ein gewisses Alter erreicht haben, durch ihre Gegenwart so wirken, daß diese Gegenwart von ihrer Umwelt als ein Segen empfunden wird. Solche Menschen gibt es. Wenn man erforschte, wodurch diese Menschen dazu gekommen sind, nicht durch ihr Tun, sondern durch ihr Wesen für ihre Umwelt zum Segen zu werden, dann würde man darauf kommen, daß solche Menschen einmal selber das Wohltätige erlebt haben, als Kinder zu einer verehrten Autorität in selbstverständlicher Weise aufzuschauen, sie verehren zu können. Das haben sie durchgemacht im richtigen Lebensalter. Dadurch, daß sie selber einmal haben verehren können, werden sie nach vielen Jahren zum Segen für ihre Umwelt. Man kann das, ich möchte sagen, paradigmatisch ausdrücken, indem man sagt: Es gibt Menschen, die segnen können. Viele sind es ja nicht, aber es gibt Menschen, die im späteren Alter die Kraft des Segnens erlangen. Das kommt daher, daß sie in ihrer Kindheit beten gelernt haben. Da haben Sie zwei Gesten, die kausal miteinander verknüpft sind: Beten und Segnen. Niemand lernt segnen, der es nicht aus dem Beten heraus lernt. Man muß das nicht sentimental verstehen, sondern ganz ohne mystischen Beigeschmack, wie man eine Naturerscheinung betrachtet, nur daß einem diese Erscheinung menschlich näher steht.

Ein Kind muß ja seiner Natur gemäß wachsen können. Wenn Sie einen Apparat ersinnen würden, der es in einer bestimmten Größe erhielte, der es am Wachsen verhindern und es zwingen würde, sein Leben lang so zu bleiben wie es ist, so würden Sie etwas ungeheuerlich Schlechtes tun. Der Mensch muß wachsen können. In der Schule bringen wir aber den Kindern Begriffe bei, bei denen wir das Ideal haben: die sollen so bleiben das ganze Leben hindurch. Das Kind soll sie gedächtnismäßig behalten, und sie sollen nach fünfzig Jahren noch immer so sein wie heute. Durch unsere Lehrbücher wird die Seele des Kindes so bearbeitet, daß sie klein bleiben muß. Das Richtige ist, das Kind so zu erziehen, daß alle seine Begriffe wachsen können, daß seine Begriffe, seine Willensimpulse lebendig sind. Es ist nicht sehr bequem, aber der künstlerischen Erziehungsgesinnung gelingt es. Und das Kind empfindet es anders, wenn wir ihm lebendige statt toter Begriffe beibringen, denn unbewußt weiß es: Was der mir beibringt, das wächst mit mir, wie meine Arme mit mir wachsen.

Es ist herzzerbrechend, wenn ein Kind so erzogen wird, daß es einen

Begriff definieren und ihn dann in einer Definition besitzen soll. Das ist wirklich, wie wenn man seine Glieder in einen Apparat einschnüren wollte. Das Kind muß wachstumsfähige Bilder bekommen, die ganz etwas anderes werden nach zehn bis zwanzig Jahren. Nur wenn man ihm solche wachstumsfähigen Bilder überliefert, regt man es an, sich empfindend einzuleben in das, was in den Tiefen einer anderen menschlichen Individualität oft verborgen ist. Sie sehen, wie kompliziert die Zusammenhänge sind: Wir lernen zu den Menschen ein tieferes Verhältnis dadurch gewinnen, daß uns in der Jugend das seelische Wachsen möglich gemacht wird.

Was heißt denn: den anderen Menschen erleben? Einen anderen Menschen kann man nicht erleben mit toten Begriffen. Man kann einen anderen Menschen nur begreifen, wenn man ihm gegenübertritt und einem dies zum Erlebnis wird, was einen selber innerlich ergreift. Dazu braucht man aber innere Regsamkeit. Heute gehen die Menschen durch Frühstücke, Diners zu Tees, ohne viel übereinander zu wissen. Über sich selber wissen die heutigen Menschen allerdings verhältnismäßig noch am meisten. Aber wie richten sie ihre Erfahrungen instinktiv ein? Wie urteilen sie über die vielen Menschen, die sie bei Frühstücken oder Diners finden? Sie urteilen höchstens so: Ist er so wie ich selber, oder ist er etwas anderes? – Und wenn man glaubt, er ist so wie man selber, dann ist der andere ein rechter Kerl. Ist er aber nicht so, wie man selber ist, dann ist er kein rechter Kerl, dann beschäftigt man sich nicht mit ihm. Und da die meisten Menschen nicht so sind, wie man selber ist, kann man höchstens manchmal glauben – weil es einem schließlich zu fad wird, gar keinen rechten Kerl zu finden –, man finde einen Menschen, der so ist, wie man selber. Aber eigentlich findet man auf diese Art keinen anderen Menschen, sondern immer nur sich selber. Man sieht sich in jedem anderen Menschen. Für viele Menschen ist das noch ganz gut, denn wenn sie jemandem entgegentreten würden, der für sie zwar nicht vollständig, aber doch bis zu einem gewissen Grade ein richtiger Kerl ist, und sie würden ihn erfassen, so würde das ein so starkes Erleben sein, daß es ihren eigenen Menschen ganz übertönen würde. Beim zweiten würde ihr Ich noch mehr übertönt, und beim dritten und vierten kämen sie schon gar nicht mehr heran, da hätten sie sich schon verloren. Es wird eben zu wenig innere Stärke und Aktivität, zu wenig Kern, zu wenig Individualität entwickelt, so daß die Menschen aus Furcht, sich selber zu verlieren, den anderen Menschen nicht erleben mögen. Und so gehen sie aneinander vorüber.

Deshalb ist das Wichtigste, daß wir eine Erziehung ausprägen, durch welche die Menschen wiederum miteinander leben lernen. Das kann man nicht durch Phrasen. Man kann das nur durch eine Erziehungskunst, die auf wahrer Menschenkenntnis begründet ist, eben die Erziehungskunst, von der hier gesprochen wird. Aber im großen und ganzen hat eben das intellektualistische Zeitalter das ganze Leben in Intellektualität getaucht. Wir leben eigentlich, in bezug auf unsere Institutionen, vielfach gar nicht mehr unter Menschen, sondern wir leben in einem verkörperten Intellekt, indem wir darinnen eingesponnen sind, nicht wie eine Spinne in ihrem eigenen Netze, sondern wie unzählige Fliegen, die sich in einem Spinnennetze verfangen haben.

Haben wir denn überhaupt eine Empfindung, wenn wir einem Menschen gegenübertreten, was uns dieser Mensch sein kann? Urteilen wir heute überhaupt so menschlich? Nein, das tun wir ja zumeist nicht, sondern wir fragen, ob nicht vielleicht an der Türe dieses Menschen ein Täfelchen angebracht ist, worauf irgendein Begriff steht, zum Beispiel «Gerichtsadvokat», wie es in Wien heißt, oder in Deutschland «Rechtsanwalt», oder bei einem anderen heißt es «Praktischer Arzt». Von dem wissen wir, daß er uns heilen kann! Bei einem anderen heißt es «Professor für die englische Sprache». Jetzt wissen wir, was wir an ihm haben. Wenn wir etwas über Chemie wissen wollen, so haben wir keine andere Wahl, als zu fragen, ob irgendwo ein Mensch lebt, dem ein Diplom erteilt worden ist als Chemiker. Was der uns dann sagt, das ist Chemie. Und so geht es weiter. Wir sind wirklich in dieses Spinnennetz von Begriffen eingesponnen. Wir leben nicht unter Menschen. Was einen kümmert, ist das, was auf dem Papier steht; das ist für viele Menschen der einzige Anhaltspunkt. Wie wüßten sie denn auch sonst, was ich für ein Mensch bin, wenn es nicht auf irgendeinem Papier stünde!

Es ist das alles etwas radikal gesprochen, aber es charakterisiert eben doch unser Zeitalter. Die Intellektualität ist nicht mehr bloß in unserem Kopfe, sondern sie umspinnt uns in der Tat schon überall. Wir richten uns nur nach Begriffen. Wir richten uns nicht nach menschlichen Impulsen.

Ich war noch ziemlich jung, da lernte ich in Baden bei Wien den österreichischen Dichter *Hermann Rollett* kennen, der jetzt schon lange gestorben ist. Der war der Ansicht, daß das Richtige eine Entwickelung zum Intellektualismus hin sei. Gleichzeitig aber hatte er eine heillose Angst davor, denn er spürte, daß das nur den menschlichen Kopf ergreift. Und als ich ihn einmal mit *Schröer* besuchte, kam er in dichterischer Art auf seine heillose Kulturangst zu sprechen. Er sagte: Wenn man heute die Menschen ansieht: ihre Finger können sie gar nicht ordentlich gebrauchen, viele können nicht schreiben, sie kriegen Schreibkrampf, die Finger verkümmern. Wenn es darauf ankommt, nicht einmal Hosenknöpfe können sie annähen, das können nur die Schneider. Und nicht nur werden die Finger und Gliedmaßen ungeschickter werden, sondern sie werden auch kleiner werden, sie werden verkümmern, die Köpfe aber werden immer größer werden. – So schilderte er seinen Dichtertraum und meinte dann, es würde die Zeit kommen, wo nur noch Kugeln von Köpfen über die Erde hinrollen.

Das trat mir dazumal als eine Kulturangst bei diesem Manne entgegen. Er war ein Kind seiner Zeit, das heißt ein Materialist, und deshalb hatte er eine so große Angst gehabt, daß in der Zukunft solche Köpfe über die Erde hinrollen werden. Das werden ja die physischen Köpfe nicht tun; aber die ätherischen und astralischen Köpfe tun es schon heute in ganz bedenklicher Weise. Davor muß eine gesunde Jugenderziehung die Menschen bewahren. Sie muß die Menschen wieder auf ihre Beine stellen und sie so führen, daß sie wieder ihren Herzschlag verspüren, wenn sie über etwas nachdenken, nicht bloß etwas für ihr Wissen haben. Das sind die Dinge, die wir durchaus berücksichtigen müssen, wenn wir uns hineinleben wollen in das, was Einschlag werden muß für die pädagogische Kunst, für die Erziehungskunst, gegen die Zukunft der Menschheit hin. Was dazu noch Ergänzendes zu sagen ist, werde ich versuchen, morgen vor Ihnen zu entwickeln.

ZWÖLFTER VORTRAG

Stuttgart, 14. Oktober 1922

Aus den Ausführungen der letzten Tage wird Ihnen ja hervorgehen, daß der Mensch dem Menschen in der Gegenwart anders gegenübersteht, als das in früheren Zeitaltern der Fall war, und daß die Art und Weise, wie heute der Mensch dem Menschen gegenübersteht, sehr jungen Datums ist, eigentlich erst mit diesem Jahrhundert in die Menschheitsentwickelung hereingebrochen ist.

In einer Sprache, die für unsere gegenwärtige Zeit nicht mehr genügen kann, haben ältere Zeitalter, gewissermaßen poetisch, vorausgesagt, was mit diesem Jahrhundert für die ganze Menschheit eingetreten ist. Ältere Zeitalter haben davon gesprochen, daß mit dem Ende des neunzehnten Jahrhunderts das sogenannte finstere Zeitalter abläuft und daß in einem neuen Zeitalter für die menschliche Entwickelung ganz neue Bedingungen eintreten müssen. Diese werden schwer zu erringen sein, weil die Menschheit zunächst noch nicht an sie gewohnt ist, und sie werden, obwohl man es mit einem lichten Zeitalter zu tun hat, zunächst Zustände bringen, die sich für den Menschen chaotischer ausnehmen als diejenigen, die das lange, dunkle, finstere Zeitalter gebracht hat.

Wir müssen heute dasjenige, was da in einem mehr der alten hellseherischen Einsicht entnommenen Bilde einmal vor die Menschheit hingestellt worden ist, nicht etwa bloß übersetzen in unsere Sprache. Da würden wir doch immer wieder nur das Alte verstehen. Wir müssen es wieder erkennen mit den geistigen Mitteln, die uns heute möglich sind. Wir müssen nämlich ganz intensiv uns durchdringen mit dem Bewußtsein, daß eigentlich erst in diesem Zeitalter Menschen-Ich dem Menschen-Ich im seelischen Verkehr, ich möchte sagen, hüllenlos gegenübersteht.

Wenn man in das erste Zeitalter nach der großen atlantischen Erdenkatastrophe zurückgehen würde, also in das siebente, achte vorchristliche Jahrtausend, würde man finden, daß die Menschen als Erwachsene einander so gegenübergestanden haben, wie heute nur das Kind dem Erwachsenen gegenübersteht: mit einer totalen menschlichen Auffassung, wie ich sie gestern charakterisiert habe, wo nicht in ein vom Leib abgesondertes Seelisches oder gar Geistiges hineingesehen wird, sondern wo der physische Körper selber als ein Seelisches und Geistiges wahrgenommen wird. Wir dürfen ja nicht glauben, daß in jenem Zeitalter, das ich als das urindische bezeichnete und das unmittelbar als Menschheitszivilisation auf die atlantische Katastrophe folgte, der Mensch von Seele und Geist ebenso abgezogen geredet haben würde, wie wir das heute, sogar mit einem gewissen Rechte, tun.

Gerade jene Äußerungen dieses ältesten Zeitalters, die uns heute recht spirituell, recht geistig erscheinen, die mißverstehen wir eigentlich. Wir mißverstehen sie, indem wir glauben, es hätten die Menschen dieser ersten nachatlantischen Kulturperiode die Außenwelt eigentlich übersehen und immer nur auf ein außerhalb der Sinneswelt Befindliches hindeuten wollen. Das war gar nicht der Fall, sondern diese Menschen haben eine gesättigtere Wahrnehmung etwa von einer menschlichen Bewegung oder einem menschlichen Mienenspiele gehabt, oder von der Art und Weise, wie ein junger Mensch durch fünf Jahre hindurch wächst, wie die Blumen die Plastik ihrer Blätter und Blüten entwickeln, wie die Totalkraft eines Tieres entweder in einen Huf oder in eine andere Endigung des Beines sich hineinergießt. Diese Menschen haben ihre Augen hinausgerichtet in die Welt, die wir heute die sinnliche nennen. Aber sie sahen in den sinnlichen Vorgängen Geistiges. Für sie war das, was sich ihren Sinnen in der Sinneswelt darbot, zugleich ein Geistiges. Allerdings war ihnen eine solche Anschauung eben nur möglich, weil sie außer dem, was wir heute in der sinnlichen Welt schauen, noch in ihrer Art ein Geistiges wahrgenommen haben. Zum Beispiel haben sie nicht nur über eine Wiese hin den Blumenteppich ausgebreitet gesehen, sondern sie haben über den Blumen in einer vibrierenden tätigen Existenz die kosmischen Kräfte wahrgenommen, welche die Kraft der Pflanzen aus der Erde herausziehen. Sie haben – es sieht für den heutigen Menschen schon grotesk aus, wenn man ihm das erzählt, aber ich erzähle Ihnen Tatsächliches – gewissermaßen gesehen, wie der Mensch fortwährend eine Art ätherische, astralische Kappe auf dem Kopfe trägt. In dieser ätherisch-astralischen Kappe haben sie die Kräfte empfunden, welche dem Haarwuchse zugrunde liegen. Heute möchten die Menschen gerne glauben, daß die Haare gewissermaßen nur von innen getrieben aus dem Kopfe herauswachsen, während in Wahrheit es die äußere Natur ist, die sie herauszieht.

In jenen alten Zeiten haben eben die Menschen das als eine Tatsächlichkeit gesehen, was dann später nur noch im künstlerischen Abdruck gewissermaßen in der Kultur durchschimmert. Betrachten wir so etwas, wie den ja ganz deutlich zum Kopf gehörenden Helm der Pallas Athene. Man empfindet den Helm der Pallas Athene nicht in der richtigen Weise, wenn man glaubt, daß er aufgesetzt wäre. Er ist nicht aufgesetzt. Er ist ihr geschenkt aus einer Konzentration von kosmischen Strahlenkräften, welche um ihr Haupt wirken und um dasselbe sich verdichtend lagern, so daß es den Griechen in den älteren Zeiten als etwas Unmögliches erschienen wäre, eine Pallas Athene ohne diese Kopfbedeckung zu machen. Sie hätten das so empfunden, wie wir heute einen skalpierten Kopf empfinden. Ich sage nicht, daß das auch für die späteren Zeiten des Griechentums noch so war.

Gehen wir aber in die alten Zeiten zurück, so können wir noch sehen, daß die Menschen die sinnliche Welt als etwas Geistig-Seelisches erleben konnten, weil sie da gewissermaßen noch etwas Ätherisches, Seelisch-Geistiges zu erleben hatten. Aber diese Menschen gaben auf das Seelisch-Geistige gar nicht so sonderlich viel. Und wenn heute die Menschen so leicht glauben, in den ältesten Mysterien sei den Mysterienschülern hauptsächlich gelehrt worden, die Sinneswelt sei nur Schein und die geistige Welt das einzig Wirkliche, so ist das nicht wahr. Wahr ist vielmehr, daß alle Bestrebungen der Mysterien dahin gingen, auf dem Umwege über ein Begreifen des Geistig-Seelischen den Menschen gerade das Sinnliche seelisch begreiflich zu machen.

Schon in der ersten nachatlantischen Kulturperiode strebten die Mysterien dahin, den Menschen, wie er als Gestalt auf der Erde lebte, seelisch-geistig zu begreifen und namentlich innerlich fühlend – nicht theoretisch – zu deuten, was irgendeine Äußerung des physischen Menschen im Geistigen bedeutet. Es wäre den Menschen zum Beispiel ganz unmöglich erschienen, eine bloße Mechanik des Gehens aufzustellen, weil sie wußten, daß der Mensch, indem er geht, mit jedem Schritte ein

Erlebnis hat. Dieses Erlebnis liegt heute tief unter der Schwelle des Bewußtseins. Warum gehen wir? Wenn wir das Bein vorwärtsstrecken und den Fuß hinstellen, kommen wir in ein anderes Verhältnis zur Erde und zur Himmelswelt, und in der Wahrnehmung dieser Änderung – daß wir den Fuß zum Beispiel in ein anderes Wärmebad hineinstellen, als dasjenige ist, in dem der andere, rückwärtige Fuß darinnensteht –, in der Wahrnehmung dieses Wechselverhältnisses zum Kosmos liegt etwas nicht nur Mechanisches, sondern durchaus Überdynamisches.

Das war Wahrnehmung für eine solche ältere Zeit. Damals wurde der Menschen Blick auf des Menschen äußere Gestalt, auf seine äußeren Bewegungen hingelenkt. Und es wäre den Menschen der damaligen Zeit gar nicht im geringsten eingefallen, dasjenige, was sie wie ein Mienenspiel der Natur wahrgenommen haben: Wachsen der Pflanzen, Konfigurieren der Pflanzen, Wachsen der Tiere, Konfigurieren der Tiere und so weiter, in dem Sinne zu deuten, wie wir das heute wissenschaftlich tun. Es war durchaus etwas anderes im menschlichen Gemüte, als es heute sein kann, wenn jener Angehörige der urindischen Kultur, auf den ich gestern hindeutete, als etwas ganz Naturgemäßes empfunden hat: Während einer gewissen Jahreszeit atmet die Erde Himmelswesenheit, und während einer anderen Jahreszeit atmet sie nicht Himmelswesenheit, sondern sie arbeitet in sich, indem sie sich abschließt gegen diese Himmelswesenheit. – Natürlich war es im alten Indien anders, weil die klimatischen Verhältnisse anders waren. Würden wir aber diese alte Empfindung auf unsere klimatischen Verhältnisse ausdehnen, so müßten wir sagen: Während des Sommers schläft die Erde, gibt sich hin den Himmelskräften, empfängt die Sonnenkraft so, daß diese Sonnenkraft in das Unbewußte der Erde sich hineinergießt. Sommer ist Erdenschlaf, Winter ist Erdenwachen. Während des Winters denkt die Erde durch ihre eigene Kraft dasjenige, was sie während des Sommers schlafend und träumend in bezug auf den Himmel gedacht hat. Während des Winters verarbeitet die Erde in sich, was ihr geworden ist während des Sommers durch die Einwirkung der kosmischen Kräfte und Mächte.

Heute weiß man von diesen Dingen praktisch nicht viel mehr, als daß der Bauer draußen auf dem Lande die Kartoffeln in die Erde hineintut und sie darin überwintern läßt. Aber man denkt nicht vorher über das Schicksal dieser Kartoffeln nach, weil man dieses Sichhineinversetzen in die unmittelbare Naturwesenheit verloren hat. Menschen, die so empfunden haben wie die alten Inder, wäre es gar nicht eingefallen, hinauszuschauen in die Natur, Tiere, Pflanzen und Mineralien zu sehen, die in den verschiedensten Farben erglänzen und erglitzern, und sich dabei vorzustellen, daß in alledem eine einzige Realität ist, ein Atomentanz. Ein solcher Atomentanz wäre ihnen als die größte Irrealität erschienen. Hierauf wird gewiß von manchen eingewendet werden: Aber diesen Atomentanz braucht man, damit man über die Natur rechnen kann. – Ja, meine lieben Freunde, das ist es eben, daß man glaubt, man brauche den Atomentanz, um die Natur berechnen zu können. Rechnen hieß in jener Zeit: in Zahlen und Größen selber leben zu können, und nicht die Zahlen und Größen anheften an das, was im Grunde genommen nur verdichtete Materialität ist. Ich will damit gar nichts einwenden dagegen, daß dieses verdichtete Materielle in der gegenwärtigen Zeit ganz gute Dienste tut. Aber trotzdem muß gesagt werden, wie anders die Seelenkonfiguration in jener älteren Zeit war.

Dann kam eine andere Zeit. Ich habe sie in meiner «Geheimwissenschaft» die urpersische genannt. Da war alles auf das autoritative Prinzip gebaut. Die Menschen behielten ihr ganzes Leben hindurch etwas von dem, was der Mensch heute – aber zurückgedrängt, stumpf geworden – zwischen dem siebenten und vierzehnten Lebensjahre erlebt. Nur nahmen sie dieses damals in das spätere Lebensalter mit hinein. Damals war es intimer, aber zu gleicher Zeit auch intensiver. Die Menschen schauten schon in einem gewissen Sinne durch die äußere Bewegung, durch die äußere Physiognomie eines Menschen oder einer Blume hindurch. Sie sahen schon auf etwas, was weniger nach außen hin gegenständlich war. Es war ihnen nach und nach dasjenige, was sie sahen, nur mehr zu einer Offenbarung der eigentlichen Wirklichkeit geworden. Für die erste nachatlantische Kulturperiode war die ganze Außenwelt Wirklichkeit, aber geistige Wirklichkeit. Der Mensch war Geist. Er hatte einen Kopf, zwei Arme und einen Rumpf, und das war Menschengeist. Nichts hinderte den Ur-Inder, diesen Menschen, den er auf zwei Beinen stehen sah, mit Armen und Haupt, als Geist anzusprechen. In der nächsten Periode sah man schon etwas mehr durch. Das Geschaute war nur mehr Oberfläche, hinter der man etwas mehr Ätherisches sah, einen Menschen, der mehr eine Lichtgestalt war. Man hatte die Fähigkeit, diese Lichtgestalt wahrzunehmen, weil eben noch atavistisches Hellsehen vorhanden war.

Dann kam die dritte nachatlantische Kulturperiode. Da hatte man das Bedürfnis, noch mehr in das Innere des Menschen oder der Natur hineinzuschauen. Da war einem das Äußere schon in hohem Grade sinnlich geworden und man begann von einem sinnlichen Äußeren zu einem geistig-seelischen Innerlichen hindurchzuschauen. Der Ägypter, der dieser dritten nachatlantischen Kulturperiode angehört, hat den Menschen mumifiziert. In der urindischen Kulturepoche wäre ein Mumifizieren ein Unsinn gewesen, denn es wäre ein Fesseln des Geistes gewesen. Man mußte schon Körper und Geist unterscheiden, als man sich zum Mumifizieren geneigt fand. Sonst hätte man geglaubt, man sperre den Menschengeist ein, wenn man den Menschenkörper in der Mumie einbalsamierte, weil man noch nicht unterschied zwischen Körper und Geist.

Bei den Griechen – und das hat sich bis in unsere Zeit herein erhalten – war schon ein ganz deutliches Auseinanderhalten des Körperlich-Leiblichen und des Geistig-Seelischen vorhanden. Heute können wir nicht mehr anders, als diese beiden auseinanderhalten: das Körperlich-Leibliche und das Geistig-Seelische. So hat man eigentlich das Ich in früheren Zeitaltern durch Hüllen hindurch gesehen.

Stellen Sie sich den Ur-Inder vor. Er sah nicht hin auf das Ich des Menschen. Seine Sprache war so, daß sie eigentlich nur äußerlich sichtbare Gebärden und äußerlich sichtbare Oberflächen ausdrückte. Der ganze Charakter des Sanskrit, wenn man es dem Geiste und nicht nur dem Inhalt nach studiert, ist noch gebärdenhaft und oberflächenhaft, was sich besonders in Beweglichkeit und Begrenzung ausdrückt. Man sah bei den Ur-Indern also das Ich durch die Hülle des physischen Leibes, in der nächsten Epoche durch die Hülle des ätherischen und in der dritten durch die Hülle des astralischen Leibes – und noch immer blieb undeutlich das Ich des Menschen, bis es in unserem Zeitalter unverhüllt in den menschlichen Verkehr eintritt.

Meine lieben Freunde! Keiner bezeichnet den Einschnitt, den die Menschheitsentwickelung in unserer Zeit erlebt, der nicht darauf hinweist, daß in diesem Verkehr von Ich zu Ich in hüllenloser Art etwas völlig Neues eintrat in die menschliche Entwickelung, allerdings langsam. Ich will gewiß nicht in der gewöhnlichen Weise von unserer Zeit als einer Übergangszeit reden; denn welche Zeit ist keine Übergangszeit? Jede Zeit ist eine Übergangszeit von dem, was vorangegangen ist, zu dem, was folgt. Und solange man nur sagt, unsere Zeit ist eine Übergangszeit, ist es eben eine Phrase. Hand und Fuß bekommt die Sache erst, wenn man charakterisiert, was übergeht: In unserer Zeit geht die Menschheit über von einem hüllenhaften Erleben des anderen Menschen zu einem wirklichen Erleben des Ich des anderen Menschen. Und das ist die Schwierigkeit des menschlichen Seelenlebens, daß wir uns in dieses ganz neue Verhältnis von Mensch zu Mensch hineinleben müssen. Glauben Sie nicht, daß ich darauf hindeuten will, wir alle müßten die Lehren über das Ich lernen. Darum handelt es sich nicht, daß wir irgendwelche Theorien lernen. Ob Sie ein Bauer auf dem Lande oder irgendein durch seine Handarbeit tätiger Mensch sind, oder ein Gelehrter: für Sie alle gilt, daß in der Gegenwart – insofern wir es mit den zivilisierten Menschen zu tun haben – die Iche der Menschen einander hüllenlos gegenübertreten. Aber das gibt der ganzen Kulturentwickelung die besondere Färbung.

Versuchen Sie nur, ein Gefühl dafür zu entwickeln, wie noch im Mittelalter viel Elementares war in der Art und Weise, wie ein Mensch den andern empfunden hat. Versetzen wir uns in eine mittelalterliche Stadt. Ein Mensch, sagen wir ein Schlosser, begegnet auf der Straße einem Ratsherrn. Das, was da erlebt wurde, erschöpft sich nicht darin, daß der Betreffende wußte, der andere ist Ratsherr. Nicht einmal darin erschöpft es sich, daß er wußte: Den haben wir gewählt. – Allerdings waren ja Zusammenschlüsse vorhanden, die den Menschen auch eine Vignette aufdrückten. Man gehörte der Schneiderinnung, der Schlosserzunft an; aber das wurde noch in einer mehr instinktiven Weise erlebt. Und wenn man als Schlosser einem Ratsherrn entgegenkam, so wußte man, auch ohne daß man es im Adreßbuch gesehen hatte: Das ist ein Ratsherr! – Man brauchte es nicht aus Papieren oder aus der Zeitung zu wissen; er ging anders, er schaute anders, er trug den Kopf anders. Man erlebte noch den anderen, aber man erlebte ihn eben durch die Hüllen.

Im Sinne der neuzeitlichen Menschheitsentwickelung ist es nunmehr dazu gekommen, daß wir den Menschen hüllenlos erleben müssen. Das ist nach und nach heraufgekommen. Davor erschrickt in einem gewissen Sinne die Menschheit. Und wenn wir eine Kulturpsychologie hätten, so würde für die letzten Jahrhunderte in dieser Kulturpsychologie vor allen Dingen dieses Erschrecken der Menschheit verzeichnet sein: den Menschen hüllenlos als Ich neben sich haben zu müssen. Wenn man dieses im Bilde vor sich hat, so möchte man sagen: Es erscheinen einem gerade die Menschen, die in den letzten Jahrhunderten ihr Zeitalter miterlebten, mit erschreckten Augen. Diese erschreckten Augen, die Sie beim Griechen, beim Römer noch nicht hätten finden können, treten namentlich seit der Mitte des sechzehnten Jahrhunderts auf. Diese erschreckten Augen können wir auch in der Literatur verfolgen. Man kann sich davon eine ganz deutliche Vorstellung bilden, wenn man zum Beispiel die Schriften des *Baco von Verulam* liest. Was der für Augen gemacht hat in der Welt, das liest man seinen Schriften ab. Aber noch mehr die Augen des *Shakespeare*. Die kann man sich sehr deutlich vor die Seele stellen. Man ergänze sich nur die Worte durch die Bilder, die in die Welt gesetzt worden sind über die Art, wie Shakespeare ausgesehen hat. Und so müssen wir uns gerade die am meisten mit ihrer Zeit lebenden Menschen der letzten Jahrhunderte mit etwas erschreckten Augen, mit einem unbewußt erschreckten Blick beladen, vorstellen. Mindestens einmal in ihrem Leben hatten sie diesen erschreckten Blick. Goethe hatte ihn, Lessing hatte ihn, Herder hatte ihn. Jean Paul wurde ihn bis zu seinem Tode nicht los. Man muß für solche Zartheiten ein Organ haben, wenn man die geschichtliche Entwickelung überhaupt verstehen will.

Das muß der Menschheit schon klar sein, die in das zwanzigste Jahrhundert hineinleben will, daß die Repräsentanten des neunzehnten Jahrhunderts für dieses zwanzigste Jahrhundert nicht mehr gelten können. Liest man ein Werk über *Goethe* aus dem neunzehnten Jahrhundert, den philiströsen *Lewes* oder den schulmeisterlichen *Richard M. Meyer* – man bekommt von Goethe selbstverständlich keine Vorstellung. Das einzige Werk aus der Literatur des letzten Drittels des neunzehnten Jahrhunderts, aus dem man noch eine Vorstellung von Goethe bekommen kann, ist das über Goethe von *Herman Grimm.* Das ist aber ein Greuel für diejenigen, die an der großen Kulturkrankheit der neueren Zeit leiden, an der Philistrosität. Denn in diesem Goethebuch steht der Satz: «Faust» sei ein Werk, das vom Himmel gefallen ist. Nun denken Sie sich, was die Kommentatoren, die alles zerpflücken und zerblättern, über den «Faust» gesagt haben, und nun kommt einer und sagt, man solle es nicht zerpflücken und zerblättern. Dies scheint vielleicht unwesentlich, und dennoch, auf solche Dinge müssen wir hinhorchen, wenn von Kulturerscheinungen die Rede ist. Lesen Sie das erste Kapitel in Grimms Werk über Raffael: Sie werden das Gefühl haben, es ist ein Greuel für jeden rechtgläubigen Kathedermenschen; aber es hat doch noch etwas, was man herübernehmen kann in das zwanzigste Jahrhundert, eben deshalb, weil für den rechtgläubigen Kathedermenschen eigentlich nichts davon stimmt.

Man hat also den Menschen in Hüllen gesehen. Man hat lernen müssen und muß lernen, den Menschen hüllenlos als eine Ich-Wesenheit zu sehen. Davor erschrickt man, denn alles, was ich als die Hüllen bezeichnet habe, in denen man noch einen Ratsherrn hat herankommen sehen, konnte man jetzt nicht mehr empfinden. Man kann den Leuten auch nicht mehr, wenigstens nicht in Mitteleuropa, die äußeren Repräsentationen der Hüllen geben, denn die äußeren Repräsentationen hatten noch eine Beziehung zu dem, was an geistigem Inhalt vorhanden war bei den mittelalterlichen Ratsherren. Jetzt – ich muß es Ihnen schon gestehen – würde es mir schwerfallen, aus der äußerlichen Umhüllung den Unterschied zu erkennen zwischen einem Regierungsrat und einem Geheimen Regierungsrat. Beim Militär hat man es in seiner Blütezeit noch wissen können; aber man mußte es sorgfältig lernen, man mußte erst ein eigenes Studium darüber anstellen. Es hing nicht mehr zusammen mit dem elementaren menschlichen Erleben.

Es war also eine Art Erschrecken da, und dagegen hat man sich abgestumpft durch dieses intellektualistische Gespinst, das ich Ihnen gestern geschildert habe, das sich um uns herum ausdehnt, in dem jeder darinnen ist. In den Kulturzentren, die sich noch so etwas Östliches erhalten hatten, hat man das Innere noch mit einem Äußerlichen, das Elementarische mit einem Intellektualistischen in eine gewisse Beziehung gebracht. Diejenigen, die aus Wien sind, werden wissen, daß das im vorigen Jahrhundert noch stark fühlbar war. Denn in Wien nannte man zum Beispiel denjenigen einen Doktor, der eine Brille hatte. Man kümmerte sich nicht um das Diplom, sondern um das Exterieur. Wer sich einen Fiaker leisten konnte, war ein Adliger, ein Baron. Es war das Exterieur. Man hatte noch das Gefühl dafür, man will noch in etwas drinnen leben, was man mit Worten bezeichnet.

Das ist der große Übergang zu der neueren Zeit, daß Mensch und Mensch sich ihrer inneren Anlage gemäß, gemäß dem, was die Seele fordert, hüllenlos gegenüberstehen, daß aber noch nicht die Fähigkeiten erworben sind zu einem solchen hüllenlosen Sichgegenüberstehen. Vor allen Dingen haben wir uns noch nicht die Möglichkeit erworben, ein Verhältnis zu gewinnen zwischen Ich und Ich. Das aber muß durch die Erziehung vorbereitet werden. Daher ist die Erziehungsfrage eine so brenzlige, eine so wichtige Frage.

Und nun möchte ich Ihnen unverhüllt sagen, wann erst der große Fortschritt in bezug auf die Erziehungsweise an die einzelnen Ich-Menschen der neueren Zeit herankommen kann. Aber ich bitte, gebrauchen Sie das, was ich sagen werde, nicht gar zu sehr dazu, andere Menschen, welche heute noch die gegenteilige Meinung haben, verblüffen zu wollen; sonst kommt nichts dabei heraus, als ein ungeheures Geschimpfe über Anthroposophie. Richtig in der Erziehung werden wir erst wirken, wenn wir uns ein gewisses Schamgefühl aneignen werden, wenn wir uns schämen werden, über Erziehung überhaupt zu reden. Es ist eine verblüffende Sache, aber es ist so: Das heutige Reden über Erziehung wird einmal von einer künftigen Menschheit als schamlos angesehen werden. Heute redet jeder über Erziehung und über das, was er da für das Richtige hält. Aber Erziehung ist nicht etwas, was sich so in Begriffe fassen läßt, ist nicht etwas, dem man mit Theoretisieren beikommt. Erziehung ist etwas, in das man hineinwächst, indem man älter wird und jüngeren Leuten gegenübersteht. Und erst dann, wenn man älter geworden ist und jüngeren Leuten gegenübersteht, und durch dieses Faktum, daß man jüngeren Leuten gegenübersteht, und weil man selbst einmal jung war, an das Ich herankommt, dadurch wird die Erziehung zu einer Selbstverständlichkeit.

Mir kommen heute viele Anweisungen über das Erziehungswesen gar nicht anders vor als der Inhalt des – horribile dictu – einstmals berühmten *«Knigge»*, der auch Anweisungen gegeben hat, wie man dem erwachsenen Menschen gegenübertreten soll, und wie die Bücher über den «guten Ton». Daher ist dasjenige, was ich selbst über Erziehung gesprochen und geschrieben habe und alles, was mit dem praktischen Versuch in der Waldorfschule zusammenhängt, nur darauf berechnet, möglichst viel über Charakteristik des Menschen zu sagen, den Menschen kennenzulernen, aber nicht Anweisungen zu geben: Dies sollst du so machen, das sollst du so machen. – Menschenerkenntnis, das ist es, was man eigentlich anstreben sollte, und das übrige – wenn ich mich eines religiösen Ausdrucks bedienen darf – Gott überlassen. Richtige Menschenkenntnis macht den Menschen schon zum Erzieher, denn eigentlich sollte man das Gefühl bekommen, daß man sich schämen sollte, über Erziehung zu reden. Aber man muß ja unter den Kultureinflüssen manches tun, worüber man sich schämen müßte. Die Zeit wird aber kommen, in der man nicht mehr über Erziehung zu reden braucht.

Solche Gedankenformen fehlen heute dem Menschen. Sie fehlen ihm aber im Grunde genommen erst seit etwas mehr als hundert Jahren. Denn lesen Sie sich einmal hinein in *Fichte* oder auch in *Schiller*. Da finden Sie etwas darinnen, das einem heutigen Menschen geradezu horribel erscheint. Diese Leute haben zum Beispiel über den Staat und über allerlei Einrichtungen gesprochen, wie der Staat sein sollte, und über das Ziel des Staates haben sie gesagt: Die Sittlichkeit muß so sein, daß der Staat sich überflüssig macht, daß die Menschen aus sich heraus dazu kommen können, freie Menschen zu sein, und durch ihre Sittlichkeit den Staat überflüssig machen. – Fichte sagte, daß der Staat eine Institution sein sollte, die sich selbst aus dem Sattel hebt und sich nach und nach ganz überflüssig macht. Auf den heutigen Menschen würde das einen Eindruck machen wie ein Vorkommnis bei einer herumziehenden Schauspielertruppe, die ein Stück zum fünfzigsten Male spielte und welcher der Direktor sagte: Jetzt haben wir das Stück fünfzigmal gespielt, nun können wir wohl den Souffleurkasten weglassen. – Die Schauspieler waren ganz erschrocken. Endlich raffte sich einer auf und sagte: Ja, Herr Direktor, dann wird man aber den Souffleur sehen! – So ungefähr würde das auf die heutigen Menschen wirken. Sie sehen nicht, daß der Souffleur wegbleiben kann. Der Staat hat seine beste Konstitution dann erreicht, wenn er sich überflüssig macht. Ja, aber die Regierungsräte und die Hofräte und die Geheimräte, was würden die da sagen?

Man muß sich schon einmal, ich möchte sagen, aus der unmittelbaren Alltagspraxis in diesen großen Umschwung, der in den Tiefen der Seelen in unserer Zeit vor sich geht, hineinversetzen, wenn man sich klar darüber sein will, daß wir wiederum zu einem Gesichtspunkte kommen müssen, welcher das Reden über Erziehung ebenso überflüssig macht, wie es in älteren Kulturepochen gewesen ist. Früher hat man nicht über Erziehung geredet. Die Erziehungswissenschaft kam erst herauf, als man nicht mehr aus den elementarischen Menschenkräften heraus erziehen konnte. Die Sache ist viel wichtiger als man meint! Der Junge oder das Mädchen, die den Lehrer in die Klasse kommen sehen, dürfen nicht das Gefühl haben: Der erzieht nach theoretischen Grundsätzen, weil er das Unterbewußte nicht begreift. Sie wollen ein menschliches Verhältnis zu dem Lehrer haben. Das wird aber gestört, wenn Erziehungsgrundsätze vorhanden sind. Deshalb ist es von unendlicher Wichtigkeit und unbedingt notwendig, um wiederum zu einer Art selbstverständlichen Autoritätsverhältnisses der Jungen zu den Alten zu kommen, daß über Erziehung nicht so viel geredet wird, und daß es nicht notwendig ist, über Erziehung so viel zu reden oder zu denken wie heute. Denn es wird ja auf manchen Gebieten auch heute noch nach ganz gesunden Grundsätzen erzogen, obwohl sie auch schon durchlöchert werden.

Theoretisch ist einem das alles ganz klar, und theoretisch weiß man schon die Sache auch so zu behandeln, wie die Gelehrtengesinnung der Gegenwart es tut. Aber praktisch ist es doch ganz gut, wenn man erlebt, wie es mir einmal bei einem Freunde passiert ist, der eine Waage neben seinem Teller stehen hatte und sich die einzelnen Nahrungsmittel zuwog, damit er die richtige Menge in seinen Organismus hineinbekomme. Physiologisch mag das ganz richtig sein. Aber denken Sie sich das einmal auf dem Gebiet der Kindererziehung, wo es ja leider geschieht, wenn auch in primitiver Weise. Da bleibt es noch immer gesünder, wenn das aus gewissen Intuitionen heraus geschieht, wenn die Eltern sich nicht ein besonderes physiologisches Werk kaufen, um daraus zu ersehen, wie sie die Kinder ernähren müssen, sondern wenn sie es aus dem Gefühl heraus beurteilen, wie sie selber einmal als Kinder gegessen haben. So handelt es sich auch darum, daß wir diese Pädagogik, die Anweisung gibt, wieviel Speisen wir in den Magen hineinbringen dürfen, überwinden, und daß wir uns durchringen dazu, uns auf dem Gebiete der Pädagogik eine wirkliche Einsicht in die menschliche Natur und Wesenheit anzueignen. Dieses Einsichtnehmen in die menschliche Natur und Wesenheit hat nämlich Folgen für das ganze menschliche Leben.

Wer den Menschen wirklich kennenlernt, so wie ich es in diesen Tagen charakterisiert habe, und dabei künstlerisches Auffassen in die Erkenntnis hineinnimmt, wird durch ein solches Kennenlernen seine menschliche Natur jung erhalten. Denn es ist etwas daran: wenn wir einmal erwachsen sind, sind wir ja eigentlich schon verarmte Menschen. Es gehört doch als das Allerwichtigste zum Menschen, daß wir Wachstumskräfte in uns haben. Was wir als Kind in uns haben, ist für den Menschen das Allerwichtigste. Zu dem werden wir aber im inneren Erleben durch wahre Menschenerkenntnis zurückgeführt. Wir werden wirklich kindhaft, wenn wir richtige Menschenkenntnis uns erwerben, und dadurch geeignet, auch dem jungen Menschen und dem Kinde in der richtigen Weise gegenüberzutreten.

Und das ist es, was wir erstreben müssen: nicht nur in einem egoistischen Sinne, wie das heute oft geschieht, zu sagen: «Wenn ihr nicht werdet wie die Kindlein, könnt ihr nicht in das Reich Gottes kommen», sondern es im praktischen Leben aufzusuchen. Wäre nicht heute mit uns eine regsame menschliche Kraft verbunden, die in der Kindheit in uns wirkte, so könnten wir nicht erziehen. Die Pädagogik ist ungenügend, wenn sie den Lehrer oder Erzieher bloß gescheit macht. Ich sage nicht, daß sie ihn gedankenlos machen soll. Aber gedankenlos wird man auf diese Art auch schon nicht. Die Pädagogik, die den Lehrer nur gescheit macht, ist nicht die richtige, wohl aber diejenige, die den Lehrer innerlich regsam macht, mit seelischem Lebensblut erfüllt, das regsam sich in sein physisches Lebensblut hineinergießt. Und wenn man an irgend etwas sehen kann, daß einer ein richtiger Lehrer oder Erzieher ist, so kann man es daran sehen, daß er durch seine pädagogische Kunst kein Pedant geworden ist.

Nun, meine lieben Freunde, es ist vielleicht nur eine Mythologie oder etwas legendenhaft erzählt, daß da oder dort ein Pedant wirkt. Wenn die lehrenden oder erziehenden Personen Pedanten sein sollten, wenn diese Legenden und Mythologien irgendwie auf Wahrheit beruhen sollten, dann müßten wir sicher sein, daß die Pädagogik auf Abwege gekommen wäre. Um niemand zu treffen, muß ich die wirkliche Wahrheit dieser Legenden und Mythologien hypothetisch voraussetzen und sagen: Wenn es wahr wäre, daß es Pedanten und Philister unter der Lehrerschaft gibt, so würde das ein Zeichen sein, daß unsere Pädagogik im Niedergange begriffen ist. Nur dann ist die Pädagogik im Aufgange begriffen, wenn durch ihr Erleben und durch ihr ganzes Wirken Pedanterie und Philistrosität gründlich aus dem Menschen ausgetrieben werden. Der richtige Pädagoge kann kein Philister, kein Pedant mehr sein.

Ich bitte Sie jetzt nur, vielleicht im Anschluß an dieses, damit Sie mich kontrollieren können in dem, was ich gemeint habe, darüber nachzudenken, aus welchem Lebensberuf heraus das Wort Pedant überhaupt gekommen ist. Vielleicht werden Sie dann etwas beitragen können zu der Erkenntnis der Tatsächlichkeit des eben Angedeuteten, über das ich mich nicht verbreiten will, weil mir ohnehin schon so vieles übelgenommen wird. Nur unter dieser Voraussetzung wäre es eine richtige Pädagogik, sonst müßte es eine richtige Pädagogik erst werden in Gemäßheit dessen, was ich in diesen Tagen gegeben habe. Und so darf ich wohl in der morgigen Stunde eine Art Abschluß dieser Unterredungen versuchen.

DREIZEHNTER VORTRAG

Stuttgart, 15. Oktober 1922

Es wäre noch vieles zu sagen, um das in den vorangehenden Tagen vor Ihnen hier Entwickelte zu einer Art von Abschluß zu bringen. Denn indem man spricht, muß man eben die Dinge in Worte und Ideen auseinanderlegen; was man meint, ist aber der einheitliche Zug und die einheitliche Kraft, die man durch die vielen auseinandergelegten Worte und Ideen hindurchströmen lassen möchte. Damit aber vielleicht doch manches, was ich noch in vielen Worten sagen könnte und eigentlich sagen müßte, in einer gewissen Weise wiederum auch zusammenfassend gesagt wird, lassen Sie mich dasjenige, was ich heute noch zu Ihnen sprechen will, halb bildlich vorbringen. Sie werden das Halb-bildliche verarbeiten und dann vielleicht besser verstehen, was ich meine.

Ich habe Sie von den verschiedensten Seiten her darauf aufmerksam gemacht, daß heute jeder Mensch, der mit der Zivilisation lebt, im Intellektualismus lebt, in jenem Begriffsleben, das sich gerade in unserem Zeitalter in intensivster, eindringlichster Weise ausgebildet hat. Die Menschheit hat es dazu gebracht, sich bis zu den abstraktesten Begriffen heraufzuarbeiten. Sie brauchen nur daran zu denken, wie in jener Zeit, die der unsrigen unmittelbar vorangegangen ist, *Dante* von seinem Lehrer die Welt beschrieben erhalten hat. Da war noch alles seelisch, alles geistig, und das webt noch wie ein Zauberhauch durch Dantes große Dichtung. Dann kam das Zeitalter, wo die Menschheit das innerlich Erlebte in abstrakte Begriffe gießen wollte. Begriffe haben die Menschen immer gehabt. Aber es waren, wie ich Ihnen auseinandergesetzt habe, geoffenbarte Begriffe. Es waren nicht Begriffe, die gar keiner inneren seelischen Offenbarung mehr entsprachen. Erst als sich die Menschen zu Begriffen durchgerungen hatten, die gar keiner seelischen Offenbarung mehr entsprangen, kamen sie dazu, alle ihre Begriffe in der äußeren Naturbeobachtung, ja sogar an dem äußeren Experiment zu entwickeln und nur noch dasjenige gelten zu lassen, was von außen durch die Beobachtung aufgenommen wird.

Man hat immer das Gefühl, wenn man sich in die alte Gedankenwelt vertieft, selbst in diejenige des zwölften, dreizehnten, vierzehnten Jahrhunderts, daß man da etwas hat, was sich mit dem inneren Seelenwesen verbindet. Man hat das Gefühl, daß man noch ein inneres Leben hat, ein Leben von innen heraus, ein Erleben, das dadurch entstanden ist, daß der Mensch sich damit verbunden hat.

Das Begriffssystem des primitivsten Menschen ist heute von außen her erworben, von der äußeren Natur, die sinnlich beobachtet wird. Und selbst diejenigen Menschen, die heute noch in einer gewissen Gläubigkeit an den älteren Begriffen festhalten, haben zu dieser Gläubigkeit nicht mehr das intensive Verhältnis, das man früher hatte, selbst nicht der Bauer. Dem Menschen irgend etwas von außen her zu überliefern, was wissenschaftlich feststeht, was an der Natur verifiziert ist, ist heute ein Ideal, nach dem man hinstrebt. Aber Begriffe, Ideen, die aus dem Innern der Seele auftauchen, die haben ja, wie aus meiner Auseinandersetzung hervorgeht, das Eigentümliche, daß sie, indem sie aus dem inneren Seelischen sich herausringen, als Begriffe dann sterben. Und der Mensch fühlt es als richtig, daß seine Begriffe, insofern sie aus seinem Inneren heraus geboren werden, ersterben. Aber das Eigentümliche, was geschehen ist seit einigen Jahrhunderten und eben im neunzehnten Jahrhundert seine Kulmination hatte, war, daß die im Innern ersterbenden Begriffe sich an der Außenwelt wieder belebten. Wir können das wirklich an einer historischen Erscheinung nachweisen. Denken Sie einmal, wie *Goethe* sich aus seinem Inneren heraus eine ganze Entwickelungsanschauung gebildet hat, die in seinen Metamorphose-Begriffen gipfelt. Man hat das Gefühl, daß man sich aus dem Lebendigen herausarbeitet in das Tote, daß das aber so sein muß, weil das Lebendige Zwang ist. Freiheit konnte erst entstehen, nachdem die Begriffe zum Toten hin gekommen waren. Aber gleichzeitig haben sich diese Begriffe wieder an der äußeren Natur belebt: Indem so etwas wie der Darwinismus – auch in unserer mitteleuropäischen Zivilisation – an die Stelle des Goetheschen Entwickelungsgedankens tritt, haben wir Begriffe, Ideen, die an der äußeren Natur wieder Leben gewinnen. Das ist aber ein Leben, das den Menschen verschlingt!

Das muß man in seiner ganzen Intensität fühlen, wie wir heute von einem Denken umgeben sind, das sich mit der Natur verbunden, von der Natur Lebenskraft gewonnen hat, das aber den Menschen verschlingt. Wie verschlingt? Nun, mit alledem, was gerade die vorgerückteste Denkweise an Ideen aus der Natur herausholt, können wir niemals den Menschen begreifen. Was gibt uns unsere großartige Entwickelungslehre? Sie zeigt uns, wie Tiere aus Tieren sich entwickeln. Dann steht der Mensch vor uns, aber doch nur als Schlußpunkt der Tierreihe und nicht, wie er als Mensch ist.

Das sagt uns die heutige Zivilisation. Frühere Zivilisationen begriffen vom Menschen aus die Naturreiche; unsere Zivilisation heute begreift den Menschen von der Natur aus als das höchste Tier. Aber was sie nicht begreift, das ist, inwiefern die Tiere unvollkommene Menschen sind. Wenn wir uns in unserer Seele erfüllen mit dem, was unser Denken an der Natur geworden ist, dann erscheint uns in dem Bilde des den Menschen verschlingenden Drachens dasjenige, was heute gerade das Intensivste in unserer Zivilisation ist. Wir fühlen uns als Mensch einem Wesen gegenüber, das uns verschlingt.

Sehen Sie nur einmal, wie dieses Verschlingen Platz gegriffen hat. Indem seit dem fünfzehnten Jahrhundert die Naturwissenschaft sich immer weiter und weiter auf geradezu triumphale Art ausgebildet hat, ist die Menschenkunde immer mehr in Verfall geraten. Die Menschen konnten sich nur mit Mühe gegenüber dem ihr innerstes Leben verschlingenden Drachen halten, indem sie die alten, aber nicht mehr lebendigen Traditionen aufbewahrten und fortpflanzten. Und im letzten Drittel des neunzehnten Jahrhunderts stand der Drache, der das menschliche Seelenleben in der furchtbarsten Weise zu verschlingen drohte, mit besonderer Intensität vor den Menschen. Diejenigen, die noch ein volles seelisches Leben in sich hatten, fühlten, wie der Drache, der zum Tode bestimmt war, in der neuesten Zeitentwickelung durch Beobachtung und Experiment Leben gewonnen hatte, aber ein Leben, das den Menschen verschlingt.

In älteren Zeiten war der Mensch an dem Hervorbringen des Drachens noch beteiligt, doch hatte er die nötige Dosis von Todeskraft mitbekommen, so daß er ihn noch bezwingen konnte. Der Mensch hat damals dem Erleben nur soviel Intellektualität mitgegeben, daß er sie noch durch die Herzenskräfte überwinden konnte. Jetzt ist der Drache streng objektiv geworden, jetzt lebt er so, daß er uns von außen begegnet und uns als seelisches Wesen verschlingt.

Das war im wesentlichen die Signatur der Zivilisation vom fünfzehnten bis ins neunzehnte Jahrhundert hinein. Wir sehen sie nur richtig, wenn wir auf das Bild des Drachens hinschauen, das in alten Zeiten prophetisch gemeint war und hindeutete auf das, was in zukünftiger Zeit erst kommen wird. Aber jene alten Zeiten waren sich bewußt, daß, indem sie den Drachen aus sich heraus gebären, sie auf der anderen Seite den Michael oder den St. Georg gebären, nämlich das, was den Drachen überwinden kann.

Vom fünfzehnten bis ins neunzehnte Jahrhundert wurde die Menschheit dem Drachen gegenüber ohnmächtig. Es war das Zeitalter, das nach und nach ganz dem Glauben an die materielle Welt verfallen ist. Dadurch ist dieses Zeitalter in seinem Innersten seelenhaft so ertötet worden, daß in bezug auf die innersten Seelenschätze keine Wahrhaftigkeit mehr da war. Eine Zeit, welche die Welt herausentstehen läßt aus dem Kant-Laplaceschen Urnebel, der sich zusammenballt und in seiner Zusammenballung die Lebewesen und zuletzt die Menschen hervorbringt, muß sagen: Ein solches Zusammenwirken kann schließlich auch nur in den Wärmetod hinein verschwinden. Aber dann wird auch das tot sein, was die Menschen sich moralisch erarbeitet haben! Wenn man immer wieder versucht hat, den Beweis zu liefern, die moralische Weltordnung könne Platz haben in einer Welt, an deren Anfange der sogenannte Kant-Laplacesche Urnebel und an deren Ende der Wärmetod steht, so ist das nicht aufrichtig. Und schon gar nicht aufrichtig und gar nicht ehrlich ist es, die moralische Entwickelung so aufzufassen, daß sie aufsteigt mit den Infusorien und verschwindet, wenn der Wärmetod den Untergang bewirken wird.

Und warum kam man zu einer solchen Weltanschauung? Warum lebt das heute im Grunde genommen in allen Seelen? Weil bis in die äußerste Landhütte, wenn es auch nicht bewußt wird, der Drache hindurchdringt und das Herz ertötet. Und warum ist das so? Weil der Mensch den Menschen nicht mehr erfassen kann. Was geschieht denn im Menschen? Im Menschen geschieht in jedem Augenblick etwas, was sonst nirgends in der irdischen Umwelt geschieht: Der Mensch nimmt die Nahrungsmittel aus der äußeren Umwelt auf, er nimmt sie auf aus dem Lebensreiche und nur weniges aus dem toten Reiche; aber indem die Nahrungsmittel durch den Verdauungsapparat dringen, werden auch die lebendigsten Nahrungsmittel ertötet. Der Mensch zerstört das, was er lebendig aufnimmt, vollständig, um dem Ertöteten das eigene Leben einzuflößen, und erst wenn die Nahrungsmittel in die Lymphgefäße übergehen, wird im Innern des Menschen das Tote wiederum lebendig gemacht.

Im ganzen durchseelten und durchgeistigten organischen Prozeß – wenn man die Menschenwesenheit ganz erkennt und durchschaut, so stellt sich das heraus – wird die Materie vollständig vernichtet, um neu geschaffen zu werden. Wir haben im menschlichen Organismus immer einen Vernichtungsprozeß der Materie, damit diese Materie neu geschaffen werden kann. In uns wird fortgesetzt Materie in Nichts verwandelt und wiederum neu geschaffen.

Zu dieser Erkenntnis wurde die Tür dicht verriegelt im neunzehnten Jahrhundert, in dem man zu dem Gesetz von der Erhaltung der Kraft gekommen ist und glaubte, die Materie erhalte sich auch durch den menschlichen Organismus hindurch. Die Statuierung des Gesetzes von der Erhaltung der Materie ist ein deutlicher Beweis dafür, daß man den Menschen nicht innerlich erkennt.

Nun stellen Sie sich aber vor, wie unendlich schwierig es ist, heute nicht für einen Toren gehalten zu werden, wenn man gegen dasjenige kämpft, was in der heutigen Physik als das Sicherste angesehen wird! Das Gesetz von der Erhaltung der Materie und der Erhaltung der Kraft bedeutet nichts anderes, als daß die Naturwissenschaft den Weg zum Menschen dicht verriegelt hat. Da hat der Drache die menschliche Natur ganz verschlungen. Aber der Drache muß besiegt werden, und deshalb muß die Erkenntnis Platz greifen, daß das Bild von dem Michael, der den Drachen besiegt, nicht nur ein altes Bild ist, sondern ein Bild, das in unserer Zeit den höchsten Grad seiner Realität erreicht hat. Ältere Zeiten haben es ausgebildet, weil die Menschen in sich noch den Michael fühlten als etwas, was sie unbewußt durchdrang und unbewußt das überwindet, was aus der bloßen Intellektualität kommt. Jetzt ist der Drache ganz äußerlich geworden. Jetzt begegnet uns der Drache von außen und droht fortwährend, den Menschen zu ertöten. Aber der Drache muß besiegt werden, und er kann nicht anders besiegt werden, als indem wir gewahr werden, wie auch der Michael, der St. Georg, von außen kommt. Und dieser Michael, dieser St. Georg, der von außen kommt, der imstande ist, den Drachen zu besiegen, ist nichts anderes als eine wirkliche geistige Erkenntnis, die auch noch dieses Lebenszentrum, das aber für das Innere des Menschen ein Todeszentrum ist – das sogenannte Gesetz von der Erhaltung der Energie – besiegt, so daß die Menschen bis in die Erkenntnis hinein wieder Menschen sein können. Heute dürfen sie es nicht; denn wenn es ein Gesetz von der Erhaltung der Materie und der Erhaltung der Kraft gibt, so zerfließt das moralische Gesetz in den Wärmetod, und die Kant-Laplacesche Theorie ist keine Phrase.

Daß man immer zurückgeschreckt ist vor dieser Konsequenz, das ist das Unwahre, das bis in das menschliche Herz, bis in die menschliche Seele gedrungen ist, alles am Menschen ergriffen und ihn zu einem unwahren Menschen auf dem Erdenrund gemacht hat. Wir müssen den Aufblick zu Michael gewinnen, der uns zeigt, daß das, was auf der Erde materiell da ist, nicht bloß durch den Wärmetod durchgeht, sondern einmal wirklich zerstiebt, und daß wir imstande sind, durch Verbindung mit der geistigen Welt mit unseren moralischen Impulsen Leben zu pflanzen. Und da tritt ein die Umbildung dessen, was in der Erde ist, in das neue Leben, in das Moralische. Denn Realität der moralischen Weltordnung ist dasjenige, was der an uns herantretende Michael uns geben kann. Das können die alten Religionen nicht, denn sie haben sich von dem Drachen besiegen lassen. Sie nehmen einfach den Drachen, der den Menschen ertötet, hin und begründen neben dem Drachen irgendeine besondere, abstrakt-moralische, göttliche Ordnung. Aber der Drache duldet so etwas nicht; der Drache muß besiegt werden. Er duldet nicht, daß man bloß neben ihm etwas begründet. Denn was der Mensch braucht, ist die Kraft, die er aus der Besiegung des Drachens gewinnen kann.

Sie sehen, wie tief das Problem gefaßt werden muß. Aber was hat die neuzeitliche Zivilisation uns gegeben? Das hat sie uns gegeben, daß uns jede Wissenschaft eine Metamorphose des Drachens war, daß uns alle äußere Kultur auch ein Ergebnis des Drachens war. Gewiß, der äußere Weltmechanismus, der nicht nur in der Maschine, sondern auch in unserem ganzen sozialen Organismus lebt, ist mit Recht ein Drache. Aber der Drache tritt uns ja auch sonst überall da entgegen, wo die heutige Wissenschaft von dem Ursprunge des Lebens, von der Verwandlung der Lebewesen, von der menschlichen Seele zu uns spricht. Auch wo über Geschichte gesprochen wird, ist das Ergebnis ein solches, daß es eigentlich vom Drachen ausgeht. Und das war so arg geworden im letzten Drittel des neunzehnten Jahrhunderts, um die Wende des neunzehnten, zwanzigsten Jahrhunderts und in das zwanzigste Jahrhundert hinein, daß der aufwachsende Mensch, der danach gelechzt hat, etwas zu erfahren von dem, was die älteren Menschen wußten, überall, in der Botanik, Zoologie, Geschichte und so weiter, aus allen Wissenschaften den Drachen sich entgegenkommen sah, denjenigen sich entgegenkommen sah, der eigentlich das innerste Wesen seiner Seele verschlingen will.

Im intensivsten Grade real ist der Kampf des Michael mit dem Drachen erst in unserem Zeitalter geworden. Und wenn man in das geistige Gefüge der Welt eindringt, so findet man, daß gleichzeitig mit der Kulmination der Macht des Drachens auch das Eingreifen des Michael, mit dem wir uns verbinden können, um die Wende des neunzehnten, zwanzigsten Jahrhunderts eingetreten ist. Der Mensch kann, wenn er will, Geisteswissenschaft haben, das heißt, Michael dringt wirklich aus den geistigen Reichen bis in unser Erdenreich herein, doch drängt er sich uns nicht auf, denn heute muß alles aus der Freiheit des Menschen entspringen. Der Drache aber drängt sich vor, er fordert die höchste Autorität. Es hat niemals in der Welt eine so mächtig auftretende Autorität gegeben wie diejenige, die heute von der Wissenschaft ausgeübt wird. Vergleichen Sie sie mit der päpstlichen Autorität; sie ist fast ebenso groß. Man kann der dümmste Kerl sein, aber man kann sagen: Die Wissenschaft hat festgestellt. – Denken Sie nur, wie die Menschen von der Wissenschaft mundtot gemacht werden, auch wenn man etwas Wahres sagt. Es gibt keine erdrückendere Autorität in der ganzen Menschheitsentwickelung als diejenige der heutigen Wissenschaft. Überall springt einem der Drache entgegen.

Es gibt kein anderes Mittel dagegen, als sich mit Michael zu verbinden, das heißt, sich mit dem geistigen Weben und Wesen der Welt in wirklicher Erkenntnis zu durchdringen. Erst jetzt steht dieses Bild des Michael so recht vor uns, und erst jetzt ist es unsere ureigenste Menschenangelegenheit geworden. In alten Zeiten hat man dieses Bild noch im Imaginativen gesehen. Heute ist das für das äußere Bewußtsein nicht möglich. Daher kann jeder Tor sagen, es sei eine Unwahrheit, wenn man die äußere Wissenschaft als den Drachen bezeichne. Aber sie ist der Drache.

Diejenigen, welche mit der Wissenschaft aufgewachsen sind und von dem Drachen nicht so in Bann gehalten wurden, daß sie sich ruhig verschlingen ließen, die nicht so weit gehen konnten, das Seelische durch allerlei Apparate erforschen zu lassen, um Gedächtnis- und Erinnerungsvermögen zu prüfen, diejenigen, die mit ihr aufgewachsen sind als Menschen, aber denen nicht mehr gesagt wurde, was der Mensch ist, weil es nicht mehr gewußt wurde, weil der Drache den Menschen verschlungen hat, die sahen sich zunächst dem Drachen gegenüber und sahen noch nicht den Michael. Das ist es, was in den Herzen vieler Menschen gerade im Beginne des zwanzigsten Jahrhunderts lebte, daß sie gefühlsmäßig-instinktiv den Drachen vor sich sahen, aber nicht den Michael sehen konnten. Daher gingen sie so weit als möglich von dem Drachen weg. Sie wollten sich ein Land suchen, wo der Drache nicht hinkommen kann, sie wollten nichts mehr wissen von dem Drachen. Und so sehen wir, wie die Jugend dem Alter entläuft, weil sie aus dem Gebiete des Drachens herauskommen will. Das ist auch eine Seite der Jugendbewegung. Die Jugend wollte dem Drachen entfliehen, weil sie keine Möglichkeit sah, den Drachen zu besiegen. Sie wollte irgendwo hingehen, wo der Drache nicht war.

Aber da gibt es nun ein Geheimnis und das besteht darin, daß der Drache seine Macht überall ausüben kann, auch da, wo er nicht räumlich vorhanden ist. Und wenn es ihm nicht gelingt, direkt durch Ideen, durch den Intellektualismus den Menschen zu ertöten, dann gelingt es ihm dadurch, daß er überall in der Welt die Luft so dünn gemacht hat, daß man in ihr nicht mehr atmen kann. Und das wird wohl das Wesentliche sein: Diejenige Jugend, die hinweggegangen war von dem

Drachen, um von ihm keinen Schaden zu erleiden, und die dadurch, daß sie in eine zu dünne Lebensluft gekommen ist, keine Zukunft atmen konnte, die fühlte höchstens den Albdruck der Vergangenheit, weil die Luft auch in jenen Gegenden ungesund geworden war, wo man sich dem unmittelbaren Einflusse des Drachens entziehen konnte. Aber der Albdruck, der von innen kommt, ist in bezug auf die menschlichen Erlebnisse nicht viel anders als der Druck, der von außen, von dem Drachen kommt.

So war es das unmittelbare Dem-Drachen-Ausgesetztsein, was eine ältere Generation im letzten Drittel des neunzehnten Jahrhunderts fühlte, und es war der Albdruck der durch den Drachen verdorbenen Luft, die keine Atemluft abgab, den dann die Jugend erlebte. Hier hilft nur das Finden des Michael, der den Drachen besiegt. Denn man braucht die Kraft des Drachenbesiegers, weil der Drache ja sein Leben aus einer ganz anderen Welt erhält als diejenige ist, in der die Menschenseele leben kann. Die Menschenseele kann nicht leben in der Welt, aus der der Drache sein Lebensblut entnimmt; aber der Mensch muß in der Überwindung des Drachens die Kraft gewinnen, um leben zu können. Daher sagen wir heute richtig: Jenes Zeitalter, vom fünfzehnten bis neunzehnten Jahrhundert, das den Menschen so entwickelt hat, daß alles aus ihm herausging, muß überwunden werden. Es muß das Zeitalter des Michael beginnen, der den Drachen besiegt. Denn des Drachens Macht ist groß geworden!

Das ist es aber auch, was wir insbesondere zuwege bringen müssen, wenn wir richtige Führer der Jugend werden wollen. Denn Michael braucht gewissermaßen einen Wagen, durch den er in unsere Zivilisation hereinkommt. Und dieser Wagen ist dasjenige, was sich dem wirklichen Erzieher enthüllt, wenn es aus dem jugendlichen, werdenden Menschen hervortritt, ja schon aus dem Kinde. Da arbeitet noch das, was Kraft des vorirdischen Lebens ist. Da ist es real vorhanden, was, wenn wir es pflegen, für Michael der Wagen wird, mit dem er in unsere Zivilisation hereinfahren wird. Erziehen wir in der richtigen Weise, so bereiten wir Michael das Fahrzeug, damit er hereinkommen kann in unsere Zivilisation.

Wir dürfen nicht weiterhin den Drachen pflegen, indem wir eine

Wissenschaft mit Gedankenformen ausbilden, bei denen wir gar nicht daran denken, daß sie eindringen wollen in eine Menschenseele, in den Menschenkörper, in den Menschen selber und den Menschen heranbilden wollen. Wir müssen Michael den Wagen, das Fahrzeug bauen. Dazu brauchen wir lebendige Menschlichkeit, wie sie aus übersinnlichen Welten in das irdische Menschenleben sich hineinlebt und darinnen sich manifestiert, gerade in den ersten Zeiten des Menschenlebens. Aber wir müssen ein Herz haben für eine solche Erziehung. Wir müssen gewissermaßen lernen – wenn wir im Bilde sprechen –, uns zum Bundesgenossen des hereinziehenden Michael zu machen, wenn wir richtige Erzieher werden wollen. Mehr als mit allen theoretischen Grundsätzen ist für die Erziehungskunst getan, wenn dasjenige, was wir in uns aufnehmen, so wirkt, daß wir uns als Bundesgenossen Michaels fühlen, des auf die Erde hereinfahrenden Geisteswesens, dem wir das Fahrzeug bereiten durch eine lebendige, künstlerisch geführte Erziehung der Jugend. Was uns aus diesem Impuls werden kann, ist viel besser als alle theoretischen Erziehungsgrundsätze. Wir müssen dahin gelangen, daß wir aufschauen zu dem mit dem letzten Drittel des neunzehnten Jahrhunderts in unsere altgewordene Drachenkultur hereinstrebenden Michael.

Das ist der eigentliche Grundimpuls aller Erziehungslehre. Wir müssen diese Erziehungskunst nicht aufnehmen als eine Theorie, nicht als etwas, was wir lernen können. Wir müssen sie aufnehmen wie etwas, mit dem wir uns verbünden, dessen Ankunft wir begrüßen, das nicht wie tote Begriffe, sondern wie ein lebendiges Geistwesen zu uns kommt, dem wir unsere Dienste anbieten, weil wir sie ihm anbieten müssen, wenn die Menschheit den Fortgang ihrer Entwickelung finden soll. Das heißt: Erkenntnis wiederum zum Leben erwecken, mit aller Bewußtheit wieder heraufbringen, was im Unbewußten einmal in der Menschheit da war.

Meine lieben Freunde! In alten Zeiten, als das atavistische Hellsehen unter den Menschen noch heimisch war, hat es Mysterienstätten gegeben. In diesen Mysterienstätten, die gleichzeitig Kirche, Schule und Kunststätte waren, suchten diejenigen, die dort ihre menschliche Entwickelung durchmachten, auch an die Kräfte der Erkenntnis heranzukommen, aber eben mehr in seelischer Weise. In diesen Mysterienstätten war damals so mancherlei anzutreffen – aber eine Bibliothek in unserem Sinne gab es nicht. Mißverstehen Sie mich nicht: eine Bibliothek in unserem Sinne gab es nicht. Etwas Bibliothekartiges, das heißt Dinge, die aufgeschrieben waren, gab es wohl, aber alles Aufgeschriebene war da, um gelesen zu werden, um auf Seelen zu wirken. Heute ist ein großer Teil des Bibliothekmaterials nur da, um aufgespeichert, nicht um gelesen zu werden. Man nimmt es sich nur vor, wenn man eine Dissertation zu schreiben hat, weil man es da berücksichtigen muß. Aber man möchte am liebsten die Lebendigkeit ganz ausschalten. Ganz Mechanisches soll hineinkommen in die Dissertationen. Man will, daß der Mensch möglichst wenig Anteil daran habe. Es ist aller Anteil des Menschen an der Geistigkeit aus dem Menschen herausgerissen.

Das muß wiederkommen und jetzt in voller Bewußtheit: daß die Geistigkeit ein Lebendiges wird, daß wir nicht bloß erfahren, was äußerlich mit den Sinnen gesehen werden kann, sondern daß wir wieder erfahren, was im Geiste geschaut werden kann. Es muß das Zeitalter des Michael eintreten. Im Grunde genommen ist alles, was den Menschen vom fünfzehnten Jahrhundert an zuteil geworden ist, von außen eingeflossen. Im Zeitalter des Michael wird der Mensch sein eigenes Verhältnis zur geistigen Welt finden müssen. Und Wissen, Erkennen wird in einer ganz anderen Weise wertvoll werden.

Sehen Sie, was von den alten Mysterien in den Bibliotheken war, waren mehr Denkmäler, in denen aufgezeichnet wurde, was in die Erinnerung aller übergehen sollte. Mit unseren Büchern lassen sich jene Bibliotheken gar nicht vergleichen. Denn alle Mysterienführer haben ihre Zöglinge zu einer anderen Lektüre angewiesen. Sie haben gesagt: Es gibt eine Bibliothek – und diese Bibliothek sind die Menschen, die draußen herumlaufen. An denen lernt lesen! Lernt lesen die Geheimnisse, die in jedem Menschen eingezeichnet sind! – Dazu müssen wir wieder kommen. Wir müssen nur gewissermaßen von einer andern Seite dazu kommen, so dazu kommen, daß wir als Erzieher wissen: Alle Erkenntnis, alles Wissen als Aufstapelung hat keinen Wert. Da ist es tot und bekommt sein Leben nur vom Drachen. Wir aber müssen, indem wir überhaupt «wissen» wollen, die Empfindung haben, daß dieses Wissen etwas ist, was nicht da und dort aufgestapelt werden kann, weil es gleich auseinanderfließen würde. Wir müssen lernen, daß in der Literatur dasjenige, was Geist ist, eigentlich nur angedeutet werden kann.

Wie können Sie in einem Buche das wirklich umfaßt haben, was Geist ist? Ist doch das Geistige ein Lebendiges! Das Geistige gleicht nicht den Knochen, es gleicht dem Blute. Und das Blut braucht Gefäße, in denen es rinnt. Was wir als Geistiges erkennen, braucht Gefäße. Diese Gefäße sind die aufwachsenden Menschen. Da müssen wir es hineingießen, damit es überhaupt zusammenhält. Sonst müssen wir den Geist haben als etwas, das so lebendig ist, daß es gleich zerrinnt. Wir müssen alle unsere Erkenntnisse schon so bewahren, daß sie rinnen können in den sich entwickelnden Menschen. Dann werden wir Michael das Fahrzeug zimmern, werden die Genossen des Michael werden können. Und dasjenige, was Sie wollen, meine lieben Freunde, werden Sie am besten dadurch erreichen, daß Sie sich bewußt werden: Sie wollen Genossen des Michael werden.

Sie müssen wiederum dazu kommen, folgen zu können einem rein geistigen Wesen, das nicht auf der Erde verkörpert ist, und Sie werden lernen müssen, an einen Menschen dadurch zu glauben, daß er Ihnen den Weg zu dem Michael vermittelt. Die Menschheit muß in einer neuen, lebendigen Weise das Christus-Wort verstehen: «Mein Reich ist nicht von dieser Welt.» Dadurch ist es nämlich erst recht von dieser Welt! Denn der Mensch ist dazu da, daß er den Geist, der nicht ohne ihn in dieser Welt ist, zum Inhalt dieser Welt mache. Der Christus ist selber auf die Welt gekommen. Nicht hat er den Menschen zu einem irdischen Leben in den Himmel genommen, sondern der Mensch muß sein irdisches Leben durchdringen mit einer Geistigkeit, die mitteilbar ist und die dem Menschen wiederum die Möglichkeit gibt, den Drachen zu besiegen.

So etwas muß man so gründlich verstehen, daß man sich selbst die Frage beantworten kann, warum sich die Menschen im zweiten Jahrzehnt des zwanzigsten Jahrhunderts zerfleischt haben. Sie haben sich zerfleischt, weil sie den Kampf auf ein Gebiet getragen haben, wo er nicht hingehört, weil sie den eigentlichen Feind, den Drachen, nicht gesehen haben. Zu seiner Besiegung gehören die Kräfte, die erst dann, wenn sie in der richtigen Weise entwickelt werden, auf die Erde den Frieden bringen werden.

Kurz, wir müssen ernst nehmen das Einziehen in das Michaelszeitalter. Erst wenn mit den Mitteln der Gegenwart erreicht wird, daß den Menschen wiederum das Bild umschwebt des von Lichtglanz umflossenen starken Michael, der den die Menschheit aussaugenden Drachen zu besiegen vermag durch die Kraft des zu lebendigem Seelenleben sich entwickelnden Menschen – erst wenn man dieses Bild viel lebendiger, als man es früher vor Augen hatte, in seine Seele wieder aufnehmen kann, werden einem die Kräfte kommen, innere Regsamkeit zu entwickeln, weil man sich in der Genossenschaft des Michael weiß. Dann erst wird man teilnehmen an allem, was Fortschritt und zwischen den Generationen Frieden bringen kann, was die Jugend dahin bringt, auf das Alter hinzuhören, was macht, daß die Alten etwas zu sagen haben, was die Jugend wissen und aufnehmen will.

Weil das Alter der Jugend den Drachen entgegengehalten hat, floh sie in luftarme Gegenden. Erst wenn nicht der Drache entgegengehalten wird, sondern aus der Kraft des Michael heraus dasjenige gefunden werden kann, was ihn austilgt, dann wird eine echte Jugendbewegung ihr wahres Ziel erringen. Das wird sich darin offenbaren, daß die Generationen sich etwas zu sagen haben, daß die Generationen etwas voneinander aufnehmen können. Denn in Wahrheit nimmt der Erzieher, wenn er nur ein ganzer Mensch ist, für sich ebensoviel von dem Kinde, als er dem Kinde gibt. Wer nicht vom Kinde lernen kann, was es ihm als Botschaft herunterbringt aus der geistigen Welt, kann dem Kinde auch nichts beibringen über die Geheimnisse des Erdendaseins. Nur wenn das Kind unser Erzieher wird, indem es Botschaften aus der geistigen Welt herunterbringt, wird es sich bereitfinden, die Botschaften, die wir ihm aus dem Erdenleben entgegenbringen, aufzunehmen.

Goethe hat nicht um eines bloßen Symboles willen überall nach Dingen gesucht, die so sind wie etwa das Atmen – Ausatmen, Einatmen, Ausatmen, Einatmen –, sondern Goethe sah das ganze Menschenleben im Bilde vom Nehmen und Geben. Jeder gibt und jeder nimmt. Jeder Gebende wird ein Nehmender. Aber damit das Nehmen und das Geben in einen richtigen Rhythmus komme, dazu ist notwendig, daß wir in das Michaelzeitalter eintreten.

So möchte ich mit diesem Bilde schließen, damit Sie sehen, wie eigentlich die vorhergehenden Betrachtungen gemeint waren. Sie waren so gemeint, daß Sie nicht dasjenige, was ich hier gesprochen habe, in Ihren Köpfen davontragen und darüber nachdenken, sondern was ich wünsche ist, daß Sie etwas in Ihren Herzen haben, und daß Sie das, was Sie in ihren Herzen tragen, in Wirksamkeit umsetzen. Was der Mensch im Kopfe trägt, verliert er unterwegs. Aber was er in das Herz aufnimmt, das bewahrt das Herz in alle Wirkungskreise hinein, in die der Mensch versetzt werden wird. Wenn es möglich ist, daß dasjenige, was ich zu Ihnen habe sagen dürfen, von Ihnen nicht bloß mit den Köpfen weggetragen wird – denn da würde es sicher sehr bald verloren sein –, wenn es hinweggetragen wird mit Ihren Herzen, mit Ihrem ganzen Menschen, dann, meine lieben Freunde, haben wir hier in der richtigen Weise miteinander gesprochen.

Und von diesem Gesichtspunkte, aus diesem Gefühl, aus dieser Empfindung heraus möchte ich heute Ihren Herzen den Abschiedsgruß sagen, indem ich Ihnen zurufe: Nehmen Sie das, was ich in Worten auszusprechen versuchte, so hin, als ob ich vor allem etwas in Ihre Herzen hätte dringen lassen wollen, was in Worten nicht ausgesprochen werden kann. Wenn sich die Herzen nur ein bißchen zusammengefunden haben mit dem, was hier als lebendiger Geist gemeint ist, dann ist, wenigstens zu einem Teile, erfüllt, was wir erreichen wollten, als wir hier zusammenkamen. Mit diesem Gefühl wollen wir auseinandergehen, mit diesem Gefühle wollen wir aber auch wieder zusammenkommen. So werden wir den Zusammenhang im Geiste finden, wenn wir auch auf den verschiedensten Gebieten des Lebens einzeln wirken. Die Hauptsache wird sein, daß wir uns gefunden haben in unseren Herzen. Dann wird auch einfließen das Geistige, das Michaelhafte in unsere Herzen.

HINWEISE

(Angaben zu bestimmten Auflagen beziehen sich auf Bände auf die Rudolf Steiner Gesamtausgabe)

Zu dieser Ausgabe

Textgrundlagen: Da zu diesen Vorträgen kein offizieller Stenograph bestellt wurde, fehlt eine maßgebliche Nachschrift. Eine unmittelbar nach dem Tode von Rudolf Steiner in Stuttgart erschienene erste Auflage mußte wieder eingezogen werden, weil sie zahlreiche sinnstörende Fehler aufwies.

Ebenfalls als Privatdruck erschien kurz darauf eine zweite Auflage, herausgegeben von der Sektion für das Geistesstreben der Jugend am Goetheanum, in numerierten Exemplaren. Der Text dieser zweiten Auflage ist auf Grund einer inzwischen verlorengegangenen privaten Nachschrift bereinigt worden. – Die dritte Auflage wurde im Jahre 1947 noch in weitem Umfange von Frau Marie Steiner vorbereitet und kam 1953 im Verlag der Rudolf Steiner-Nachlaßverwaltung heraus. Die vorliegende Auflage stützt sich auf die Textgestaltung der dritten Auflage. Die ausführlichen Inhaltsangaben wurden in der fünften Auflage wieder aufgenommen.

Die Vorträge richteten sich an etwa 100 junge Menschen im Alter von achtzehn bis fünfundzwanzig Jahren.

Titel des Bandes: «Pädagogischer Jugendkurs», der Name, unter welchem der Kurs bis 1953 bekannt war, war eine Sachbezeichnung. Der jetzige Titel wurde vom Herausgeber der 3. Auflage gewählt. Für die Umstände, die zum Zustandekommen des Kurses führten, vgl. E. Lehrs, «Wie es zum ‹Pädagogischen Jugendkurs› kam», in «Mitteilungen der Anthroposophischen Gesellschaft in Deutschland», 15. Jahrg., Heft 2, Johanni 1961, sowie W. Rath, «Von der Begegnung der Jugend mit Rudolf Steiner auf dem ‹Pädagogischen Jugendkurs›», Michaeli 1922, a.a.O., 10. Jahrg., Heft 1, Ostern 1956.

Hinweise zum Text

Werke Rudolf Steiners innerhalb der Gesamtausgabe (GA) werden in den Hinweisen mit der Bibliographie-Nummer angegeben. Siehe auch die Übersicht am Schluß des Bandes.

zu Seite

16 *Englischer Freund:* Harry Collison (1869–1945), Rechtsanwalt, Maler und Schriftsteller, durch viele Jahre hindurch Generalsekretär der Anthroposophischen Gesellschaft in England. Übersetzer von Werken Rudolf Steiners.

19 *Jakob Grimm,* 1785–1863, der älteste der Brüder Grimm, Begründer der Germanistik und der deutschen Altertumswissenschaft.

23 *Goethe … «Das offenbare!»:* In «Das Märchen» (Unterhaltungen deutscher Ausgewanderter, Zweiter Abend).

24 *Giordano Bruno,* 1548–1600, italienischer Philosoph. Wurde nach siebenjähriger Kerkerhaft von der Inquisition zum Tode verurteilt und verbrannt.

Julius Robert Mayer, 1814–1878.

30 *«In deinem Nichts hoff' ich das All zu finden»:* «Faust», Faust zu Mephisto, 2. Teil, 1. Akt, Szene 5 (Finstere Galerie).

31 Rudolf Steiner *«Die Geheimwissenschaft im Umriß»* (1910), GA 13.

32 *Scotus Erigena,* um 810 – um 877, Übersetzer der Schriften des Dionysius Areopagita, Verfasser von «De divina praedestinatione», «De divisione naturae» u. a. 1225 wurde vom Vatikan das Verbrennen aller seiner Schriften angeordnet.

33 *Friedrich Karl von Savigny,* 1779–1861. Bedeutender Rechtsgelehrter.

Friedrich Gottlieb Klopstock, 1724–1803, Anfang des «Messias».

34 *Boethius,* 480–524, römischer Staatsmann und christlicher Philosoph, Verfasser von «De consolatione philosophiae».

35 *Waldorfschule:* Die erste der freien, nach den von Rudolf Steiner angegebenen pädagogischen Richtlinien geführten Volks- und höheren Schulen, gegründet 1919 in Stuttgart. Die von Rudolf Steiner seinerzeit inaugurierte Schulbewegung hat sich beträchtlich erweitert. Es bestehen zahlreiche Schulen in verschiedenen Ländern.

48 Rudolf Steiner *«Wie erlangt man Erkenntnisse der höheren Welten?»* (1904), GA 10.

52 *Oxforder Vortrag:* Rudolf Steiner «Der Mensch in der sozialen Ordnung. Individualität und Gemeinschaft» (3 Vorträge Oxford 1922), Dornach 1988 (aus GA 305).

54 *permanentes Atom:* Vgl. Rudolf Steiner «Mein Lebensgang» (1923–25), 32. Kapitel, GA 28.

55 *Alois Mager* O. S. B. (1883–1946): «Der Wandel in der Gegenwart Gottes», Augsburg 1921. «Theosophie und Christentum», Berlin 1922.

57 *Herbert Spencer,* 1820–1903, englischer Philosoph und Soziologe. – «The Principles of Ethics», Vol. I, London 1892. Rezension von Fr. Jodl in Deutsche Literaturzeitung vom 15. April 1893, S. 452.

59 Rudolf Steiner *«Die Philosophie der Freiheit»* (zuerst erschienen 1894, erweiterte Neuauflage 1918), GA 4.

63 *David Friedrich Strauß,* 1808–1874, protestantischer Theologe. Nietzsche über Strauß: «David Strauß, der Bekenner und der Schriftsteller» (Unzeitgemäße Betrachtungen I).

64 *Paul Rée,* 1849–1910, «Der Ursprung der moralischen Empfindungen», 1877; «Die Entstehung des Gewissens», 1885. Siehe auch Rudolf Steiner «Friedrich Nietzsche, ein Kämpfer gegen seine Zeit» (1895), GA 5.

67 *Nietzsche-Zitat:* Motto zu «Die fröhliche Wissenschaft».

75 *Anselm von Canterbury,* 1033–1109, Scholastiker. In dem sogenannten ontologischen Beweis für das Dasein Gottes folgert Anselm von Canterbury aus dem Begriff Gottes als des schlechthin Vollkommensten, daß ihm auch die wahre Wirklichkeit zukomme.

77 *Oswald Spengler,* 1880–1936, Kulturphilosoph, Verfasser von «Der Untergang des Abendlandes», 2 Bände, München 1920. Vgl. dazu Rudolf Steiner «Der Goetheanumgedanke inmitten der Kulturkrisis der Gegenwart. Gesammelte Aufsätze 1921–1925», GA 36.

77 *Emil Du Bois-Reymond,* 1818–1896, Naturforscher. «Über die Grenzen des Naturerkennens. Die sieben Welträtsel», Leipzig 1882.

82 *Phoronomie:* Lehre von den Gesetzen der Bewegung.

Julien de Lamettrie, 1709–1751, französischer Philosoph, «Der Mensch, eine Maschine», Leipzig 1875.

84 *Henri Bergson,* 1859–1941.

«So ihr nicht werdet wie die Kindlein...»: Matthäus 18, 3.

85 *Fritz Mauthner,* 1849–1923, schrieb u. a. «Beiträge zu einer Kritik der Sprache», 3 Bände, 1923, «Die Sprache», 1907, «Wörterbuch der Philosophie», 2 Bände, 1923/24.

91 *«Lust und Liebe sind die Fittiche zu großen Taten»:* Worte des Pylades in Goethes «Iphigenie auf Tauris», 2. Akt, 1. Szene.

92 *Schiller ... «Gerne dien' ich...»:* Gedichte, «Die Philosophen. Gewissensskrupel».

96 *Paracelcus,* Theophrastus von Hohenheim, 1493–1541, Naturforscher und Arzt.

104 *Albertus Magnus,* 1193–1280, genannt Doctor universalis. Hauptvertreter des Aristotelismus unter den Scholastikern des 13. Jahrhunderts.

Johann Friedrich Herbart, 1776–1841, Philosoph und Pädagoge.

105 *Epigenesis:* Entwicklung eines Organismus durch eine Kette von Neubildungen. In der Mineralogie Ausdruck für Mineralien, die nachträglich in einem anderen Gestein entstanden sind.

120 *Friedrich Gustav Jakob Henle,* 1809–1885, Anatom und Pathologe.

Karl Friedrich Burdach, 1776–1847, Physiologe.

121 *Joseph Hyrtl,* 1811–1894, Anatom.

124 *Carl Fortlage,* 1806–1881, Philosoph.

133 Seit dem frühen Mittelalter sind die sieben freien Künste: Grammatik, Dialektik, Rhetorik, Arithmetik, Geometrie, Musik, Astronomie. Die ersten drei wurden als «Trivium» in den Trivial- oder Elementarschulen, die vier letzteren als «Quadrivium» in den höheren Lehranstalten gelehrt.

Ernst Curtius, 1814–1896, Archäologe und Historiker.

137 *wie Goethe sagt:* «Das Schöne ist eine Manifestation geheimer Naturgesetze, die uns ohne dessen Erscheinung ewig wären verborgen geblieben». In «Goethes Naturwissenschaftliche Schriften», herausgegeben und kommentiert von Rudolf Steiner in Kürschners «Deutsche National-Litteratur» 1884–97, 5 Bände, Nachdruck Dornach 1975, Band V, S. 494, GA 1e.

Schillers schönes Wort lautet: Gedichte, Die Künstler: «Nur durch das Morgentor des Schönen dringst du in der Erkenntnis Land» (Zeile 34–35).

137 *den psychophysischem Parallelismus zu erfinden:* In «Abriß der Psychologie» von Hermann Ebbinghaus (1850–1909), Leipzig 1908, wendet sich dieser im Abschnitt über «Wechselwirkungen und Parallelismus» gegen die Anschauung, das Gehirn sei ein Werkzeug der Seele, und entscheidet sich – unter Berufung auf das Prinzip von der Erhaltung der Energie und die Versuche von Rubner und Atwater – für den psychophysischen Parallelismus.

142 Friedrich Nietzsche *«Die Philosophie im tragischen Zeitalter der Griechen».*

Rudolf Steiner *«Die Erziehung des Kindes vom Gesichtspunkte der Geisteswissenschaft»,* Dornach 1988.

143 *Goethe,* «Dichtung und Wahrheit», erster Teil, erstes Buch.

144 *wo geschildert wird:* «Faust», 1. Teil, 1. Szene (Gotisches Zimmer).

Nostradamus: Nach seinem Taufort (er war Jude) de Nôtre-Dame genannt.

145 *Eduard Zeller,* 1814–1908, Theologe und Philosoph.

Karl Ludwig Michelet, 1801–1893, Philosoph.

Eduard von Hartmann, 1842–1906, Verfasser von «Die Philosophie des Unbewußten» u. a. – Rudolf Steiner widmete Hartmann sein Werk «Wahrheit und Wissenschaft» (1892), GA 3.

169 *Hermann Rollett,* 1819–1904.

170 *Urindisches Zeitalter, atlantische Katastrophe:* Vgl. hierzu Rudolf Steiner, «Die Geheimwissenschaft im Umriß» (1910), GA 13.

177 *Francis Bacon* oder Baco von Verulam, 1561–1626, englischer Philosoph.

178 *G. H. Lewes,* «Goethe», 15. Auflage. Berlin 1886.

Richard M. Meyer, «Goethe», 4. Auflage 1913.

Herman Grimm, «Goethe», 2 Bände, 7. Auflage, Stuttgart 1903, 2. Band Seite 223.

Herman Grimm, «Das Leben Raphaels», 4. Auflage 1903.

180 *Adolf Freiherr von Knigge,* 1752–1796, «Über den Umgang mit Menschen» (1788).

184 *Dantes Lehrer:* Brunetto Latini (2. Hälfte des 13. Jahrhunderts), italienischer Philosoph. Vgl. Dante, «Divina Commedia», Inferno XV.

NAMENREGISTER

(H = Hinweis, * = ohne Namensnennung)

Aeschylos (Eleusis 525–456 Gela/Sizilien) 62
Albertus Magnus (1193–1280) 104 H
Anaxagoras (500–428 v. Chr.) 62
Anselm von Canterbury (1033–1109) 75 H

Baco von Verulam (Francis Bacon) (1561–1626) 177 H
Benedikt von Nursia (480–nach 542) 55
Bergson, Henri (1859–1941) 84 H
Boethius (480–524) 34 H
Bruno, Giordano (1548–1600) 24 H, 125
Burdach, Karl Friedrich (1776–1847) 120 H, 121

Caesar, Gaius Julius (100–44 v. Chr.) 50
Collison, Harry (1869–1945) 16 * H, 17 *
Curtius, Ernst (1814–1896) 133 H, 134

Dante, Alighieri (1265–1321) 184 H
Darwin, Charles (1809–1882) 17, 185
Du Bois-Reymond, Emil (1818–1896) 77 H

Ebbinghaus, Hermann (1850–1909) 137 * H

Fichte, Johann Gottlieb (1762–1814) 158, 180
Fortlage, Carl (1806–1881) 124 H

Galilei, Galileo (1564–1642) 81
Goethe, Johann Wolfgang (1749–1832) 17, 23 H, 25 f., 30 * H, 91 * H, 120, 137 H, 143 H, 144 H, 177, 178 H, 185, 196
Grimm, Herman (1828–1901) 178 H
Grimm, Jakob (1785–1863) 19 H

Haeckel, Ernst (1834–1919) 51
von Hartmann, Eduard (1842–1906) 145 H, 148
Henle, Friedrich Gustav Jakob (1809–1885) 120 H
Heraklit (etwa 540–480 od. 483 v. Chr.) 62
Herbart, Johann Friedrich (1776–1841) 104 H, 105
Herdert, Johann Gottfried (1744–1803) 177
Homer (9. Jahrhundert v. Chr.) 33
Hyrtl, Joseph (1811–1894) 121 H

Jean Paul (Richter, Friedrich) (1763–1825) 177

Kant, Immanuel (1724–1804) 92, 187, 189
Kepler, Johannes (1571–1630) 120
von Knigge, Adolf Freiherr (1752–1796) 180 H
Klopstock, Friedrich Gottlieb (1724–1803) 33 H
Kopernikus, Nikolaus (1473–1543) 81

de Lamettrie, Julien (1709–1751) 82 H
Laplace, Pierre Simon (1749–1827) 187, 189
Latini, Brunetto (zwischen 1210 u. 1230–1294 od. 1295) 184 * H
Lessing, Gotthold Ephraim (1729–1781) 177
Lewes, George Henry (1817–1878) 178 H

Mager, Alois (O.S.B.) (1883–1946) 55 H
Mauthner, Fritz (1849–1923) 85 H
Mayer, Julius Robert (1814–1878) 24 H, 25
Meyer, Richard M. (1860–1914) 178 H
Michelet, Karl Ludwig (1801–1893) 145 H

Nietzsche, Friedrich (1844–1900) 60 ff., 67 H ff., 142 H
Nostradamus, (Michel) (1503–1566) 144 H

Paracelsus, Theophrastus von Hohenheim (1493–1541) 96 H

Raffael Santi (1483–1520) 178 H
Rée, Paul (1849–1910) 64 H, 65 f.
Rollett, Hermann (1819–1904) 169 H

von Savigny, Friedrich Karl (1779–1861) 33 H
Schiller, Friedrich von (1759–1805) 92 H, 137 H, 143 f., 180
Schopenhauer, Arthur (1788–1860) 61, 68
Schröer, Karl Julius (1825–1900) 169
Scotus Erigena, Johannes (um 810–um 877) 32 H
Shakespeare, William (1564–1616) 177
Sokrates (um 469–399 v. Chr.) 61, 62, 142
Sophokles (496–406 v. Chr.) 62
Spencer, Herbert (1820–1903) 57 H, 58
Spengler, Oswald (1880–1936) 77 H, 78
Steiner, Rudolf (Werke):
GA 4 Die Philosophie der Freiheit 59, 73, 79, 83, 125, 149 ff., 161 f.
GA 10 Wie erlangt man Erkenntnisse der höheren Welten? 48, 83
GA 13 Die Geheimwissenschaft im Umriß 31, 145
Oxforder Vorträge (GA 305 Die geistig-seelischen Grundkräfte der Erziehungskunst) 52
Die Erziehung des Kindes (GA 34 Lucifer-Gnosis) 142
Strauß, David Friedrich (1808–1874) 63 H

Voltaire (François Marie Arouet) (1694–1778) 64

Wagner, Richard (1813–1883) 61, 63, 68

Zeller, Eduard (1814–1908) 145 H

LITERATURHINWEIS

Zur Weiterführung und Vertiefung der Darstellungen des vorliegenden Bandes sei auf folgende Ausgaben von Rudolf Steiner verwiesen:

(GA = Rudolf Steiner Gesamtausgabe / TB = Rudolf Steiner Taschenbücher)

Schriften und Aufsätze

Die Philosophie der Freiheit. Grundzüge einer modernen Weltanschauung – Seelische Beobachtungsresultate nach naturwissenschaftlicher Methode. GA 4 (TB 627)

Alte und neue Moralbegriffe, Aufsatz in «Gesammelte Aufsätze zur Kultur- und Zeitgeschichte 1887–1901», GA 31

Der Individualismus in der Philosophie, Aufsatz in : «Methodische Grundlagen der Anthroposophie. Gesammelte Aufsätze 1884–1901», GA 30

Friedrich Nietzsche, ein Kämpfer gegen seine Zeit. GA 5 (TB 621)

Nietzscheanismus und weitere Aufsätze über Nietzsche in: «Gesammelte Aufsätze zur Kultur- und Zeitgeschichte 1887–1901», III. Abtlg., GA 31

Das Christentum als mystische Tatsache und die Mysterien des Altertums. GA 8 (TB 619)

Wie erlangt man Erkenntnisse der höheren Welten? GA 10 (TB 600)

Die Stufen der höheren Erkenntnis. GA 12 (TB 641)

Die Geheimwissenschaft im Umriß. GA 13 (TB 601)

Die Rätsel der Philosophie in ihrer Geschichte als Umriß dargestellt. GA 18 (TB 610/611)

Die Kernpunkte der sozialen Frage in den Lebensnotwendigkeiten der Gegenwart und Zukunft. GA 23 (TB 606)

Staatspolitik und Menschheitspolitik. Aufsätze über die Dreigliederung des sozialen Organismus 1919–1921. (TB 667). Teilausgabe aus GA 24: «Aufsätze über die Dreigliederung des sozialen Organismus und zur Zeitlage 1915–1921»

Vorträge

Ursprung und Ziel des Menschen. Grundbegriffe der Geisteswissenschaft. Dreiundzwanzig Vorträge, Berlin 29. September 1904 bis 8. Juni 1905. GA 53 (TB 682)

Wo und wie findet man den Geist? Achtzehn Vorträge, Berlin 15. Oktober 1908 bis 6. Mai 1909. GA 57 (TB 686)

Die Ergänzung heutiger Wissenschaften durch Anthroposophie. Acht Vorträge, Zürich 5. bis 14. November 1917 und 8. bis 17. Oktober 1918. GA 73 (TB 664)

Die Philosophie des Thomas von Aquino. Drei Vorträge, Dornach 22., 23. und 24. Mai 1920. GA 74 (TB 605)

Anthroposophie, ihre Erkenntniswurzeln und Lebensfrüchte. Mit einer Einleitung über den Agnostizismus als Verderber echten Menschentums. Acht Vorträge, Stuttgart 29. August bis 6. September 1921. GA 78 (TB 653)

Wiederverkörperung und Karma und ihre Bedeutung für die Kultur der Gegenwart. Fünf Vorträge in Berlin und Stuttgart zwischen 23. Januar und 5. März 1912. GA 135 (TB 647, erweitert um zwei Aufsätze aus dem Jahre 1903)

Die gesunde Entwicklung des Menschenwesens. Eine Einführung in die anthroposophische Pädagogik und Didaktik. Sechzehn Vorträge und drei Fragenbeantwortungen, Dornach 23. Dezember 1921 bis 7. Januar 1922. GA 303 (TB 648)

Die Erkenntnis-Aufgabe der Jugend. Ansprachen und Fragenbeantwortungen, Aufsätze und Berichte aus den Jahren 1920 bis 1924. GA 217a

Das Lebenswerk, welches Rudolf Steiner der Nachwelt hinterlassen hat, dürfte nach Gehalt und Umfang innerhalb der Kulturwelt wohl ohne Beispiel dastehen. Seine Schriften – die Werke und Aufsätze – bilden die Grundlage für das, was er im Laufe seines Lebens in Vorträgen und Kursen seinen Zuhörern als «anthroposophisch orientierte Geisteswissenschaft» von immer neuen Aspekten aus darstellte und ausführte. Der größte Teil dieser über fünftausend Vorträge ist in Nachschriften erhalten geblieben. Daneben entfaltete er auch auf künstlerischem Gebiet eine große Tätigkeit, welche ihren Höhepunkt in der Errichtung des ersten Goetheanumbaues in Dornach fand. So liegen eine große Anzahl malerischer, plastischer und architektonischer Arbeiten, Entwürfe und Skizzen von seiner Hand vor. Die durch ihn gegebenen Anregungen für die Erneuerung zahlreicher Lebensgebiete beginnen in der gegenwärtigen Zeit vermehrte Beachtung zu finden.

Im Auftrag Rudolf Steiners hat Marie Steiner-von Sivers zeitlebens die Vortragsmitschriften durchgesehen und veröffentlicht. Nach ihrem Tod (1948) wurde gemäß ihren Richtlinien mit der Herausgabe einer Rudolf Steiner-Gesamtausgabe begonnen, die ca. 350 Bände umfassen wird. In den beiden ersten Abteilungen erscheinen die *Schriften* und das *Vortragswerk,* während in einer dritten Abteilung das *künstlerische Werk* in geeigneter Form zur Wiedergabe gelangt.

Einen systematischen Überblick über das Gesamtwerk gibt der Band «Bibliographische Übersicht. Das literarische und künstlerische Werk von Rudolf Steiner», auf welchen sich die im folgenden verwendete Bezeichnung «GA» bezieht. Über den jeweiligen Stand der erschienenen Bände orientieren die Bücherverzeichnisse und der Gesamtkatalog des Rudolf Steiner Verlages.

Chronologischer Lebensabriß

(zugleich Übersicht über die geschriebenen Werke)

1861 Am 27. Februar wird Rudolf Steiner in Kraljevec (damals Österreich-Ungarn, heute Jugoslawien) als Sohn eines Beamten der österreichischen Südbahn geboren. Seine Eltern stammen aus Niederösterreich. Er verlebt seine Kindheit und Jugend an verschiedenen Orten Österreichs.

1872 Besuch der Realschule in Wiener-Neustadt bis zum Abitur 1879.

1879–1882	Studium an der Wiener Technischen Hochschule: Mathematik und Naturwissenschaft, zugleich Literatur, Philosophie und Geschichte. Grundlegendes Goethe-Studium.
1882	Erste schriftstellerische Tätigkeit.
1882–1897	Herausgabe von Goethes Naturwissenschaftlichen Schriften in Kürschners «Deutsche National-Litteratur», 5 Bände (GA 1a–e). Eine selbständige Ausgabe der Einleitungen erschien 1925 unter dem Titel *Goethes Naturwissenschaftliche Schriften* (GA 1).
1884–1890	Privatlehrer bei einer Wiener Familie.
1886	Berufung zur Mitarbeit bei der Herausgabe der großen «Sophien-Ausgabe» von Goethes Werken. *Grundlinien einer Erkenntnistheorie der Goetheschen Weltanschauung mit besonderer Rücksicht auf Schiller* (GA 2).
1888	Redakteur bei der «Deutschen Wochenschrift», Wien (Aufsätze daraus in GA 31). Vortrag im Wiener Goethe-Verein: *Goethe als Vater einer neuen Ästhetik* (in GA 30).
1890–1897	Weimar. Mitarbeit am Goethe- und Schiller-Archiv. Herausgeber von Goethes Naturwissenschaftlichen Schriften.
1891	Promotion zum Doktor der Philosophie an der Universität Rostock. 1892 erscheint die erweiterte Dissertation: *Wahrheit und Wissenschaft. Vorspiel einer «Philosophie der Freiheit»* (GA 3).
1894	*Die Philosophie der Freiheit. Grundzüge einer modernen Weltanschauung. Seelische Beobachtungsresultate nach naturwissenschaftlicher Methode* (GA 4).
1895	*Friedrich Nietzsche, ein Kämpfer gegen seine Zeit* (GA 5).
1897	*Goethes Weltanschauung* (GA 6). Übersiedlung nach Berlin. Herausgabe des «Magazin für Litteratur» und der «Dramaturgischen Blätter» zusammen mit O. E. Hartleben (Aufsätze daraus in GA 29–32). Wirksamkeit in der «Freien literarischen Gesellschaft», der «Freien dramatischen Gesellschaft», im «Giordano Bruno-Bund», im Kreis der «Kommenden» u. a.
1899–1904	Lehrtätigkeit an der von W. Liebknecht gegründeten Berliner «Arbeiter-Bildungsschule».

1900/01	*Welt- und Lebensanschauungen im 19. Jahrhundert*, 1914 erweitert zu: *Die Rätsel der Philosophie* (GA 18). Beginn der anthroposophischen Vortragstätigkeit auf Einladung der Theosophischen Gesellschaft in Berlin. *Die Mystik im Aufgange des neuzeitlichen Geisteslebens* (GA 7).
1902–1912	Aufbau der Anthroposophie. Regelmäßige öffentliche Vortragstätigkeit in Berlin und ausgedehnte Vortragsreisen in ganz Europa. Marie von Sivers (ab 1914 Marie Steiner) wird seine ständige Mitarbeiterin.
1902	*Das Christentum als mystische Tatsache und die Mysterien des Altertums* (GA 8).
1903	Begründung und Herausgabe der Zeitschrift «Luzifer», später *«Lucifer-Gnosis»* (Aufsätze in GA 34).
1904	*Theosophie. Einführung in übersinnliche Welterkenntnis und Menschenbestimmung* (GA 9).
1904/05	*Wie erlangt man Erkenntnisse der höheren Welten?* (GA 10). *Aus der Akasha-Chronik* (GA 11). *Die Stufen der höheren Erkenntnis* (GA 12).
1910	*Die Geheimwissenschaft im Umriß* (GA 13)
1910–1913	In München werden die *Vier Mysteriendramen* (GA 14) uraufgeführt.
1911	*Die geistige Führung des Menschen und der Menschheit* (GA 15).
1912	*Anthroposophischer Seelenkalender. Wochensprüche* (in GA 40, und selbständige Ausgaben). *Ein Weg zur Selbsterkenntnis des Menschen* (GA 16).
1913	Trennung von der Theosophischen und Begründung der Anthroposophischen Gesellschaft. *Die Schwelle der geistigen Welt* (GA 17).
1913–1922	Errichtung des in Holz als Doppelkuppelbau gestalteten ersten Goetheanum in Dornach/Schweiz. Im gleichen Zeitraum entstanden in Dornach ebenfalls nach Entwürfen Rudolf Steiners mehrere Wohn- und Zweckbauten, so das Haus Duldeck, Haus de Jaager, drei Eurythmiehäuser, Heizhaus, Transformatorenhäuschen, Glashaus, Verlagshaus u. a.
1914–1923	Dornach und Berlin. In Vorträgen und Kursen in ganz Europa gibt Rudolf Steiner Anregungen für eine Erneuerung auf vielen Lebensgebieten: Kunst, Pädagogik, Naturwissenschaften, soziales Leben, Medizin, Theologie. Weiterbildung der 1912 inaugurierten neuen Bewegungskunst «Eurythmie».

1914	*Die Rätsel der Philosophie in ihrer Geschichte als Umriß dargestellt* (GA 18).
1916–1918	*Vom Menschenrätsel* (GA 20). *Von Seelenrätseln* (GA 21). *Goethes Geistesart in ihrer Offenbarung durch seinen «Faust» und durch das «Märchen von der Schlange und der Lilie»* (GA 22).
1919	Rudolf Steiner vertritt den Gedanken einer «Dreigliederung des sozialen Organismus» in Aufsätzen und Vorträgen, vor allem im süddeutschen Raum. *Die Kernpunkte der sozialen Frage in den Lebensnotwendigkeiten der Gegenwart und Zukunft* (GA 23). *Aufsätze über die Dreigliederung des sozialen Organismus* (GA 24). Im Herbst wird in Stuttgart die «Freie Waldorfschule» begründet, die Rudolf Steiner bis zu seinem Tode leitet.
1920	Beginnend mit dem Ersten anthroposophischen Hochschulkurs finden im noch nicht vollendeten Goetheanum fortan regelmäßig künstlerische und Vortragsveranstaltungen statt.
1921	Begründung der Wochenschrift «Das Goetheanum» mit regelmäßigen Aufsätzen und Beiträgen Rudolf Steiners (in GA 36).
1922	*Kosmologie, Religion und Philosophie* (GA 25). In der Silversternacht 1922/23 wird der Goetheanumbau durch Brand vernichtet. Für einen neuen in Beton konzipierten Bau kann Rudolf Steiner in der Folge nur noch ein erstes Außenmodell schaffen.
1923	Unausgesetzte Vortragstätigkeit, verbunden mit Reisen. Zu Weihnachten 1923 Neubegründung der «Anthroposophischen Gesellschaft» als «Allgemeine Anthroposophische Gesellschaft» unter der Leitung Rudolf Steiners.
1923–1925	Rudolf Steiner schreibt in wöchentlichen Folgen seine unvollendet gebliebene Selbstbiographie *Mein Lebensgang* (GA 28) sowie *Anthroposophische Leitsätze* (GA 26), und arbeitet mit Dr. Ita Wegman an dem Buch *Grundlegendes für eine Erweiterung der Heilkunst nach geisteswissenschaftlichen Erkenntnissen* (GA 27).
1924	Steigerung der Vortragstätigkeit. Daneben zahlreiche Fachkurse. Letzte Vortragsreisen in Europa. Am 28. September letzte Ansprache zu den Mitgliedern. Beginn des Krankenlagers.
1925	Am 30. März stirbt Rudolf Steiner in Dornach.